"十四五"职业教育国家规划教材　　　　"新标准"学前教育专业系列教材

依据　《幼儿园教师专业标准（试行）》
　　　《中小学和幼儿园教师资格考试标准及大纲（试行）》　编写

幼儿行为观察与案例

李晓巍◎编　著

华东师范大学出版社

·上海·

图书在版编目（CIP）数据

幼儿行为观察与案例/李晓巍编著. —上海：华
东师范大学出版社,2016
全国"新标准"学前教育专业系列
ISBN 978－7－5675－5962－2

Ⅰ.①幼… Ⅱ.①李… Ⅲ.①学前教育—幼儿师范学
校—教材 Ⅳ.①G613

中国版本图书馆 CIP 数据核字(2016)第 311528 号

幼儿行为观察与案例

编　　著　李晓巍
责任编辑　罗　彦
特约审读　王培茗
责任校对　邱红穗
装帧设计　俞　越

出版发行　华东师范大学出版社
社　　址　上海市中山北路 3663 号　邮编 200062
网　　址　www.ecnupress.com.cn
电　　话　021－60821666　行政传真 021－62572105
客服电话　021－62865537　门市（邮购）电话 021－62869887
地　　址　上海市中山北路 3663 号华东师范大学校内先锋路口
网　　店　http://hdsdcbs.tmall.com

印　刷　者　杭州日报报业集团盛元印务有限公司
开　　本　787 毫米×1092 毫米　1/16
印　　张　12.25
字　　数　271 千字
版　　次　2017 年 7 月第 1 版
印　　次　2025 年 6 月第 27 次
书　　号　ISBN 978－7－5675－5962－2/G·9996
定　　价　32.00 元

出版人　王　焰

（如发现本版图书有印订质量问题,请寄回本社客服中心调换或电话 021－62865537 联系）

近年来,我国学前教育界越来越认识到促进幼儿园教师专业发展、实现幼儿园教师的专业化必须重视教师的观察与分析幼儿的能力。无论是《3—6岁儿童学习与发展指南》《幼儿园教师专业标准(试行)》,还是《幼儿园保育教育质量评估指南》,都要求幼儿园教师能掌握观察、谈话等了解幼儿的基本方法,并有效运用观察、谈话等多种方法,客观地、全面地了解和评价幼儿,要求教师在关注、倾听、发现、尊重的基础上因人施教。对幼儿园教师观察与分析幼儿能力的重视正是顺应了国际上幼儿园教师专业发展的趋势。全美幼教协会(NAEYC)指出,专业化的幼儿园教师应善于观察和评价儿童的行为表现,以此作为课程计划的依据和设计个性化课程的依据。蒙台梭利也认为,唯有通过观察和分析,才能真正了解幼儿内心的需要和个别差异,以决定如何协调环境,并采取应有的态度来配合幼儿成长的需要。

作为一名专业的幼儿园教师,应学会客观观察幼儿学习与发展的状况,科学解读和评价幼儿的表现与进步,并能有效运用观察与评价结果改进教学,为教学决策服务。然而,当我们越来越强调幼儿园教师观察与分析幼儿行为重要性的同时,不少幼儿园教师却在观察幼儿的实践过程中遇到了很多困惑。比如,观察时应该观察什么?采用什么样的方法观察?如何记录?如何对记录的数据资料进行分析和解读?

《幼儿行为观察与案例》在归纳幼儿园教师进行幼儿行为观察时遇到的问题的基础上,以案例分析的形式介绍了四类十二种观察方法,希望通过教材的学习使学习者获得进行幼儿行为观察的专业方法和知识,提高幼儿行为观察的能力,以达到有效提升幼儿园教师保教能力、促进其专业发展的目的。

本书具有以下特点:

第一,以案例分析的形式全面介绍了对幼儿进行行为观察与分析的理论知识与观察方法。本书按照观察与记录方式的不同,将观察方法分为描述观察法、图表观察法、取样观察法和评价观察法,并以案例分析的形式分别对每一种方法的应用进行详细介绍,共介绍了四类十二种观察方法。同时,考虑到观察与访谈密不可分,且现有幼儿行为观察类的教科书中很少将访谈纳入其中,因此专章讲述了如何将访谈与观察有机结合。学习者可以通过对本书的学习,全面了解幼儿行为观察与分析的各种方法。

第二,理论联系实际,密切结合了幼儿园教师在幼儿行为观察中存在的问题以及保教工作的实际情况。本书专章讲述了当前幼儿园教师在幼儿行为观察中存在的问题,希望学习者在了解现有问题的基础上,带着问题去学习,同时在实际工作中可以有效避免出现类似情况。另外,在本书撰写的过程中,大量引入了幼儿园教师进行行为观察与分析的实际案例,与幼儿园保教工作密切结合,可以帮助学习者深入理解如何进行幼儿行为观察与分析。

第三,难度适中,易于理解。在撰写过程中,本书尽量将深奥的理论以及一些难度较高的观察方法化繁为简进行了深入浅出的介绍,并配以案例帮助学习者运用;同时,在语言表述上,尽量简洁晓畅,不出现艰深晦涩的词语,以便于学习者的理解。

第四,在每一章的撰写体例上,均设有"学习目标"、"内容脉络"、"本章小结"、"思考题"、"进一步阅读的文献"等部分,使学习者能够在学习前了解学习目标以及学习的主要内容;在学习后可以进行复习和反思,并借助进一步阅读的文献进行深入学习。

本书可以作为学前教育专业学生的学习用书,也可以作为幼儿园教师培训和幼儿园教研活动的指导用书,书中的每一章都可以成为一次教师培训或教研活动的基础内容。希望本书能够成为现在的和未来的幼儿园教师观察与分析幼儿行为的"指导者"和"支持者",不断促进教师的专业发展。

本书各章撰写的分工情况如下:第一章:杨青青;第二、三、四章:李晓巍、解婧;第五、六、七章:魏晓宇;第八章:魏晓宇、崔雪媚;第九章:李晓巍、宋雅婷;第十章:李晓巍、慕晓虹;由李晓巍负责统稿。在此版本的修订中,李晓巍、陆文祥完成了修订工作。作者团队严格对照党的二十大精神进行教材修订,在弘扬中华优秀传统文化、加强幼儿劳动教育、增强环境保护意识等多方面对教材中的相关内容和案例进行了调整。由于作者水平有限,书中难免出现一些缺点或错误,真诚希望专家、同行及广大读者批评指正。

最后,感谢华东师范大学出版社的编辑为本书的撰写和出版所做的大量工作,也感谢其他所有在我们撰写此书过程中给予帮助的朋友们!

李晓巍

北京师范大学

著者简介:

李晓巍,发展与教育心理学博士,北京师范大学副教授,硕士生导师。美国加州大学伯克利分校联合培养博士、访问学者。长期从事儿童心理发展与教育、儿童观察评价、儿童家庭教育等方面的教学和研究工作。主持和参与多项国家社科基金项目、教育部人文社科项目、教育部人文社科重点研究基地重大项目等。在国内外专业期刊发表学术论文60余篇。

目录

第一章　认识幼儿行为观察

学习目标

1. 了解"观察"的含义及其过程,理解"专业观察"和"行为观察"的含义。

2. 了解幼儿行为观察的重要意义,增强"以幼儿为本"的专业意识。

3. 认识幼儿行为观察在不同分类标准下的类型及其特性、使用方法和优缺点等。

4. 能够在实践中反思和提升专业观察者所需要具备的各项能力,形成持续专业发展和终身学习的积极态度。

内容脉络

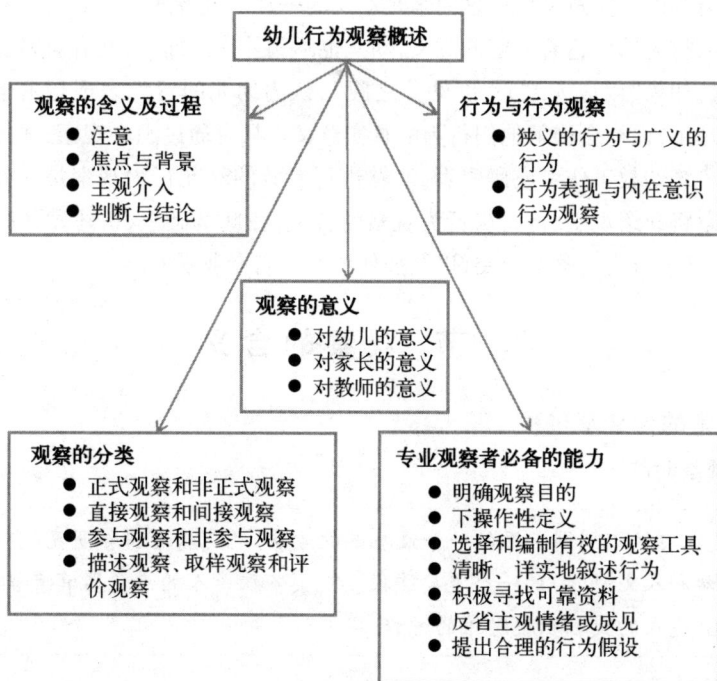

案例 1-1	幼儿姓名:阳阳	性　别:男	编　　号:08
	年　龄:5 岁 8 个月	观察日期:4 月 29 日	
	开始时间:11:50	结束时间:11:55	
	地　点:盥洗室	观察者:何洁	

观察记录

　　午餐时间,有部分小朋友已经吃好饭了,阳阳就是其中一个。他走进盥洗室,洗净手后就靠在盥洗室的门框上,看着小伙伴,不时嘻嘻笑着。突然,他张开双臂、分开双脚,抵住两边的门框,还是笑嘻嘻的样子。大齐走来,见门被阳阳堵住了,就用身子往阳阳身上撞,很生硬地说:"让开!"阳阳就当作没听见。大齐气呼呼地说:"你再不让,我就告老师去。"这话也没吓着阳阳。

　　这时,然然也过来了,她伸出右手,在阳阳的左手上按了按,嘴里喊着"叮咚,叮咚",阳阳立马放下左手,让然然进去了。大齐也想要跟着进去,但被阳阳硬生生地拦住了。于是,他又往阳阳身上撞,可阳阳就是不放手。过了一会儿,想想也过来了,他同样伸出右手,在阳阳的左手上按了按,嘴里也喊着"叮咚,叮咚",阳阳又放下左手,让想想进去,并迅速将手抵住门框。大齐看了一会儿,走到门边,伸出右手,按按阳阳的左手,使劲喊"叮咚,叮咚"。这次,阳阳马上放下左手,让他进了盥洗室。①

分析

　　阳阳的行为看似干扰了班级正常秩序,但实际上是他和其他小朋友进行的假装游戏。在假装游戏中,幼儿通过假装行为向同伴传达游戏内容和规则等,双方在假装行为的含义上达成共识,游戏才能继续。

　　上述案例中,阳阳的行为从表面上来看似乎"无理取闹",但只要悉心观察,我们就会发现阳阳行为的真实意义——这原来是幼儿的一种游戏方式。

　　任何人的行为都传达着一定的意义,幼儿也不例外。然而,幼儿有着自己的思维方式、表达方式,如果"以成人之心,度幼儿之腹",认为幼儿的行为表现是出于我们自己主观所想的理由,往往会误解他们行为的真实意义。只有通过悉心观察,才能真正理解幼儿。作为一名幼教工作者或研究者,能够进行有效的幼儿行为观察是一种必备的专业能力。本章将介绍观察、行为与行为观察的含义,在此基础上,讲述幼儿行为观察的意义,不同标准下行为观察的分类,以及如何成为一名专业观察者。

第一节　观察的含义

一、观察的含义及过程
(一) 观察的含义

　　观察是人类认识周围世界的一个最基本的方法,也是从事科学研究(包括自然科学、社会科学和人文科学)的一个重要手段。观察不仅是人的感觉器官直接感知事物的过程,而且是人的大脑积极思维的过程。②

---

① 吴亚英.幼儿行为的背后——教师如何读懂幼儿的心思[M].南京:江苏教育出版社,2014:6.

② 陈向明.质的研究方法与社会科学研究[M].北京:教育科学出版社,2000:227.

在接收环境中的刺激后,人的感觉器官会产生反应。很多刺激引起的反应不只是行为方面的,也包括思索、判断,这就是观察。简单来说,观察就是"刺激→感官→判断"的过程。

(二)观察的过程

观察不仅是人类通过感觉器官进行感知的过程,而且是通过大脑对信息进行加工的过程。具体来说,完整的观察记录包含以下四个要素:

第一,注意。注意是指个体的感官及思考指向和集中在某一对象上,使其所有的感知觉、思考及动作反应都针对该对象而作用。观察的产生,始于观察者对某一对象的注意,他会看到、听到、感觉到与这个对象有关的信息及所发生的事,也可能会因这个对象而产生一些内在想法或外在行为。

第二,焦点与背景。引起观察者注意的对象即注意焦点,但观察对象不可能孤立存在于环境中,它会和其他事物相互影响。观察者会看到、听到、接收到其他事物的存在,只是未密切注意。所以,观察对象是焦点,其他与观察对象有关的事物是背景。

第三,主观介入。人的内在动机、情感及价值判断对观察活动的参与即主观介入。虽然观察时保持客观十分重要,但人无法像机器一样完全机械化,且个体的内在动机、情感及价值判断因人而异,因此观察记录中主观介入是难以避免的。然而,主观介入也并非坏事。因为主观介入可以增强观察动机,并通过分析、归纳、统整、猜测、推理等方法,使客观事实走出琐碎零散的状态。

第四,判断与结论。在观察进行时或最后阶段,根据客观事实及主观想法对观察对象进行解释就是判断。每一次观察都应该有判断,这个判断可能是观察记录中暂时的、有待验证的想法,也可能是最后的结论。没有判断的观察是不完整的观察,最多只能说是感官接收而已,变成"视而不明其里,听而不知其意",从而失去了观察的真正意义。

以下这个案例展示了观察的过程。

> 鲁班是我国古代著名的工匠。传说,在一次建造宫殿的任务中,因工人来不及砍伐木材而造成木材紧缺。为此,鲁班决定亲自上山砍伐木材。在砍伐的过程中,他的脚不小心踩空了,便赶忙抓住一旁的野草,却没想到这野草竟然一下子就把他的手划破了。这激起了鲁班的兴趣,他想:怎么一根小小的野草,会这么锋利?于是,他把野草折下细心观察,发现它的两边长着许多小细齿。鲁班猜想:可能这就是野草锋利的原因。过后,鲁班模仿野草的外形,做出一把带有许多细齿的铁条,并进行试验和观察,发现这样的铁条可以又快、又不费力地切割木材。

在上述案例中,野草的锋利引起了鲁班的注意。鲁班对能瞬间把手划破的野草产生了兴趣,将所有的注意和思考都集中在这野草上。此时,野草就成为了鲁班观察的焦点,山中的其他植物成为了背景。鲁班仔细观察野草的形状,并猜测:可能是因为野草上浓密的细齿让它变得如此锋利。随后,他设计出了带有细齿的铁条,并进一步观察这样的铁条是否锋利,能否更快地切割木材。最后,鲁班得出结论:浓密的细齿确实可以让铁条变得更锋利。由于在最初进山时，鲁班就带着解决木材切割难题的目的，因此他十分关注切割工具，这种先前的主观意愿进一步促成了他对野草强烈的观察动机。

二、日常观察与专业观察的区别

日常生活中，人们随时随地进行着观察。这些日常观察的发生大多是因为个人的兴趣或生活琐事等，比较随意，没有预先设定的目的，观察中形成的判断是否准确并不非常重要，也不需要承担责任。

大多数日常观察在进行时，观察者只需要针对自己感知到的信息做出判断，是一个"接收信息→主观判断"的过程。接收信息是观察者收集客观资料的部分。日常观察中，观察者可能只注意到了事物、现象或个体行为的某个方面、某些片段，而未能接收到有关观察对象完整、确切的信息；或者只注意到了偶发事件中或特殊背景下的行为，不能代表被观察者的典型状况；又或者只关注自己需要的、感兴趣的内容，而对自己不关注、不感兴趣的内容视而不见，因而收集到的信息往往具有零碎性、偶然性和主观性。主观判断是观察者针对所接收的事实做主观解释的部分。日常观察中，"对于所获得的信息是否准确"、"是否能代表重要的事实"、"做出的判断是否仅靠感觉或情绪"等问题，观察者很少进行思考和探究，因而做出的判断也常常比较武断。

专业观察与日常观察有什么不同呢？专业观察是为了职业要求或科学研究而进行的观察，是有明确目的、计划安排、有一定控制和严格记录的观察。在观察目的上，由于专业观察需要负起专业的责任，所以必须以正确了解或合理解释为目的。在观察结果上，为达到专业观察的目的，必须尽量减少结果出现误差的情况。正确的观察也是使专业人员的工作达到专业水准的必备能力。

在观察记录上，专业观察需要运用专业的方法收集、记录、分析事实资料，并尽可能没有误差地做出正确的解释。为了使获取的事实更具客观性和准确性，需要多方收集客观资料。在收集资料时，可使用仪器、工具来记录和保存事实资料，以维持事实的客观性，保留事实的原貌。在收集了多方面的资料后，专业观察还要再三回顾事实真相，针对客观资料进行缜密的分析、归纳、统整、推理、假设等，需要观察者运用创造性思维和批判性思维，使对事实的解释具有合理性和逻辑性。由于在资料收集和分析过程中形成的判断可能只是暂时的假设，因此还需要再去收集更多的客观事实来验证，或根据暂时的假设继续更深入地观察。因此，不同于日常观察中"接收信息→主观判断"的单一过程，专业观察是一个"接收信息→主观判断"与"主观判断→接收信息"的循环往复的过程，直到根据收集到的事实资料所做出的主观判断成为合理、满意、有效的解释为止。

第二节　行为与行为观察

一、行为的含义

行为是观察和记录中最主要的目标。目前心理学上关于"行为"的含义未形成统一的界定,在此,分别从狭义与广义上作简要说明。

(一) 狭义的行为

狭义的行为指个体的一言一行、一举一动,是个体表现在外且能被直接观察、描述、记录或测量的活动。

一个人逛街、吃饭、睡觉、走路等活动都是行为。这些活动不但可以被别人直接观察到,而且可以利用录音机、照相机、摄像机、计时器等工具和设备记录下来,并加以分析和处理。例如,某教师观察到幼儿的行为如下:

小宝在画架上画画;小野在教室的地板上打滚;丁丁和当当在小声地说话。

(二) 广义的行为

广义的行为不只限于能直接观察到的、可见的外在活动,还包括以外在行为为线索,间接推知的内在心理活动。

基于上述定义,狭义解释下的行为只能代表被观察者个人行为的一小部分,并非全部。被观察者还有其他不可能由观察者直接观察到的行为,包括被观察者的动机、情绪、思维、愿望、态度等,这些必须根据反映行为事实的资料来猜想、假设和评估。

二、行为表现与内在意识

个体在与环境互动的过程中,受到外界环境的刺激表现出来的外在行动、姿势或表情等是个人外显的行为表现。幼儿在受到环境刺激时,大多会出现两种行为反应。一种是可能未经思索,很快就做出行为反应。

如:小雪走在路上,听到马路对面有人在唱歌,她驻足倾听。

对于这种行为反应,只要多次观察,就不难看出幼儿一贯的行为特征,并可由此推测幼儿的个性特点。

但行为反应也可能不立即表现出来,而是经过思考和选择,通过内在的意识,再做出反应。例如:

快吃午饭了,保育员把馒头放在桌上,乐乐肚子很饿,他看到后,立即伸手去拿馒头,但是又很快把手缩了回来。

对于上述行为反应,观察者只能看到刺激及刺激引起的个体行为反应,但是两者之间的内在意识是无法看到的。所谓内在意识,是指一个人的情感、意念、动机等结合所产生的内心反映。乐乐伸手去拿馒头,但又很快把手缩回,一定是因为想起了什么。究竟想起了什么,我们无从得知,但可以进行推测。他想到的可能是没有经过允许不能吃东西的要求,也可能是他仔细看了一下,发现这种馒头不是他喜欢吃的那种。推测是行为观察的重要内容,因为只有了解外在行为表现下的动机、情绪、思维、愿望等,才能全面、深入、真实地了解幼儿行为和幼儿个性特征。因此在观察时,不能只看外在的行为表现,还需分析行为背后的原因,探究行为表现下潜藏的内在意识,这样才能真正理解个体的行为。

三、行为观察

本书中的行为观察将幼儿作为特定的观察对象,通过感官或仪器设备,有目的、有计划地对幼儿的行为及现象进行感知和记录,从而获取事实资料,并据此了解和分析幼儿的行为动机、原因及幼儿的个性、需要和兴趣等。

幼儿行为观察是专业观察中的一种,也是一种专门针对学龄前儿童行为的研究方式。其观察的具体内容有很多,包括幼儿所有的行为表现,概括起来至少包括以下几个方面:幼儿的日常生活行为(如喝水、如厕、睡觉、进餐等)、幼儿的动作能力(如穿珠子、使用剪刀、抓握、拍球、上楼梯、跑步等)、幼儿的游戏行为、幼儿认知发展的情况、幼儿语言发展的情况、幼儿与他人的互动行为、幼儿的情绪特点和需要特殊照顾的幼儿的行为等。

第三节　幼儿行为观察与记录的意义

一、对幼儿的意义

蒙台梭利认为,唯有通过观察和分析,才能真正了解幼儿内心需要和个别差异,以决定如何协调环境,并采取应有的态度来配合幼儿成长的需要。幼儿行为观察与记录对幼儿的意义主要体现在以下几个方面。

(一) 解读幼儿的行为

受年龄的限制,幼儿的动作能力、语言能力、认知能力尚未发育成熟,其行为也易受情绪的影响,故表现出的行为常常不易被理解。通过观察和分析幼儿的外在行为表现,可以推测其行为背后的内在动机、愿望、情绪等内在意义。

案例 1-2

幼儿姓名:悦悦	性　别:女	编　号:11
年　龄:3岁6个月	观察日期:4月11日	
地　点:睡眠室	观察者:金晨	

观察记录

悦悦是我们小班的一名孩子,入园后她常常在午睡时尿床。虽然其他幼儿刚入园时也偶尔尿床,但都没有她这么频繁。

悦悦的爷爷说只要老师让她午睡前小便,她就不会尿床。我们每天都按这一要求做,但孩子还是时不时尿床(从家长那里得知孩子晚上还用尿片)。孩子的爷爷每次知道孩子午睡尿床后都很委婉地说:"老师,睡觉之前一定要让她尿尿,不然天冷了要着凉的。"我们感觉家长不信任我们的工作。孩子爷爷后来提出要求——上午别给孩子喝水,下午再让孩子喝水,我们也照做了。当别的孩子喝水,我就只给悦悦倒一点水,午餐喝汤也只给她盛一点汤。孩子十二点睡下去,我们下午一点给她把尿,有时候能够把到尿,有时一点钟她已经尿床了。

我们始终找不到能够帮助孩子不尿床的好方法。于是,我和搭班的杨老师进行沟通后,决定不再限制悦悦的饮水,而是开始观察记录悦悦每天上午饮水和如厕的具体情况,她上几回厕所、喝几杯水、汤喝了多少等等,并分析这些情况和她是否尿床之间的关系。一次,我偶然看到她和其他幼儿一起进入厕所后并没有小便,而是转了个圈就跑出来了。我便问:"悦悦,大家都在尿尿,你为什么不尿呢?"她回答:"我没有尿。"我说:"你也许有尿的,你去试一试。"(根据我们对她的观察发现,她有时候玩疯了也会尿在身上。)如我所料,悦悦果然尿了许多。后来,我又持续观察悦悦进厕所后的行为,发现上午每次老师提醒幼儿尿尿时她都憋着尿,这样午睡之前整个上午的尿液还都存在膀胱内,睡前如厕时尿液无法排净,也就导致了她在午睡期间会尿床。

从那以后,凡是安排幼儿小便时我就会重点关注悦悦,督促她尿尿。上午只要让她尿尿2—3次,中午一点她起床时,她的尿量就很少了。现在,她基本不尿床了。①

案例中,为什么起初教师根据家长的提示,尝试各种帮助幼儿不再尿床的方法,却总不见效呢?究其缘由,是教师并没有找到幼儿尿床背后的原因。屡次失败后,教师开始对悦悦的饮水和如厕情况进行细致的跟踪观察,终于发现悦悦如厕时的"小秘密"——贪玩而并未真正如厕。教师通过观察,找准导致幼儿中午尿床的真正原因是"憋尿",据此督促幼儿按时如厕,最终解决了幼儿尿床的问题。可见,观察是帮助我们解读幼儿行为背后原因、解决幼儿行为问题的有效途径。

(二)记录客观事实

观察是了解幼儿发展水平和学习状况最直接的方法,可以客观、真实、全面地反映幼儿在身体运动、言语表达、社会性等方面的发展状况以及幼儿的经验水平、学习特点等。

幼儿姓名:乐乐	性　别:男	编　号:03
年　龄:5岁2个月	观察日期:3月9日	
开始时间:11:26	结束时间:11:35	
地　点:活动室	观察者:吴霞	

案例1－3

观察记录

今天的午餐是乐乐最喜欢的意大利肉酱面,他原本要用汤匙吃,但是面条一直滑到碗里,于是他改用叉子吃面,虽然面有时还是会掉下去,但是已经比用汤匙好多了。他一边吃,一边开心地和邻座的强强分享昨天自己和爸爸去公园放风筝的事。吃水果的时候,乐乐对强强说:"我盘子里的小番茄有五颗,比你多一颗,你要不要吃一颗我的?"②

从上述例子中可以发现乐乐哪些方面的发展状况呢?

1. 动作领域:能用小肌肉使用餐具进食,但仍存在一定障碍。
2. 认知领域:具备数量概念、语言表达能力。
3. 社会性领域:能和同伴分享并因此获得乐趣。

(三)发现幼儿的个体差异

幼儿因生理、心理基础的差异以及教养方式等成长环境的不同,其发展水平、兴趣需要等存在一定差异。通过对多位幼儿进行观察,并了解每位幼儿的行为及其背后的意义,可以发现幼儿之间的个体差异。

---

① 侯素雯,林建华.幼儿行为观察与指导这样做[M].上海:华东师范大学出版社,2014:11.
② 邱华慧.婴幼儿行为观察与记录[M].台中:华格那企业有限公司,2011:1-10.

案例 1-4	幼儿姓名：远远	性　别：男	编　号：09
	年　龄：4岁9个月	观察日期：10月20日	地　点：活动室
	开始时间：9：30	结束时间：9：35	观察者：陶楠

观察记录

　　远远径直走到两个正在看迷宫书的小朋友身后，从他俩背后凑过来，用身体挤进去宣布："我来看书了!"两个小朋友很不满地说："我们在看，你等一会儿嘛!"远远不屑地离开了，又来到正在玩积木的航航面前，抢下航航搭房子用的积木玩起来。航航立刻大声制止："不要拿我的玩具!"远远满脸不悦地指着小朋友们的方向对我说："老师，他们不带我玩!"①

案例 1-5	幼儿姓名：冉冉	性　别：女	编　号：14
	年　龄：4岁5个月	观察日期：10月27日	地　点：活动室
	开始时间：9：23	结束时间：9：30	观察者：陶楠

观察记录

　　语言区的几个小朋友正聚在一起看一本迷宫书。冉冉在他们身后走来走去，不时地伸长脖子也想看书，但始终看不到。她停在原地思考了一下，转身另外拿了一本书，故意放在不远的桌子上，坐在椅子上大声地读起故事来。一旁的张耀文听见了，很有兴趣地凑过来。不一会儿，好几个看迷宫书的小朋友都被她吸引过来。他们一边说着："我要听你讲故事"，一边迅速地组成了一个小圈把她围了起来。冉冉讲得更带劲了，不时地变换语气，模仿角色的对话，随着情节的不同，她脸上的表情时而舒展，时而紧绷，两手也配合内容挥舞着。小朋友们也都听得特别专心，时而大笑，时而耳语。②

　　对比上述两个观察案例，在游戏活动中，两名幼儿尝试参与他人活动的方式有什么不同呢？可以发现，远远用告状的方式与老师互动，这种介入方式虽然是主动的，但却是负面的、无效的介入。冉冉既没有向老师求助，也没有被动等待或迎合同伴，而是发挥自己讲故事的特长，吸引同伴的注意，让同伴主动加入自己的活动。这也体现出两名幼儿不同水平的社会交往技能。

二、对家长的意义

（一）助力家庭教育指导

　　《中华人民共和国家庭教育促进法》明确指出，幼儿园应为家长提供多种家庭教育指导服务和活动，促进家庭和学校共同教育。其实，教师对幼儿行为的观察就为家庭教育指导提供了具体内容，提高了指导的针对性和有效性。教师可将观察到的幼儿发展和学习状况，与家长进行深入交流，让家长了解幼儿情况，这有利于家长开展有针对性的家庭教育。

（二）提升亲师互动品质

　　幼儿行为观察与记录能为教师和家长提供许多沟通的机会。幼儿进入托幼机构后，教师在幼儿的保育和教育上扮演着非常重要的角色，而家长则需通过教师了解幼儿的生活和学习状况。教师以客观的观察记录来说明幼儿的状况，并提供资料给父母参

① 陶楠.我想和你一起玩[J].济南：山东教育，2007(03)：10-11.
② 陶楠.我想和你一起玩[J].济南：山东教育，2007(03)：10-11.

考,能够让家长更加客观、具体地了解幼儿,让家长感受到教师的用心,避免家长对教师工作的误解,同时还能为家长提供具体的教养建议。例如,在之前的案例中,教师通过观察记录发现了幼儿尿床的原因,据此解决了幼儿的尿床问题,也消除了家长对其工作的质疑。

三、对教师的意义
(一)促进教师的反思与专业成长

教师对幼儿行为进行观察分析并不是为了评估自身的工作是否履行到位,而是在于通过对幼儿行为的观察来了解其特质与需求,把握好潜在的教育契机,不断反思和调整保教实践的方式,最终实现自我的专业成长。下面是一位教师的观察反思日记①:

幼儿姓名:木木	性 别:男	编 号:04
年 龄:4岁5个月	观察日期:6月22日	地 点:活动室
开始时间:9:15	结束时间:9:28	观 察 者:张婷

案例1-6

观察记录
  自主游戏时,木木和其他小朋友起了冲突。我看见木木哭了,想走上前去帮助他。可是他哭着抱起自己的玩具站起来,一下子钻到我们班级用纸箱做的"大老虎"里,还把"大老虎"的门关上了。大约两分钟后,他打开"大老虎"的门,对隔壁小画室的孩子做了个鬼脸,又笑嘻嘻地到小厨房去了。

分析
  我们教室的"大老虎"是用大纸箱做的一个钻爬玩具,很受孩子欢迎。他们可以练习钻爬,还可以在"大老虎"身上粘贴纸条、画画。可是孩子们并不像我预设的一样练习钻爬,经常有孩子爬到里面坐着,甚至还发生了因坐不下而争抢的事件。
  出现这种情况,可能是孩子觉得在里面很安全,是他们的一种情感需要;也可能每天在和老师、同伴和父母交往过程中,需要自己独自一人静一静,或者和自己的好朋友一起说说悄悄话的一点隐秘空间。就像今天木木和其他同伴发生争夺后,不需要别人的帮助和安慰,只是需要自己找一个无人打扰的私人空间,让别人找不到他,也看不到他哭的样子,从而使自己在心理上得到宣泄和舒缓。

评价
  木木能够在一个安全的、无人打扰的私人空间里进行情绪调节,表明中班幼儿已经具备了一定的情绪调节能力,掌握了一些情绪调节技巧。班级的玩具设施恰巧为幼儿的情绪调节提供了环境支持。

建议
  在班级中,可以给孩子留一点个人空间。在这个小空间中,孩子不被人打扰,能体验到充分的安全感和归属感。

  上述案例中,教师在自由游戏中注意到了木木的情绪变化,进而发现木木钻进纸箱后情绪得以恢复。这件小事被教师反复琢磨,结合"大老虎"日常使用的状况和儿童的

---

① 陈婷.幼儿园教育活动中教师观察行为的研究[D].东北师范大学,2013.

心理需求,用教育的眼光重新审视,从小事里窥见了教育的大道理,获得了有关幼儿的身心健康和社会性发展的新认识。

同时,幼儿行为观察的过程本身就是一个教师参与研究的过程,教师参与研究是教师专业发展最重要且最有效的途径之一。教师对幼儿行为进行观察以诠释其行为的过程,也是教师对自己的专业知识和专业技能加以检查和反思,不断总结经验、提升专业能力的过程。

(二) 提升课程质量

为了提高课程与幼儿发展之间的适宜性,很重要的一点就是要观察幼儿、了解幼儿。教师在教育过程中有目的地观察幼儿,关注幼儿的谈话和行为,从而了解他们的兴趣和需求。此外,教师还可以通过观察了解幼儿是如何学习的,每个幼儿的学习需求和学习方式是怎样的,学习效果如何,从中发现有价值的线索,以便据此开展适宜的教育活动。以下是一名幼儿园教师的观察日记:

案例 1-7

观察记录

正值秋末,地上铺满了落叶,于是户外活动时,我便组织孩子们进行捡树叶的活动。突然,甜甜大声叫起来:"老师,快来看啊,这里有一只死虫子。"她的声音刚落,在其他地方捡树叶的孩子们迅速冲了过来,他们围成一圈七嘴八舌地讨论着。

"这是只死螳螂,好可怜啊!"

"它是怎么死的?"

"天气这么冷,我猜它是被冻死的。"

"那漂亮的蝴蝶是不是也被冻死了?"

"蝴蝶也被冻死了,小虫子在冬天都会被冻死。"

"你说的不对,前两天我还看见蚂蚁了呢,蚂蚁没被冻死。"

"对,我也看见了。"

"为什么有的虫子被冻死了,有的虫子没被冻死呢?"

孩子们你一言我一语地讨论着。我听着孩子们的讨论,看着孩子们一本正经的样子,他们对这个话题的浓厚兴趣给了我很大的启示。我建议大家回家查查书,寻找答案。接下来,根据孩子们找出的资料,我们班展开了"昆虫怎样过冬"系列主题活动:昆虫去哪儿了、昆虫的一生、《昆虫变变变》小书制作、"昆虫过冬的故事"角色表演等。在整个过程中,孩子们的热情一直很高涨,不断地提出新问题,并通过多种方法获取、搜集资料,再通过小书制作、角色表演等方式呈现出来。活动形式也从最初的科学活动,延伸到了艺术、社会、语言等多个领域。

上述案例中,教师通过观察,记录幼儿的讨论,发现幼儿对"昆虫会不会在冬天被冻死"这一问题的兴趣,适时开展主题活动,引导幼儿自主解决问题、探索问题并用自己的方式呈现答案,同时又发现问题。这一螺旋上升的过程不仅调动了幼儿参与的积极性、自主性和创造性,还促进了幼儿各方面能力的提高。可见,根据对幼儿的观察,了解幼儿自身的生活经验和兴趣需要,能够为教师制定课程计划提供依据,生成切实符合幼儿需要、促进幼儿自主学习的课程。

同时通过观察幼儿在活动中的行为表现,还能让教师了解到教育活动设计是否恰当,是否能满足幼儿的学习需要,并从中获得大量有关教育活动适宜性的信息。表1-1是教育活动适宜性评价表,列出了幼儿在教育活动中的六个主要表现,教师在教育教学中可以使用该评价表对教育活动的适宜性进行评价。

表1-1 教育活动适宜性评价表①

（以幼儿在教育活动中的表现为指标）

评 价 项 目	等 级 得 分		
	2	1	0
（1）对新内容的兴趣	高	中	低
（2）主动参与的程度	高	中	低
（3）内容的接受和理解程度	高	中	低
（4）学习中的独立性和创造性	高	中	低
（5）互动与合作性	高	中	低
（6）常规和秩序	高	中	低

第四节 幼儿行为观察的分类

观察的具体方法有许多种，每一种观察方法都有其特性。根据不同的分类标准，可将观察分为不同类别：

1. 根据观察记录的结构性质和控制程度，可将观察方法分为正式观察和非正式观察。

2. 根据观察是否直接面对被观察者进行，可将观察方法分为直接观察和间接观察。

3. 根据观察者是否直接介入被观察者的活动中，可将观察方法分为参与观察和非参与观察。

4. 根据观察内容的连续性和完整性以及观察记录方式的不同，可将观察方法分为描述观察、取样观察和评价观察。

一、正式观察和非正式观察

案例 1-8

研究者为了解幼儿在一个学期内攻击性行为的变化情况，展开了追踪观察。在实施观察之前，研究者进行了规范、严谨、周密的准备工作。首先，研究者查阅相关文献，梳理和分析攻击性行为的操作性定义、测量方法，以确定本研究的研究方法。然后，研究者开始选择适宜的观察工具，最终使用马丹修订的"幼儿攻击性行为观察记录表"，该表用于记录三种形式的攻击性行为，即身体攻击、语言攻击和关系攻击。研究者对该工具做进一步完善，补充了所需记录的相关信息，包括时间、目的、性别等。随后，主试在预观察前接受了专业的观察培训，提前进入幼儿园与幼儿相互熟悉、适应，确定最佳观察点。在预观察阶段，主试开始实施观察方案，这一阶段并不是为了收集观察资料，而是为了找出观察方案存在的问题，以进一步改进方案。最后，在正式的观察阶段，实行以主试观察为主、录像记录为辅的计划，共进行三次持续一周的观察，每次间隔45天。②

---

① 冯晓霞.幼儿园课程[M].北京：北京师范大学出版社,2001：18.

② 武旭晌,张天羽,张向葵.在园幼儿学期内攻击性行为的发展特点——基于观察的短期追踪研究[J].陕西学前师范学院学报,2020,36(12)：44-59.

案例 1 - 9	幼儿姓名：悦悦	性　别：女	编　　号：19
	年　　龄：5岁7个月	观察日期：12月16日	地　　点：活动室
	开始时间：16:10	结束时间：16:20	观　察　者：王丹

观察记录

　　悦悦正在摆弄多米诺骨牌，她一张接一张地把骨牌立起来，每放一张骨牌都会仔细和前面一张对整齐，不一会儿骨牌就排成了长长的一条，可是骨牌间的距离宽了些。排了近二十张骨牌后，悦悦停止了排列，伸出手指轻轻地推了一下第一张骨牌，第一张倒下去了，第二张却纹丝不动。悦悦又推倒了第二张骨牌，第三张依然不动，悦悦又连续推了几张，骨牌始终没有连动起来。悦悦思考了一会儿，然后一张接一张地把骨牌的间距拉近了，近得只留一条缝。接着悦悦再次伸出手指轻轻地推了一下第一张骨牌，第一张骨牌倒下了，第二张、第三张也接着倾倒下去，可是第四张却没有再倒下去，因为骨牌卡住了。悦悦似乎有些不知所措，抬头环顾四周。不一会儿，悦悦的视线又回到了多米诺骨牌，"哗啦啦"，突然，悦悦把还立着的骨牌都推倒了。接着悦悦又重新排列起来，这次她将骨牌排成了弧线状，最后骨牌渐渐围成了一个圈。

　　根据观察记录的结构性质和控制程度，可将观察方法分为正式观察和非正式观察两种类型。从上述两个案例可以分析出，案例 1 - 8 中研究者在进行观察前制定了周密严谨的计划，整个观察记录按计划进行，是一种正式观察；案例 1 - 9 是观察者针对幼儿游戏中的偶发事件进行的观察，其计划性和严谨性较低，属于非正式观察。

　　（一）正式观察

　　正式观察是在预设的目标下，使用相应的工具，例如观察记录表、检核表等，依照既定的方法、程序和步骤，逐一对目标行为进行观察和记录的过程。其特点是高结构化、系统化、控制化和严谨化，所以也称作结构型观察。常用于观察规则性、常态性且易于掌控影响因素的幼儿行为，如攻击性行为、进餐行为、动作发展等，其主要目的是获得量化的观察数据以进行统计分析。在接下来将要讲到的事件取样法、时间取样法、等级评定法等均属于正式观察。

　　正式观察基本分为以下四个步骤：首先，确定观察行为，对行为进行操作性定义。其次，预测什么情境、什么时间会发生哪种类型的行为，估计行为的后果，并据此制定详尽的观察记录表。观察记录表需对观察主题、观察情境、观察事件的项目、观察时间间隔、观察者的角色等进行清楚的界定。再次，进行观察前需对观察者进行训练，以提高不同观察者观察水平的一致性。最后，在观察记录中，对所有的被观察者使用同样的观察方法，采用统一的观察记录表进行记录。

　　正式观察结构严谨、计划周密，因此客观性强，较少受到观察者主观因素的影响。同时，正式观察往往是以量化的统计方法对资料进行整理，结果也比较客观可靠。然而，正式观察也有明显的不足。由于正式观察的行为乃至整个观察计划都是事先界定并控制的，在观察进行时只能按照既定的计划及步骤进行。虽然观察开展的过程非常客观，但是观察者在观察时无法根据当时情况及时调整观察内容与方式，无法在正式观察的过程中发挥个人的敏锐度、创造力，也就很难在观察记录中有新的发现。

　　（二）非正式观察

　　非正式观察是一种在观察记录中逐步展开的、具有相当弹性的、开放式观察，也被称为非结构型观察。非正式观察常用于不规则性、突发性的幼儿行为，如教师获取有关日常教育活动设计和实施等方面的信息或者幼儿身心发展特点的感性经验。如本节案例1—9是幼儿玩多米诺骨牌这一偶然的行为引起观察者的注意,观察者才开始对此行为进行细致观察。接下来的章节中将要讲到的日记描述法、轶事记录法等均属于非正式观察。

非正式观察没有周密详尽的计划与控制,只需设计一个形式开放、内容灵活的观察提纲,并且可以在观察实施过程中根据具体情况进行修改和完善。其最大的特点在于资料收集和分析是循环往复进行的,通过理性思考来分析资料,之后再去收集行为事实资料,然后再分析,如此循环往复使分析过程能不断得到被观察者行为事实的支持。

非正式观察由于允许观察者根据当时的具体情况调整观察内容,因而比较灵活,易于实施。另外,这一方法能对被观察者的行为表现有比较深入的探究,发现一直未被发现的行为意义和动机。但是这也依赖观察者本身的理性思考,如果观察者的动机不足或者感情用事,观察就会流于主观。此外,非正式观察的样本量一般较少,无法对较多对象进行观察,观察结果只能说明被观察者个体的行为,如果要解决一些普遍的问题,就必须通过大量样本的正式观察来验证。

二、直接观察和间接观察

> **案例1—10**
>
> 一位教师想了解班级建构区中幼儿的同伴交往行为,因此她来到建构区,在观察中用纸笔记录下幼儿同伴之间的对话和动作。以下是她的一段观察记录:
>
> 欢欢和心荷合作搭建了一座房子,琳琳独自搭建了一座差不多的小房子。搭完之后,她们用树木等辅助材料对房子进行装饰。琳琳找到了一个"警察"模型,欢欢看见后试图来抢,被琳琳阻止了。欢欢嘟着嘴不开心地回到了自己的房子前。琳琳又找到两个"警察"模型:"这还有两个,你们要不要? 不要的话我就给自己咯。"欢欢和心荷没有理她,继续装饰自己的房子。"我有一个好主意,要不我们合作搭一个超棒的轨道吧!"琳琳兴奋地说着,便开始将长积木平铺,首尾相连搭轨道,欢欢和心荷也参与了进来。

> **案例1—11**
>
> 一位研究者想探究积木投放数量对中班幼儿积木建构水平的影响。他在某幼儿园的三个综合活动室里分别设置了三块地面搭建场地。每次请一组幼儿(同性别的3名幼儿)到不同的搭建场地,并分别提供不同数量的游戏材料(100块积木,150块积木,200块积木)。结合拍照和录像两种方式记录幼儿的搭建行为。录像注重记录幼儿的搭建过程,拍照记录一些特别的、典型的搭建行为和搭建结果。每名幼儿都需要分三次搭建上述三种不同场地、不同种类的积木材料。在收集完资料后,通过反复观看视频和照片,得到关于作品的基本造型等级、搭建规则、形状组合等数据。

上述两个案例中,教师和研究者使用的观察方法最主要的区别在于是否直接面对被观察者进行观察。前者为直接观察,后者为间接观察。

(一) 直接观察

直接观察是指在现场对正在发生的行为和现象进行观察。观察者身临其境,亲眼看到和听到发生的事情,获得第一手资料。

在直接观察中,观察者的感受是直观的、具体的,有助于形成对被观察者的整体认识,适合幼儿教师使用。但是,直接观察也存在一定的局限性。首先,在托幼机构现场,观察者的感知可能受到周围环境的干扰。其次,在直接观察记录中,观察者在一旁观察可能会在一定程度上干扰幼儿的活动。最后,纸笔记录往往会造成信息遗漏,难以完整保存被观察者的行为表现。上述这些情况都会影响直接观察的效果。

(二)间接观察

间接观察是通过对现象或行为进行间接的观测,从而获取资料的观察。间接观察可分为两类。一是对物化的行为现象进行观察,例如,观察幼儿园活动室中不同图书磨损的程度,据此了解幼儿对不同图书的喜爱程度。二是以仪器或技术手段(如录音、录像等)为中介,间接进行观察。例如,案例1-11中,研究者运用录像和拍照的方法将幼儿在建构区的活动记录下来,然后进行分析,这就是第二类间接观察。可见,第一类是通过观察被观察者行为留下的痕迹来获得资料,进而进行分析的方法;第二类是为了弥补感官观察的不足而采用的间接手段,在分析时需要不断地展现实况,如反复播放录像内容,仔细观看和分析。

与直接观察相比,采用间接观察能将现场的情况尽可能地保留下来,特别是通过仪器设备进行观察记录留存下来的资料可供日后重复观察和分析。因此,在运用直接观察的同时,利用现代化的仪器设备进行间接观察,可以使观察记录的资料更精确、更全面。

三、参与观察和非参与观察

案例 1-12	当我宣布小朋友可以去选择自己想玩的游戏后,她快速地跑到"娃娃家"里,伸手从台上抱起了一个娃娃,并拿了一个小纸片放在娃娃的嘴旁边。我问她:"放在娃娃嘴边的是什么东西呢?"她很得意地说:"吸管,我喂娃娃吃药,我是医生,她嗓子发炎了。"回答完我的问题,她就走到一筐拼插的玩具柜边,用几个塑料条搭成了一个"Y"的形状。我指着塑料条问:"这是什么呢?""这是听诊器,我要给娃娃做检查。"她说着把塑料条的一头放在娃娃的胸口,将头卡在塑料条另一头的两支中间。
案例 1-13	角色游戏时间,医院里非常热闹。好多孩子都围着"医生"要打针。毛毛搂着轩轩的脖子,对医生大声喊:"这是我的儿子,给我儿子打一针吧!"医生倩倩在摆弄自己的听诊器,医生西西拿着一根棉棒和手电筒,还有一个医生潼潼自顾自地玩着小针筒。毛毛喊了好多遍,一直没有医生理他。毛毛就去架子上找到一条塑料条,说:"儿子我给你打针吧!"说着用塑料条当针管给轩轩打了一针,拔出针后还用手揉揉轩轩打针的地方。然后,毛毛找到了一只小碗,对轩轩说:"儿子不痛了,喝点水就好了。"①

---

① 周波.小班游戏案例——游戏材料投放的几点思考.安吉教育网.[EB/OL].[2012-12-12].

根据观察者是否直接介入被观察者的活动,可将观察方法分为参与观察和非参与观察两类。同样是对幼儿角色游戏的观察,案例 1-12 中观察者介入幼儿的活动,针对幼儿的行为进行询问,属于参与观察;案例 1-13 中,观察者一直在一旁观看幼儿的一言一行,未介入幼儿的活动,属于非参与观察。

(一) 参与观察

参与观察是指观察者在参与被观察者活动过程中进行的观察。观察者在与幼儿的互动中(如幼儿教师带领幼儿进行各种活动,父母在家庭中与孩子进行亲子互动,研究者与幼儿一起进行游戏),倾听和观看幼儿的言行,进行记录和分析。

在参与观察中,观察者介入被观察者的活动,不仅能够得到比较具体的感性认识,而且能够缩短与幼儿的心理距离。当对幼儿行为不十分理解时,观察者可以随时根据想要了解的内容提出问题,进一步了解幼儿行为背后的心理活动及其原因。例如,本节案例 1-12 中,观察者不明白幼儿行为的含义以及使用的替代物代表的是什么,因此通过询问了解到幼儿原来是在扮演医生,纸片代表的是吸管,塑料条代表的是听诊器。如果不介入幼儿的活动,仅凭看和听,观察者很难清楚理解幼儿的行为。

参与观察还具有灵活开放的特点,允许观察者根据研究问题和具体情境的需要不断调整观察的目标、内容、角度和范围。但参与观察也有其缺点:由于参与观察的性质,观察者具有观察者和参与者的双重身份。相对于非参与观察来说,参与观察的主观性较强,观察结果难以重复验证。因此观察者不仅需要和幼儿保持良好的关系,还必须在参与幼儿活动的同时保持观察所必需的心理和空间距离,这对观察者的观察能力有较高的要求。此外,由于这种观察要求观察者参与被观察者的活动,因而也比较费时费力。

(二) 非参与观察

非参与观察是指观察者不介入被观察者的活动,以旁观者的身份进行的观察。例如,一个班级的两位教师,其中一位在带领幼儿活动,另一位在旁进行观察的教师采用的就是非参与观察。非参与观察可以是公开的,即被观察者知道有人在观察自己;也可以是隐蔽的,即在被观察者不知晓的情况下观察。有些幼儿园在活动室或其他幼儿活动场所设置了摄像头,可以用来进行非参与观察。

与参与观察不同,非参与观察中,由于观察者不干预、不参与被观察者的活动,只是从旁对正在发生的行为现象进行观察记录,因此所得的结论比较客观,操作起来也相对容易。但非参与观察也存在着不足。在非参与观察实施的过程中,作为旁观者,观察者很难对观察现象进行比较深入的了解,不能像参与观察那样在遇到疑问时随时向被观察者提问。另外,非参与观察还可能受到一些具体条件的限制。例如,因为是旁观者,观察的距离一般比

较远,可能发生观察者听不清或看不见被观察者的情况。近年来,随着观察方法的发展,观察者的参与性在逐渐增强。"大家都认可这样一个'事实',即研究者如果要理解被研究者,不能(也不可能)只是站在'外面'观察对方,研究者只有作为被研究者文化群体中的一个'成员'(虽然涉入的程度有所不同),参加到他们的生活中去,才可能真正理解他们。"①

四、描述观察、取样观察和评价观察

案例 1－14

幼儿姓名:兰兰	性　别:女	编　号:14
年　龄:3岁2个月	观察日期:11月28日	
地　点:小三班教室、小山坡	观察者:杨瑞	观察主题:兰兰的一天

　　8:30:兰兰飞快地冲进教室,妈妈紧随其后。兰兰向老师问好:"杨老师,早上好!""兰兰,早上好!"在妈妈的协助下,兰兰极不熟练地脱鞋、脱衣服。妈妈走后,兰兰自己去盥洗室洗手,然后回到活动室吃早餐。兰兰看起来有点饿,吃得很快,旁边的浩浩想和她说话,她没有回答。
　　9:00:兰兰用完餐,把餐具放在收拾盘后,就去游戏区拿拼插玩具。她从盒子里拿出5块三角形插片,把它们呈圆弧形拼好,看着缺口若有所思的样子。然后她又取出1块三角形插片,把它拼在缺口处,开心地对我说:"看,我的飞碟。"此时班里的音乐响起,兰兰收拾好玩具回到活动室,跟着王老师去小山坡进行户外活动。
　　9:30:兰兰飞快地冲到小山坡顶端,然后又跑到小山坡上最矮的木桩边,慢慢抬起一只脚踩在木桩上,然后摇摇晃晃地抬起另一只脚。这样站立了几秒,她一直开心地笑着……

案例 1－15

幼儿姓名:苗苗	性　别:女	编　号:21
年　龄:3岁4个月	观察日期:12月12日	观察行为:苗苗使用橡胶奶嘴
地　点:小四班教室睡眠室	观察者:谢静	

事件	时　间	场　景	记　录
1	8:30	和爸爸一起来到幼儿园	当爸爸将苗苗交给老师时,她嘴里含着奶嘴。
2	9:10	在地毯上和老师一起玩	苗苗把橡胶奶嘴拿在手上,老师问她:"能把它给我吗?"苗苗摇摇头,把橡胶奶嘴放回嘴里。
3	11:20	午餐时	苗苗吃午餐前,将奶嘴取下来拿在手上。老师问:"能把它给我保管吗?"苗苗说:"不,我自己拿。"
4	11:50	在睡眠室	当老师让苗苗躺下睡午觉时,她嘴里含着奶嘴。
5	24:10	在睡眠室	当老师从苗苗嘴里拿出橡胶奶嘴时,苗苗立刻醒了,并开始大哭。

---

①　陈向明.质的研究方法与社会科学研究[M].北京:教育科学出版社,2000:230.

幼儿姓名：当当	性　别：男	编　号：17	**案例 1-16**
年　龄：3 岁 3 个月	观察日期：9 月 9 日	观察行为：当当的进餐行为	
地　点：小五班教室	观察者：祝小迪		

类　目	项　目	是	否
进餐前	认真洗手	√	
	安静等待吃饭		√
进餐中	正确使用餐具	√	
	掌握正确的就餐姿势	√	
	不挑食，不偏食		√
	自觉快速吃完饭		√
	不乱扔残渣		√
进餐后	将饭桌收拾干净	√	
	擦嘴	√	

上述三个案例的观察方法分别为描述观察、取样观察和评价观察，三者的主要区别在于观察内容的连续性和完整性以及观察记录方式。

（一）描述观察

描述观察是指在观察记录中观察者详细观察记录被观察者连续、完整的心理活动事件和行为表现的一种观察方法。例如，案例 1-14 中教师对幼儿一天的行为进行了连续而完整的观察记录。日记描述法、轶事记录法、实况详录法等都属于描述观察。

描述观察保留了行为事件发生的真实面貌，获得的资料完整、自然、真实、生动。但是，因为描述观察要求记录的完整性，往往会花费较多的人力、物力，从而限制了样本的数量。而且由于资料的呈现方式均是描述性的文字，难以做到量化分析，更显得费时费力。

（二）取样观察

取样观察是依据一定的标准选取被观察对象的某些行为表现进行观察记录，或者选择特定时间内的行为进行观察记录的一种方法。当想要对幼儿正在发生的某些行为进行取样，而不是记录某段时间内所发生的一切时，取样观察是非常有用的。如案例 1-15 中，教师想对苗苗使用奶嘴的状况进行观察，因此她只需记录苗苗使用奶嘴这一个行为事件，而不需要像案例一那样记录幼儿全部的行为活动。在观察之前，观察者要做好大量准备工作，包括确定观察内容、安排观察时间等。常见的取样观察包括时间取样观察和事件取样观察两种。

由于取样观察是对预先选定的行为进行观察，因此大大提高了观察的针对性，省时省力，比较适用于较大样本观察。但是取样观察也同样有其不足之处：例如在时间取样观察中，观察者往往只记录了要观察的行为是否发生及发生频率，很少记录该行为发生的前因后果。事件取样观察虽然记录了行为的因果，但是记录的资料不够完整、详细，难以进行更为深入的分析。

（三）评价观察

评价观察是观察者在观察的基础上，运用表格符号、数字等对其行为或事件做出判断的一种方法。如案例1-16中教师根据对当当进餐行为的观察，对检核表中的项目进行判断和勾选。评价观察之所以能实施，是因为它建立在观察者对被观察者平时观察的基础上。评价观察最常见的有行为检核、等级评定和频次记录三种，其适用范围比较广泛，很多行为都可以运用这种方法进行。

评价观察的主要优点在于其便捷性。相对于描述观察法和取样观察法，这一方法便于观察者记录，同时也便于对记录结果进行整理和分析，节省了人力和物力，且观察者只需极少的训练就可掌握这种方法。如案例1-16中教师只需对当当的进餐行为是否符合行为检核表中的项目进行判断和勾选。评价观察的主要缺点在于这种方法是由观察者的主观判断来评价，难以把握评价尺度，容易带有主观偏见。例如，评价者很可能会高估或低估了被评价者，也可能因为对评价表中的某些项目理解出现偏差，导致不能准确评价。另外，运用评价观察得到的只是量化结果，很难对行为的原因等进行深入分析。

从上述介绍中，可以了解到在不同标准下，观察方法可分为不同类型。但是，这些观察方法之间是有交叉的，例如描述观察既可以是参与观察，也可以是非参与观察；取样观察既可以是直接观察，也可以是间接观察。各种观察方法各有其适用范围和条件，以及各自的优势和不足。在对幼儿进行观察时，应根据实际情况，选择适宜的观察方法。

第五节　成为专业观察者需要具备的能力

日常生活中的行为观察是观察者天生就会的本领，然而专业观察必须针对观察的个体行为或团体行为背后的原因提出可靠的解释，从而了解和解决专业问题。因此专业观察者需要在收集资料、分析资料及求证、判断上进行一定的训练，使得观察结果准确又深入。观察者需要具备以下几方面基本的能力。

一、明确观察目的

清晰明确的观察目的是进行高质量专业观察的前提。观察目的既指明了为什么观察，也蕴含了观察的内容，即要观察什么。如果观察目的不明确，就会使观察过程盲目且随意，观察结果无效，最终只能是"竹篮打水一场空"。

下面是一位教师的观察记录：

案例1-17	5月26日下午，甜甜先在图书区翻了会儿书，又去"娃娃家"看了看，然后又到"自然角"给小草浇了浇水，最后她去科学区玩起了火山实验。

上文的观察记录像是流水账，没有明确的目的，这样的观察显然发挥不了教育价值。而下文的观察记录将教学目标等同于观察目的，实则还是没有明确观察目的。

> **观察目的**
>
> 　　增强幼儿对他人的理解与体谅。
>
> **观察记录**
>
> 　　上午的体育活动中,老师和小朋友一起做热身活动。在做伸手臂这一动作时,刘恒羽不小心碰到了马天悦的脸,马天悦马上边哭边说:"老师,刘恒羽打我!"然后在自由拍球时间,茜茜的球弹起时,正好落在马天悦的头上,他又哭了起来说:"老师,茜茜打我!"活动结束后,小朋友送球后去洗手,张斯博急着洗手,挤到了马天悦,他又一次哭着说:"老师,张斯博打我!"[①]

　　观察的目的在于通过观察记录幼儿的某些行为或事件,了解幼儿的发展状况,而不是直接让幼儿取得进步。教师未能明确观察目的,因而在观察时只注意到与这一教学目标相背离的片段,而未去了解行为发生的背景和原因。

　　可见,如果观察者不明确观察主题,在观察过程中往往会敷衍应付、盲目记录,难以有针对性地收集并客观分析观察材料,从而无法真正地理解和分析幼儿,起不到提升保教质量的作用。

二、下操作性定义

　　观察者在进行观察记录时,为将观察到的复杂行为或现象进行简化,往往需要进行行为分类并对每类行为下操作性定义。进行行为分类时需要遵循两个原则。第一,相互排斥原则,即一个类别的行为与其他类别的行为要相互独立、排斥,要求观察到的行为只适合不同类别中的一个类别。第二,详尽性原则,即凡是与观察主题相关的行为,都能放在某一个类别中,不会出现观察到的行为无从归属的情况。在对分类后的行为下操作性定义时,要注意操作性定义是指用可感知、可测量的方法对变量做出界定和说明,所以通常采用名词、动词、形容词等简洁明了地进行定义。

　　例如,帕顿对2—5岁幼儿在游戏中的参与行为进行观察时,将幼儿游戏分为六类:无所事事、旁观、单独游戏、平行游戏、联合游戏、合作游戏。这种划分方法既符合相互排斥原则,也符合详尽性原则。他对六类游戏的操作性定义如下:

　　无所事事:幼儿未做任何游戏活动,也没与他人交往,只是随意观望,或走来走去。

　　旁观:基本上观看别的幼儿游戏,有时凑上来与正在游戏的幼儿说话,提问题、出主意,但自己不直接参与游戏。

　　单独游戏:幼儿独自一人游戏,只专注于自己的活动,根本不注意别人在干什么。

　　平行游戏:幼儿能在一处玩,但各自玩各自的游戏,既不影响他人,也不受他人影响,互不干涉。

　　联合游戏:幼儿能在一起玩同样的或类似的游戏,互相追随,但没有组织和分工,每人做自己想做的事情。

　　合作游戏:幼儿为某种目的组织在一起游戏,有领导、有组织、有分工,每个幼

---

① 柳剑.幼儿教师运用观察记录法中存在的问题与对策研究[D].东北师范大学,2009.

儿承担一定的角色任务,并互相帮助。

三、选择和编制有效的观察工具

如果观察时需要记录行为的次数、频率、强度等信息,可以运用工具来记录,如行为检核表、等级评定量表等。

选择适宜的工具非常重要。工具已经为观察者设计好摘录事实形成资料的方法,也在一定程度上过滤主观的介入,观察工具的选择必须谨慎。除能收集到可靠的客观资料外,工具的项目必须能有效地解释要了解的问题。如果无恰当的工具,观察者可以就观察所需,界定需记录的行为和记录方法,从而来制作工具。

王老师发现班上6岁的琪琪自从进入大班以来,越来越爱哭,有时一天能哭好几次。她想了解琪琪会在哪些情况下哭泣,以便制定适宜的帮助策略。通过初步观察,她发现琪琪的哭闹时间、哭闹对象和哭闹情境各有不同,于是制作了以下三个观察表:

表1-2 琪琪哭闹的时间

琪琪哭闹的时间	观 察 日 期				
	11.23	11.24	11.25	11.26	11.27
1. 早上入园时					
2. 集体活动时					
3. 户外活动时					
4. 区域活动时					
5. 午餐时					
6. 午睡时					
7. 离园时					
……					

表1-3 引起琪琪哭闹的对象

引起琪琪哭闹的对象	观 察 日 期				
	11.23	11.24	11.25	11.26	11.27
1. 浩浩					
2. 带班老师					
3. 实习老师					
4. 自由活动和户外活动时的玩伴					
……					

表1-4 琪琪哭闹的情景

琪琪哭闹的情景	观 察 日 期				
	11.23	11.24	11.25	11.26	11.27
1. 自己的要求没得到满足					
2. 老师的要求没做到					
3. 与玩伴起争执					
4. 衣服脱不掉					
5. 吃饭吃得慢					
6. 任性					
……					

上述案例中,王老师观察琪琪的哭闹行为,行为发生十分频繁。因此王老师选择对行为发生的时间、对象和情境进行频次统计,并根据平时观察的结果不断完善和修改观察表中的项目,以便能全面了解琪琪哭闹的情况。

编制观察工具的能力必须经过训练,使编制的工具具有可信度和有效度,确实能收集到与主题有关的有效的事实资料,而且方便记录及解释等优点。

四、清晰、详实地叙述行为

他人要通过观察者的诠释来了解事实真相。其中,语言、文字或符号有其重要的价值。在观察中的表达方式有两种,第一种是叙述行为的实际发生过程,例如:

> 今天上美术课,我拿了一本书给小朋友看。这时小羽把手放在小赖的背上,小赖告诉小羽:"不要摸我!"并抓了一下小羽的手,嘟着嘴看着桌子。小羽又抓了小赖的衣服,小赖也反抓了回去,并握住小羽的手,小羽又反抓小赖的手,小赖张大嘴巴朝向小羽,并将这个动作重复了4—5次。我叫了一声:"小赖!小羽!"他俩立刻停止了动作。

案例 1-19

上述案例中,观察者详细描述了事情发生的背景、小羽和小赖的动作、语言和神情,还原了事情发生的原貌。在观察记录时为免遗漏真相,有时需要进行这样详细的描述,但是会使事件的表达变得十分零碎繁杂。

第二种是以个人主观诠释的方式直接将行为意义说出,不用冗长的叙述,能简单快捷地表达意义。将上述案例换一种叙述方式:

> 美术课上,小羽挑衅小赖,两人打了起来,被我及时制止了。

这种方式简化了很多,但是在概括行为意义时可能会犯两种错误。第一,由于缺乏证据而作了夸大的解释,例如以"小羽挑衅小赖"来表示上段叙述的意义。第二,可能过分狭隘,未能反映事情的原委,不足以解释行为的真正意义,例如以"小羽和小赖在打架"来表示上述意义。

观察到的事实可以由文字详细叙述出来,也可以用简单语言将其意义摘要出来。前者是描述事实发生的过程,是翔实的;后者则是将行为事实的意义表示出来,这需由观察者主观认定或判断,在专业观察时必须贴切地诠释意义,使行为解释符合事实。

五、积极寻找可靠资料

案例 1-20	**观察记录** 　　晨晨今天带了一本书,走进教室后,马上开始看自己的书。一会儿,很多小朋友来了,青青走到她跟前,拿起她的书准备和她一起看书,谁知道晨晨一把抢过图书:"不行,书是我的,谁也不给看。"
	分析 　　晨晨具有很强的占有欲,以自我为中心,自己的物品别人都不能动。我们应该多与家长配合教育,让她懂得与别人分享玩具、图书,这样才能交到更多朋友。①

这位教师在看到"晨晨拒绝和别的小朋友分享图书"后,立刻做出了"晨晨占有欲强,以自我为中心"的判断。但是晨晨带了什么书?自己看时是否非常专注?对书本表现出多浓厚的兴趣?晨晨平时是否也是如此?对于这些信息,教师并未去了解。因此,教师观察记录中描述的信息或许只是事情的表象,据此做出的判断准确性会受到质疑。

积极寻找可靠资料是专业观察中重要的态度。可靠资料是确实可以有效代表观察主题的事实信息,而信息是否可以有效地代表观察主题的相关事实,这是要观察者加以区分判断的。观察者需要对不实(被夸大、扭曲)的信息进行过滤,对与观察目的无关的信息暂时忽视,才能发现实际可用的可靠资料,避免扭曲事实或被无关的信息误导。

确保资料的可靠性需要观察者不断反思:收集的资料与观察目的是否相关?资料的来源是否真实可靠?资料转换的系统是否合理?是否受观察者主观情绪、偏见的影响?考虑到观察对象、时间、场所、次数等影响因素,是否应再收集更进一步的资料?

案例 1-21	户外活动结束后,孩子们像往常一样,排队在盥洗室洗手。辉辉拉着我的衣服着急地说:"老师,看,小便池里有块积木。"果然在蹲坑的便池里躺着一块红色的塑料积木。我大声地质问是谁干的,孩子们异口同声地说:"是乐乐!"于是,我把乐乐请到了我的身边。可不管我怎么问,他就是不承认,而孩子们的一再指认让我一时不知如何是好。到底是怎么回事?我暂时放下这件事,并开始留心观察。 　　终于,等我继续给孩子们洗手时,另一个孩子又将一块积木扔到了便池里。我故意问:"是谁又把积木扔到便池的?"孩子们又异口同声地说:"是乐乐!"

在上述案例中,最开始教师只是从其他孩子口中得出是乐乐将积木扔进便池的判断。但其他孩子其实没有看到事情发生的经过,只是根据自己的思维惯性——乐乐平时爱做坏事,判断扔积木的是乐乐。而教师经过进一步观察,发现"真凶"并不是乐乐。

所谓可靠资料往往是来自第一手的事实信息,而不是经过处理、解释或批判的二手

---

① 徐启丽.幼儿教师进行儿童行为观察的现状与对策探析——以 G 省为例[J].早期教育,2013(5):23-26.

资料,因为后者往往可能会不实、扭曲事实或不足以作为依据。用来了解幼儿的资料,如果得之于幼儿行为的表现,这种资料比较真实可靠。如果得之于测验评分或老师、同伴的评价,这些信息的出处是否合理,在传达过程中是否有误,就不得而知了。当然,如果第一手资料难以获得,经过处理的二手资料(例如:测验评分,家人、同伴的评价等)也可以接受,但观察者应在保持质疑的前提下再三求证或收集反证资料和事实资料来进行验证。

六、反省主观情绪或成见

观察到的信息通过观察者的感官而被接收,往往会夹杂着观察者的主观想法,这是难以避免的。主观想法会使观察者在观察时较容易接收与主观相符的信息,而忽略相反或无关的信息,有时甚至会不知不觉地修改真实信息来支持自己的想法。下面是针对同一事件两位教师的观察记录:

> 教师甲:素素吃点心的瓷碗掉在地上摔碎了,她难过地哭起来。见我走过来,她一脸无辜地盯着旁边的小宝,好像在告诉我瓷碗是小宝打碎的。素素平时就因为怕被老师骂,做了坏事故意撒谎,将责任推给其他小朋友。
>
> 教师乙:素素和隔壁的小宝边吃点心边玩,素素的瓷碗放在桌沿,小宝一挥手,瓷碗掉在了地上,摔碎了。素素看着小宝,哭了起来。

案例1-22

上述案例中,对于同样的事件两位教师记录的内容却存在很大差异。教师乙客观地观察和描述了事情发生的来龙去脉,而教师甲只观察到了事情的片段,便将日常对素素的印象和这件事联系起来,主观臆测素素行为的原因,做出的判断与事实不一致。因此为求观察到的信息客观准确,观察者必须时时反省自己是否带有主观情绪或成见。

七、提出合理的行为假设

观察者接触到的事实有限,常常不能做出完整的判断。当观察者无法收集到直接资料作为解释判断的依据时,提出行为假设的能力就显得尤为必要。

> 户外活动时,老师带着小朋友们玩捕鱼的游戏。配班老师扮演渔夫,拿着泡沫棒组成的捞鱼"抄网",主班老师和幼儿扮演小鱼,另外两名老师拉着一块彩色的布条当作渔网。游戏开始了,主班老师带领"小鱼们"迅速钻过渔网,配班老师拿着"抄网"去"捞鱼",被抓到的"小鱼"被淘汰。小朋友们玩得不亦乐乎,只有一个小男孩例外。他一个人站在阴凉处,目不转睛地看着其他小朋友玩,每次看到有小鱼被捕,他就一脸紧张的样子,似乎很想参加游戏,但为什么不去呢?我走过去蹲下来询问小男孩:"你为什么不跟大家一起玩呢?""我怕!"小男孩一脸恐惧地说。回想刚刚他看到小鱼被捕时紧张的神情,我想他可能是把游戏当真了,以为真的会"被捕"。于是我问:"你怕什么呢?这只是游戏,不是真的,只是假装成小鱼。""我怕那个圈圈"小男孩一脸恐惧地指着"抄网"说。我瞬间明白过来,原来他是害怕被套住,或许以往有被套住的不愉快经历。我灵机一动:"那你去当渔夫好不好,去抓小鱼。"小男孩笑着点头加入了游戏。

案例1-23

在上述案例中,"似乎很想参加游戏"、"他可能是把游戏当真了",这些都是观察者提出的假设,但是这些假设都不是毫无由来的猜测,而是观察者根据小男孩的表现和回答提出的,有一定的证据,但又不是很充分。有时观察者必须在过程中就提出这种假设,因为他不可能等到最后真相大白才来判断、决定或处理问题,必须暂时作出一些决定或处理。

需要注意的是,这种大胆假设需要小心求证。当提出尚无充分证据、不确定的假设时,应抱有谦虚怀疑的态度。如果缺乏这种态度,就会把假设当成结论,在观察记录中倾向于收集对判断有利的信息,而忽略对判断不利的信息,这就犯了先判断再观察的错误,从而会掩盖事实。上例中,观察者根据小男孩的表现和自己的经验做出假设后,并没有立刻做出判断,而是通过询问向小男孩求证,据此调整自己的假设,最终发现小男孩想参加游戏却又害怕参加的真实原因——"害怕被套住",从而提出了正确的引导措施。

提出行为假设要基于良好的思考。所谓良好的思考至少包括两种能力,一是创造思考,即根据已知的事实大胆假设,提出合理的解释;二是批判思考,即对事实问题小心求证和反思,多方收集事实资料,以求取客观准确的证据。良好的思考是专业观察必备的条件,有了良好的思考能力,主观介入的成分才足以对客观信息发挥补充、质疑、求证和判定等功能。

除上述七种能力外,作为幼儿教育工作者,还需要从以下五个方面入手,掌握幼儿行为观察的技能:克服成人思维,树立科学的儿童观;学会行为观察的方法,能科学记录和分析儿童的行为;把握不同年龄阶段儿童的行为特点,从本质上认识到儿童行为的原因;掌握儿童心理发展理论,学会用不同学派的理论解析幼儿的行为;在实践中不断反思,积累经验,改进策略。

本章小结

观察不仅是人类通过感觉器官进行感知的过程,而且是通过大脑对信息进行加工的过程,包括注意焦点背景、主观介入、判断与结论四个要素。不同于日常观察,专业观察是为了职业要求或科学研究而进行的,是有明确目的、计划安排,有一定控制和严格记录的观察,是一个"接收信息→主观判断"与"主观判断→接收信息"循环往复的过程。

行为的界定有狭义和广义之分,广义的行为不只限于可见的外在活动,还包括以外在行为为线索,间接推知的内在心理活动。在观察时,不能只看外在的行为表现,还需分析行为背后的原因,探究行为表现下的内在意识,这样才能真正理解个体的行为。幼儿行为观察是专业观察的一种,是指通过感官或仪器设备,有目的、有计划地对幼儿的行为及现象进行感知和记录,从而获取事实资料,并据此了解和分析幼儿的行为动机、原因、个性、需要、兴趣等。

幼儿行为观察具有十分重要的意义。它有助于解读幼儿的行为,了解幼儿的发展水平和学习状况,发现幼儿的个体差异。对于家长来说,幼儿行为观察能够帮助家长了解幼儿,提升亲师互动的品质。对于幼教工作者来说,幼儿行为观察能够促进教师的反思与成长,提高教育质量。

在不同的分类标准下,观察方法可以分为四种不同类型。根据观察记录的结构性质和控制程度,可将观察方法分为正式观察和非正式观察;根据观察是否直接面对被观察者进行,可将观察方法分为直接观察和间接观察;根据观察者是否直接介入被观察者的活动中,可将观察方法分为参与观察和非参与观察;根据观察内容的连续性和完整性以及观察记录方式的不同,可将观察方法分为描述观察、取样观察和评价观察。

为做好专业的幼儿行为观察,观察者需要在实践中不断培养和提升明确观察目的,下操作性定义,选择和编制有效的观察工具,清晰、详实地叙述行为,积极寻找可靠资料,反省主观情绪或成见,提出合理的行为假设的专业能力。

思考题

1. 我们为什么要观察幼儿的行为? 通过观察幼儿的行为,我们能了解到什么?

2. 观察的具体过程是怎样的?

3. 反思自己是否具备专业观察的基本能力。思考自己可以从哪些方面来努力提升专业观察能力?

4. 请从众多观察方法中选择适宜的方法,比较三名幼儿在合作行为发展水平上的特点和差异,并制定观察计划。

进一步阅读的文献

1. 戴小红.幼儿园教师观察能力现状及其提升策略[J].学前教育研究,2018(06):64-66.

2. 高宏钰,霍力岩.幼儿园教师观察能力的理论意蕴与提升路径——基于"观察渗透理论"的思考[J].学前教育研究,2021(05):75-84.

第二章 幼儿行为观察与儿童发展理论

学习目标

1. 理解幼儿发展的整体观,完善专业知识储备。

2. 能够正确认识儿童发展理论在幼儿行为观察中的应用价值。

3. 能够运用儿童发展理论科学地解读幼儿行为,并能立足于新时代育人目标提出有效适宜的教育建议。

内容脉络

```
              幼儿行为观察与儿童发展理论

  幼儿发展的整体观                    正确认识儿童发展理论

              运用理论解读幼儿行为
              ● 幼儿认知发展水平的理论解读
              ● 幼儿情绪表现的理论解读
              ● 幼儿社交行为的理论解读
```

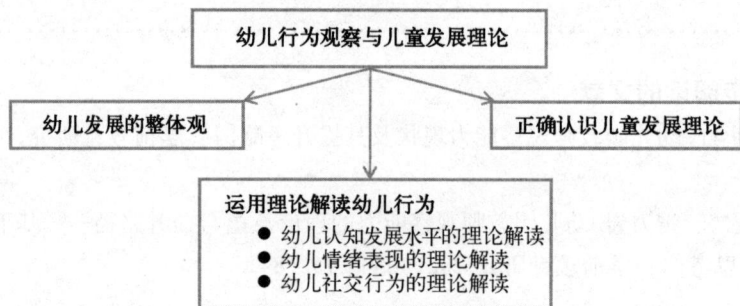

　　王老师是幼托班的一名主班教师,最近的一次观察让她非常困惑。她班上一个1岁8个月的小男孩沐沐表现出超常的语言表达能力,王老师对沐沐进行了观察记录。但是当她想运用相关理论对观察记录的资料进行解读分析时,她发现蒙台梭利的敏感期理论提出女孩学习语言的敏感期要比男孩早,但是沐沐的语言表达能力可以说是班上最好的。这让她非常困惑,沐沐比同年龄的女孩们讲得好,难道蒙台梭利的理论是错误的? 如果理论与实践不符,那么理论还有什么用处呢?

　　上述案例中王老师的困惑非常有代表性,不少幼儿教师对儿童发展理论在幼儿观察中的应用存在一定的误区。经典的儿童发展理论对幼儿的心理与行为进行了科学的、有规律的总结,是理解幼儿行为的理论指南。观察者可以借助这些理论,有目的地观察幼儿,正确理解、科学评价幼儿的行为,并合理分析其行为背后的原因。通过不断地尝试用理论指导观察实践,有助于观察者形成科学的儿童观,反思改善自己的教学行为。本章将介绍在观察者形成幼儿发展的整体观的基础上,如何正确认识儿童发展理论在幼儿行为观察中的价值,如何正确运用理论解读幼儿行为。

第一节　幼儿发展的整体观

一、幼儿发展的整体观

(一) 从心理学视角看幼儿发展的整体观

从心理学的视角来看,幼儿发展的整体性可以从幼儿的生理发展、心理发展以及身心发展的有机统一上进行理解。

从生理结构来看,人的生命体是一个整体系统,其中每一个系统都有各自不同的机能,而每一系统的存在及其功能的发挥都是以其他系统的参与、协同作为条件的。换句话说,人体的任何一个系统都不能脱离其他系统的配合而单独存在和发挥功能。所以,我们在教育和培养幼儿身体的过程中,要树立整体的发展观,使他们的身体机能在整体上得到合理、协调、适度的发展。

从心理结构来看,幼儿的心理也是一个系统的结构。尽管不同学者对个体心理的划分方式不一致,但是多数发展心理学研究者都认可将个体的心理发展划分为认知、情绪和社会性发展等几个部分。认知发展指智力方面的变化,包括感觉、知觉、注意、记忆、思维、想象、学习、问题解决、创造力和语言等方面的发展。情绪和社会性发展包括情绪理解、情感交流、自我理解、了解他人、人际技能、友谊、依恋关系以及道德推理和道德行为等方面的发展。它们之间存在着相互制约、相互促进,又互为条件的错综复杂的动态关系,并在幼儿的心理发展中共同发挥着作用,缺一不可。显然,当我们说幼儿某一方面的心理发展时,实际上其他心理因素的协同发展已经作为前提隐含在其中了。

可见,无论是幼儿的身体发展,还是其心理发展,都必须是整体的发展,而不是某一方面独立或片面的发展。

树立幼儿发展的整体观更为核心的含义是,幼儿的身心系统不但各自构成相对的整体系统,而且二者之间发生相互联系、相互制约、互为条件的复杂动态关系,从而构成个体生命体的整体系统。在这一整体系统中,生理系统是心理系统发展的基础,心理系统则是生理系统发展的条件(但不是唯一的条件)。如果生理系统失去了心理系统的支持,那么人的身体也就失去了关键的"指挥棒";反之,如果心理系统脱离了生理系统,人的心理也就没有了物质载体,心理也就不复存在了。正因为如此,在幼儿发展中,保证身心系统和谐统一的发展是极其重要的。

(二) 从教育的视角看幼儿发展的整体观

党的二十大指出,要"培养德智体美劳全面发展的社会主义建设者和接班人"。也就是说,全面发展的人才是新时代所需要的社会主义人才。这深刻指明了人的发展本身理应是整体的、全面的,将其进一步聚焦于学前教育学可发现,幼儿发展的整体性体现在五大领域的有机统一上。《3—6岁儿童学习与发展指南》指出,儿童的发展是一个整体,要注重领域之间、目标之间的相互渗透和整合,促进幼儿身心全面协调发展,而不应片面追求某一方面或几方面的发展。

这就提示幼儿教育工作者,在进行幼儿行为观察时,切忌把思维局限于某一个或某几个领域中。因为幼儿的发展是一个整体,往往一个行为反映了多个领域、多个目标的发展情况,观察者应注重领域之间、目标之间的相互渗透和整合。这在一定程度上需要观察者跳出思维的禁锢,纵观全局,不执着于达成预设的观察目标,而是综合分析、灵活调整观察目标和观察内容。以下是某位幼儿教师的访谈记录,从中可以看出这位教师所持有的幼儿发展整体观。

> 集体活动对老师来说是最基础的环节,不管是音乐、语言、美术还是其他。集体活动的前半段大都是以教师的讲授为主,后半段才是以幼儿的操作为主。观察幼儿在前半段的表现主要聚焦于语言和互动,教师做出怎样的讲授,幼儿给予了怎样的回应,师幼之间有着怎样的互动等。这部分是对幼儿的表达能力和回应能力的观察。在后半段的操作部分,就可以观察幼儿会不会克服困难,怎样面对挫折,会不会合作等。所以,在后半段可以对幼儿的抗挫折能力、合作能力等方面进行观察。再如,生活环节中可以观察幼儿的生活自理能力、情绪情感等;游戏环节可以观察幼儿的参与度,对游戏的喜爱度和参与方法等。所以如果我们要运用《指南》来观察这些环节中幼儿的行为时,不能只运用其中某一个领域的内容,而应综合运用多个领域的内容。①

(三) 从个体与群体关系的视角看幼儿发展的整体观

幼儿发展的整体性还可以从幼儿个体的发展和幼儿群体的发展,以及二者的和谐统一上进行理解。树立幼儿发展的整体观的另一个含义,是指群体幼儿的整体发展。因为我们教育的目标并不仅仅是某个幼儿的个别发展,而是要面向全体幼儿,使所有幼儿在整体上都能得到全面、和谐、健康的发展。

二、运用整体观观察幼儿的行为

如果把幼儿的学习内容用一只手表示,五根手指就代表五大领域,各占五分之一,没有多少之分、轻重之别,手掌便代表学习品质。五根手指并拢时是一只手,当五根手指分开时仍然是一只完整的手的组成部分。这启发我们,观察者在对幼儿行为进行观察时,眼中不应该只有某一根手指,而应该有一只完整的手。因为幼儿的发展是综合的、立体的,所以作为教师要带着整体观看待幼儿的发展。

下面是观察者对戴老师在幼儿进餐时的表现进行的观察记录,其中很好地体现了如何运用整体观设计教育教学活动并观察幼儿的行为。

> 早上 11 点 20 分,戴老师准时带领全班小朋友开始餐前活动。今天的餐前活动分为两个部分,前半部分是让小朋友们自由交流,话题是自己喜欢的一种食物,或者最近在家里吃的某种食物。小朋友们听到老师说可以自由交流,高兴极了,立刻叽叽喳喳地交谈起来。

> 10 分钟后,戴老师开始用多媒体设备介绍今天的食谱。戴老师把每一样食材都做成了卡通的形象,让小朋友们感到新鲜、有趣、亲切。讲完后,戴老师鼓励孩子们不偏食、不挑食,做个好宝宝。

> 11 点 40 分,戴老师准时放起了舒缓的音乐,小朋友们开始排队洗手、端饭,依

---

① 刘佳丽. 教师运用《指南》观察儿童的策略研究 [D]. 四川师范大学硕士学位论文,2015:62.

次入座。就餐时,戴老师对个别幼儿使用筷子的方法进行了指导。

就餐结束后,戴老师为小朋友们分发橘子,并问小朋友们橘子是什么形状的,让他们掰开以后数一数一共有多少瓣。

我问戴老师为什么这样安排就餐环节。戴老师回答说:"《指南》告诉我们要善于抓住教育契机,并且要注重各个领域之间的相互渗透,因此像这样的进餐环节就是一个很好的教育契机。从餐前活动开始,一系列的活动可以让我观察、了解幼儿的语言发展情况、人际交往能力、是否排队取餐、是否挑食、能否正确使用筷子、对形状的认识、数数等方面的发展情况。"①

从对戴老师组织进餐环节的观察内容可以看出,戴老师准确把握了《指南》中提出的整体性原则,从健康、语言、社会、科学、艺术五大领域对幼儿进行观察了解。幼儿年龄尚小,对新事物感兴趣,喜欢说话,即使教师反复强调进餐时不能说话,但幼儿悄悄交谈的现象仍然比较普遍。因此,戴老师利用餐前活动的环节,让幼儿进行自由交流,既缓解了幼儿在整个早上高结构活动的控制性,又促进了幼儿语言水平的发展。在自由交流环节,教师可以很轻松地观察到幼儿语言水平的发展状况。由于戴老师平时观察到本班幼儿挑食的问题比较严重,因此在餐前活动时,利用多媒体将各种蔬菜化身为卡通形象,拉近幼儿与食物的距离,引起幼儿对食物的兴趣,让幼儿对平时不爱吃的食物产生好感。就餐前的排队洗手、取餐,是否在良好的情绪下独立进食等,都是戴老师对幼儿社会领域发展状况的观察内容。在就餐后,戴老师结合前几天在数学领域集体教学活动时的观察结果,利用橘子强化幼儿对球体的感知理解,并在幼儿数橘子瓣时观察幼儿数数能力的发展。一个看似简单的就餐环节,戴老师结合《指南》对幼儿各个方面的发展都进行了细致的观察,而不仅仅停留在健康领域,真真正正将幼儿的发展看作一个整体,促进幼儿身心全面协调发展。

第二节　幼儿行为的理论解读

一、正确认识儿童发展理论在幼儿观察中的价值

俗话说:"思想有多远,人就能走多远。"这句话生动地说明了意识在指导实践中发挥的"指向灯"作用。儿童发展理论,尤其是那些经过实践验证过的经典理论,目前来说是相对科学的幼儿发展规律,如果观察者能够用这些发展理论"武装"自己的头脑,就可以对幼儿的行为表现作出一个相对准确的判断,从而更加科学地指导教育教学行为。② 例如,当教师了解了幼儿在2—3岁时会进入自我意识飞速发展的阶段,就能够理解幼儿拒绝与同伴分享自己物品的行为,而不会用成人的道德标准判断这是一个"自私"的幼儿。

然而,在学习和运用理论的过程中,不少教师对儿童发展理论的认识存在着一定的误区。主要包含两个方面,其一,过于轻视理论,认为理论无用;其二,过于重视理论,认

---

① 刘佳丽.教师运用《指南》观察儿童的策略研究[D].四川师范大学硕士学位论文,2015:51.
② 谢弗.儿童心理学[M].北京:电子工业出版社,2010:32.

为理论即真理,将理论看作评价幼儿发展水平的唯一标尺。

第一,认为理论与实践差距大,理论无用。有些幼儿教师认为,理论和实践之间常常存在着巨大的鸿沟,理论中描述的幼儿发展的一般规律很多时候难以在实践中得到验证,是不可信的。由此他们产生了"理论好像没有什么用处,学习理论就是在浪费时间"的想法。本章开篇案例中的王老师持有的就是这样的想法。

第二,将理论看作评价幼儿发展水平的唯一标尺。这种现象常常出现在提供了发展常规模式的理论中。不少幼儿教师学习了这种理论之后,在对幼儿的日常观察中,容易将常规模式中的年龄目标当作一把标尺来衡量幼儿的发展状况,看看他们的发展有没有"达标",没有"达标"的幼儿就容易被贴上各种各样的标签,比如"多动症"、"智力发育迟缓"等等。

上述两种误区的产生都是源于对幼儿发展过程中个体差异的认识不到位,儿童发展理论最重要的贡献是为教育工作者描绘出了幼儿成长的一般发展规律。但是,由于个体差异的存在,规律性的东西表现在个体身上便出现了差异,每一个幼儿的发展速度和行为表现都是千差万别的。[1] 学习儿童发展理论以及观察儿童的技能,就是要分析理论在个体身上有什么表现以及为何有这样的表现。因此,正确掌握儿童发展理论的观察者,能够更好地在平时对幼儿的观察中看到这些一般发展规律在不同幼儿身上是怎么表现的,并分析出现这种行为表现的内在原因。

二、运用儿童发展理论解读幼儿行为

幼儿的心理发展主要包括认知、情绪及社会性三个方面。这三个方面的发展并非完全独立,而是相互影响的。比如,当一名幼儿在语言理解和表达上存在障碍时,他的情绪调节能力及同伴交往情况也不会很好,因为无论是情绪调节能力还是同伴交往能力都需要一定的语言理解和语言表达能力为基础,这也是本章开篇就介绍幼儿发展的整体观的原因。但是,为了方便读者学习,在介绍如何运用儿童发展理论解读幼儿行为时,本章将分别对幼儿心理发展的认知、情绪和社会性三个方面的行为表现进行理论解读。

(一)幼儿认知发展水平的理论解读

认知又称为认识,是指个体认识外界事物的过程,或者说是对作用于人的感觉器官的外界事物进行信息加工的过程,包括感觉、知觉、注意、记忆、思维、想象、语言等。

根据皮亚杰的认知发展理论,0—2岁幼儿的认知发展水平处于感知运动阶段,依靠动作去适应环境。2岁左右,幼儿的认知发展有了新的飞跃。2—7岁的幼儿进入认知发展的第二阶段,即前运算阶段。以前运算阶段为例,这一阶段幼儿的认知发展特征在幼儿行为上有何表现呢?下面是米老师对小班的一名幼儿琳琳在区域活动中的行为表现进行的记录,接下来我们将以此为例说明如何运用认知发展理论解读幼儿的行为。

---

① 陈帼眉,姜勇.幼儿教育心理学(新世纪高等学校教材)[M].北京:北京师范大学出版社,2012:26.

幼儿姓名：琳琳	性　别：女	编　号：09
年　龄：3岁2个月	观察日期：10月14日	**案例 2-1**
开始时间：9:40	结束时间：10:00	
地　点：小二班	观察者：米老师	

观察记录

琳琳在这次区域活动中选择了当一名美发师，她拿了一条大毛巾、一把玩具剪刀和一台玩具吹风机等材料开始布置发厅。当客人到来后，琳琳发现自己的理发厅提供的材料不够，她拿大毛巾为客人包住头发后，就没有毛巾帮客人擦脸了。于是，她掏出自己的小手帕，用它假装为客人擦脸。当用小手帕为客人擦完脸后，她又拿了个篮子假装是水槽，将手帕洗干净后再继续使用。

过了一会儿，正在理发厅理发的小男孩强强哭了起来。琳琳跑过来对我说："米老师，我刚刚在为强强剪头发时，剪刀不小心划到他的脸了。"我走过去仔细看了看强强的脸，发现有些泛红，但是没有划破，于是对琳琳说："你划到了强强的脸，需要跟他道歉。下次要小心一点哦。"琳琳向强强道歉后，对强强说："我书包里有小贴画，我送给你一张，你别哭了可以吗？"强强破涕为笑。琳琳从自己的小贴画中选择了一副珍珠项链的贴画递给强强，说："这是我最喜欢的贴画了，送给你吧。"可是强强皱着眉头问："还有别的贴画吗？"

到前运算阶段，随着语言的快速发展，幼儿频繁地借助表象符号（语言符号与象征符号）来代替外界事物。幼儿开始从具体动作中摆脱出来，凭借象征格式在头脑里进行表象性思维。在前运算阶段，幼儿动作内化具有重要意义。为说明内化，皮亚杰曾经举过一个例子。

有一次皮亚杰带着3岁的女儿去探望一位朋友。皮亚杰的这位朋友家中有一个1岁多的小男孩，正放在婴儿围栏中独自嬉玩。嬉玩过程中婴儿突然跌倒在地，紧接着便愤怒而大声地哭叫起来。当时，皮亚杰的女儿惊奇地看着这情景，口中喃喃有声。三天后在自己的家中，皮亚杰发现3岁的小姑娘似乎照着那1岁多小男孩的模样，重复地跌倒了几次，但她没有因跌倒而愤怒啼哭，而是咯咯发笑，以一种愉快的心境亲身体验着她在三天前所见过的"游戏"的乐趣。①

皮亚杰指出，三天前那个小男孩跌倒的动作显然早已经内化于女儿的头脑中。在表象思维的过程中，幼儿主要运用符号（包括语言符号和象征符号）的象征功能和替代作用，在头脑中将事物和动作内化。内化并不是把事物和动作简单地全部接受下来，而是舍弃无关的细节（如上例皮亚杰的女儿并没有因跌倒而愤怒啼哭），在大脑中再建构，形成表象。

前运算阶段幼儿的认知有一定的特点。其中一个是象征性思维的产生，即幼儿开始运用象征符号。例如，在本节案例中，琳琳用手帕当毛巾，用篮子充当水槽。幼儿已能够将不同事物联系起来，凭借符号对客观事物加以象征化。另外，这一阶段的幼儿只会从自己的立场与观点去认识事物，而不能从客观的、他人的立场和观点去认识事物。

皮亚杰曾举过这样一个例子。两个男孩去给妈妈买生日礼物，7岁的男孩选

---

① 谢弗.儿童心理学[M].北京：电子工业出版社，2010：123.

了一串珠宝工艺品,3岁半的男孩则选择了一辆小汽车,两个孩子都小心地包装好送给妈妈。

可以看出,这个3岁半男孩的行为是自我中心的,因为他没有考虑到妈妈的兴趣与自己的兴趣是否相同。

皮亚杰的认知发展理论对儿童的认知发展特点进行了详细阐述,这里仅介绍与上述案例中幼儿的行为表现相关的特点。结合皮亚杰的认知发展理论相关论述,我们可以发现上文案例中琳琳在游戏中表现出两次寻找替代物品的过程,分别是用手帕代替毛巾和用篮子充当水槽,这体现了用另一种物品替代原有物品的象征思维阶段的发展特征。另外,琳琳在向同伴道歉时送给同伴的礼物是自己的最喜欢的物品,但是没有考虑到送礼物的对象是男孩,可能不喜欢珍珠项链的贴画,这体现了幼儿思维的自我中心。因此,我们可以将米老师对琳琳的观察进行如下分析:

> **分析与评价**
>
> 　　大部分幼儿在游戏中比较喜欢直接使用已提供的道具或材料,替代物的使用现象较少,几乎都以教师提供的材料为主。但是琳琳在游戏时,发现没有毛巾时,能想出用手帕代替,没有水槽用篮子代替,主动找寻替代物。一方面,这体现了她的认知水平已经达到了前运算阶段的象征思维阶段,符合这一阶段幼儿认知水平发展的一般规律;另一方面,也体现了幼儿较高的游戏自主性水平。在向同伴道歉的事件中,琳琳为同伴选择的礼物体现了她认知发展水平的自我中心的特征,只会从自己的角度去认识事物,而不能从他人的观点去考虑事情。

另外,皮亚杰认为,在假装游戏中,儿童有三个进步:第一,随着时间的推移假装游戏和与之有关的真实生活情境分离。比如,不到2岁的幼儿进行假装游戏时,多模仿,不灵活;2岁后则较少用真实事物进行游戏,幼儿会把积木当成遥控器、电话来使用。第二,在游戏中,儿童的自我中心倾向减弱。当儿童认识到可以用假装的物体进行假装游戏的时候,自我中心倾向就减弱了。第三,游戏中包含了更复杂的图式组合。儿童渐渐能理解较为复杂的角色间的关系及情节。因此,处于前运算阶段的儿童需要形象的、具体的、生动的场景,以及活动材料,有趣的活动形式和内容,在教育教学中老师要注重假装游戏的作用。

根据观察记录及分析,米老师为接下来的教育教学活动提出了以下建议:

> **建议**
>
> 　　这一年龄段的幼儿,在认知发展水平上已经进入了前运算发展阶段,因此在假装游戏中,也有了"替代"的需要与行为。但是,在游戏中,我发现提供的材料大多是教师提供的成品,幼儿需要替换的场景不够充分。因此,除了丰富幼儿相处经验外,还可以提供一些半成品或是在游戏中可用来替代的材料、道具等,放在百宝箱中供幼儿自由选择。同时也可以启发幼儿发挥想象力,以班上的多种玩具材料充当游

戏中所需要的物品。教师也要多鼓励幼儿主动寻找替代品,从而促进幼儿象征性思维的进一步发展。

　　另外,对于幼儿自我中心的表现,也可以采取多种措施帮助幼儿减弱自我中心化。比如,让幼儿更多地参与集体活动,在同伴互动中了解他人可能与自己有着不同的看法。成人也可以通过讲故事、做游戏、角色扮演等方法引导幼儿设身处地认识他人、理解他人。

(二) 幼儿情绪表现的理论解读

　　情绪是对一系列主观认知经验的统称,是多种感觉、思想和行为综合产生的心理和生理状态。情绪一般由以下四种成分组成:

　　1. 主观感受,通常具有积极或消极的特点;

　　2. 相关的生理反应,包括心率的变化、皮肤电反应(即汗腺活动)、脑电波活动;

　　3. 认知,即引发或伴随感受和生理变化的认知活动;

　　4. 目标,或采取行动的愿望,如趋利避害、影响他人的行为,交流需求或愿望等行动。

　　我们举一个简单例子来理解情绪的上述四种成分。假设一个3岁的男孩看到自己的生日礼物是玩具卡车时神采飞扬,他的这种非常积极的主观感受伴随着心率加快,以及可能的认知活动——"我得到了我想要的",并且这些"快乐"的伴随成分会驱动他马上去接近玩具并向满足他愿望的人表达感谢。因此,当幼儿出现一种情绪时,观察者虽然无法了解幼儿的主观感受和认知活动,但完全可以通过观察幼儿的生理反应和行为表现推测幼儿的主观感受和可能的认知活动。

　　以下是糖糖老师对小班的一名幼儿在区域活动中的情绪表现进行的记录,接下来将以此为例说明如何运用儿童发展理论解读幼儿的情绪。

幼儿姓名:楠楠	性　别:男	编　号:09
年　龄:3岁4个月	观察日期:9月7日	
开始时间:9:40	结束时间:10:00	
地　点:小一班	观察者:糖糖老师	

案例2-2

观察记录

　　今天早上的"幼儿家"特别热闹,大家都在津津有味地品尝着"妈妈"为他们准备的"美味佳肴"。忽然,"砰"一阵响,只见楠楠用手一个劲地将桌上的"美味佳肴"推在地上,一边推,一边不停地嘀咕着什么。当我闻声而去时,幼儿家已是一片狼藉,楠楠撅着小嘴,气呼呼地一边点头一边看着他的"杰作",大声说:"你们都不让我来'吃饭',哼!我生气了!"

　　看到楠楠那一脸不高兴的样子,我想一定是发生了什么。于是,我来到他身边,蹲下身,摸摸他的头问道:"江楠宝宝,你怎么了呀?为什么把好吃的菜都推到地上呀?你有什么不高兴的事情可以告诉糖糖老师吗?""他们都不和我玩,我生气了!"楠楠皱着眉头,眼睛里含着泪水,指着坐在餐桌边的同伴说。"哦,原来是这样",于是我牵着他的手来到同伴旁边说:"我们有好玩的东西要大家一起分享,做个有礼貌的好宝贝。大家是好朋友,我想大家都欢迎你来幼儿家!另外,有什么事情和老师、小朋友商量商量,像这样乱扔东西可不好哦,'妈妈'辛辛苦苦烧的菜都倒在了地上多浪费呀!快把地上的餐具捡起来吧。"话音刚落,楠楠马上破涕为笑,和同伴们一起把地上的东西捡起来。①

幼儿情绪的发展趋势主要有以下三个方面:社会化、丰富和深刻化、自我调节化。

在情绪的社会化上,幼儿最初的情绪和情感是与生理需要相联系的。随着幼儿的成长,情绪情感逐渐与社会性需要相联系,因此,情绪的社会化过程就是情感的发展过程。社会化是情绪和情感发展的一种趋势。具体表现在:第一,情绪中社会性的交往成分不断增加。即幼儿情绪中,涉及社会性的交往内容随着年龄的增长而增加。第二,情绪反应的社会性动因不断增加。生理需要是否得到满足,是1岁以内幼儿情绪反应的主要原因;而1—3岁幼儿情绪反应的动因除了与满足生理需要有关的事物外,还有大量与社会需要有关的事物。3—4岁的幼儿,情绪动因处于从主要为满足生理需要向主要为满足社会需要的过渡阶段。幼儿有需要别人注意、与他人交往的需要,如果成人对幼儿不理睬或者其他幼儿不和他一起玩,这对他而言就成了一种惩罚手段,会使他感到烦恼不安。第三,表情的社会化。随着年龄的增长,幼儿解释面部表情和运用表情手段的能力都有所增长。幼儿从2岁开始已经能够用表情手段去影响别人,并学会在不同场合下用不同的方式表达同样的情感。

在情绪的丰富和深刻化上,由于幼儿期逐渐出现一些高级情感(如尊敬、怜惜等)以及情绪指向的事物不断增加(先前不能引起幼儿情绪体验的事物,随着年龄的增长,也能引发幼儿的情绪体验),使得幼儿的情绪逐渐丰富。另外,由于幼儿认知的发展,情绪体验从指向事物的表面到指向事物更内在的特点,从而使得其情绪更为深刻化。

在情绪的自我调节化上,随着年龄的增长,婴幼儿对情绪过程的自我调节能力得到加强。主要表现在:第一,情绪的冲动性逐渐减少。成人不断地教育和要求以及幼儿的集体活动和集体生活的要求,使得幼儿逐渐养成控制自己情绪的能力,减少冲动性。第二,情绪的稳定性逐渐提高。婴幼儿的两种对立情绪常常在很短的时间内相互转换,随着情境的变化而迅速变化。随着年龄的增长,幼儿对情绪的自我调节能力逐步加强,情绪逐渐趋于稳定。第三,情绪从外露到内隐。幼儿初期(3—4岁)还不能意识到自己情绪的外部表现,情绪完全外露,丝毫不加掩饰。随着语言和幼儿心理活动随意性的发展,幼儿逐渐能够调节自己的情绪及其外部表现。

结合幼儿情绪发展的特点,我们可以发现楠楠在游戏中的情绪变化由生气到开心起伏很大,速度也很快,这也体现了这一阶段幼儿情绪的冲动性和社会性情感发展的需要。另外,幼儿的情绪也可能与其家庭教养环境有关。

通过了解相关情况,我们将糖糖老师对楠楠的观察进行了如下分析:

---

① 案例改编自. http://www.birthhealth.com/yey/jxgl/197172.html.

分析与评价

在幼儿家游戏中，由于楠楠被其他同伴冷落，所以他就用扔东西的方式来宣泄自己的情绪，这是小班幼儿较为普遍的行为表现，原因可能如下：

1. 从小班幼儿的情绪发展特点来看，一方面，在这一年龄阶段，幼儿情绪的冲动性比较强，情绪较为外显。另一方面，这一阶段幼儿情绪的变化开始出现社会性动因，但是又缺乏一定的交往技能，因此楠楠在得不到同伴的友情时，不会表达自己的想法和情感，以至于产生了较偏激的行为来表达自己的不满。另外，这一年龄阶段的幼儿情绪变化也比较迅速，这也就出现了在老师的调解下，楠楠很快就破涕为笑的情境。

2. 从家庭环境来看，楠楠主要由爷爷奶奶抚养，长辈对孩子的要求总是有求必应。长辈的溺爱、娇惯、迁就容易让幼儿形成以自我为中心的意识与行为。

幼儿的情绪表现，一方面要结合儿童发展理论与儿童心理发展特点分析原因，另一方面也要了解幼儿成长的家庭环境。了解其家庭环境不但可以帮助观察者分析其行为背后更深层次的原因，而且能够引起家长对孩子的重视，以便通过家园合作的方式促进幼儿情绪情感的健康发展。

根据观察记录及分析，糖糖老师为接下来的教育教学活动提出了以下建议：

建议

对于这一年龄段的幼儿，社会性需要是否得到满足是影响他们情绪的主要原因。小班幼儿入园时间短，社交技能有限，同伴之间还没有形成"好朋友"关系。针对这一情况，在今后的班级集体活动中会多开展幼儿之间互动的活动，让他们互相从陌生到熟悉。同时，也会投放一些需要合作的材料，让幼儿在真实交往中锻炼社交技能。另外，像楠楠这样情绪冲动性比较强的幼儿，一方面要关注、理解他的情绪表现，帮助他调节情绪；另一方面也要多和家长沟通，希望家长在家也能多辅导幼儿，在亲子互动、亲子共读中让楠楠学习控制情绪的技巧。

（三）幼儿社会交往行为的理论解读

社会性是人类作为集体活动中的个体、或作为社会的一员而活动时，所表现出的有利于集体和社会发展的特性。主要包括这样一些特性，如利他性、协作性、依赖性以及更加高级的自觉性等。

社会交往是幼儿成长发育与个性发展的需要，是其完成个体社会化的过程。[①]通过社会交往，可以使幼儿了解和认识人与人之间、人与社会之间的关系，学习社会道德准则和如何处理人与人之间的关系，帮助幼儿克服任性、自我为中心等不利于社会交往的行为。还能发展行为调节的能力和社会活动能力，充分发展个性，以形成适应社会要

---

① 伍新春.儿童发展与教育心理学[M].北京：高等教育出版社,2004：54.

求的社会性行为。①

以下是李老师对中班一名幼儿的社会交往行为进行的观察记录,接下来将以此为例说明如何运用儿童发展理论解读幼儿的社会交往行为。

案例 2-3	幼儿姓名:弘弘	性　别:男	编　号:19
	年　龄:4 岁 6 个月	观察日期:10 月 10 日	
	开始时间:16:00	结束时间:16:05	
	地　点:中一班	观　察　者:李老师	

观察记录

　　弘弘、甜甜和花花一起在娃娃家进行角色游戏。弘弘扮演爸爸,甜甜扮演妈妈,花花扮演女儿。一开始,三个小朋友在一起准备晚餐。晚餐做好后,弘弘提议:"晚饭做好了,我们要进行垃圾分类,把垃圾都分好扔到正确的垃圾桶里,这样才能更好地保护环境!"弘弘刚说完,"妈妈"甜甜就开始喊起垃圾分类的口号:"能卖钱的蓝桶桶,易腐烂的绿桶桶,有毒有害红桶桶,没人要的灰桶桶。"甜甜一边喊着口号,一边把"垃圾"扔到不同颜色的桶里。但花花没有回应弘弘和甜甜的言行,而是在一旁玩弄做好的晚餐。突然,花花起身不小心把甜甜分好的垃圾弄散了。甜甜看到了,急得直跺脚。这时,弘弘说:"别担心,花花妈妈,我知道要怎么收拾她,我爸爸就是这样做的。"弘弘转向花花,大声说道:"你看看你,把妈妈辛辛苦苦分好的都弄乱了,一点都不乖,爸爸要收拾你!"刚说完,弘弘就往花花的手上打去,一连打了好几下。

　　班杜拉的社会学习理论或许能够为观察者分析上述观察记录提供理论支持。社会学习理论强调社会行为是通过观察学习或模仿学习获得的,强调观察学习在个体行为获得中的作用,认为个体的多数行为是通过观察别人的行为和行为的结果而习得的,依靠观察学习可以迅速掌握大量的行为模式。② 社会学习理论也非常重视榜样的作用。个体的行为虽然可以通过观察学习过程获得,但是获得什么样的行为以及行为的表现如何,则有赖于榜样的作用。榜样是否具有魅力、是否拥有奖赏、榜样行为的复杂程度、榜样行为的结果和榜样与观察者的人际关系都将影响学习者行为表现。

　　上述案例中,弘弘在扮演爸爸时出现了攻击行为,还说"我爸爸就是这样做的"。结合班杜拉的社会学习理论,弘弘很有可能是在模仿爸爸的日常行为。因此,我们可以对这份观察进行如下分析:

分析与评价

　　社会学习理论认为,观察学习是儿童攻击行为获得的重要途径。儿童在各种社会情境中,通过观察他人的行为和行为后果,习得了攻击行为。弘弘爸爸在家中不适宜的教育方式为弘弘攻击行为的习得与发展提供了观察学习的途径。在"适宜"的情况下,弘弘可能会将爸爸用来惩罚自己的手段用在他人身上。

---

① 谢弗. 社会性与人格发展[M]. 北京:人民邮电出版社,2012:88.

② (加)勒弗朗索瓦(Lefrancois),王全志. 孩子们:儿童心理发展[M]. 北京:北京大学出版社,2004:76.

　　班杜拉的社会学习理论强调个体的主动性,认为个体能够自发地预测自己行为的后果,并依靠反馈进行自我评价。所以个体的行为即使未受到外来的强化,自己也具有调控行为的可能性。个体对攻击行为的自我调节机制实际上有一个自我强化的过程,主要由三个过程组成:自我观察、判断、自我反应。通过判断,个体对自己的行为得出积极或消极的评估结果,它从认知上制约着自身是否做出攻击行为。如果判断结果是积极的,那么个体的这种判断便会对其攻击行为起奖赏作用,驱使其发生攻击行为;反之,则起到抑制攻击行为发展的作用。幼儿虽然自我意识发展水平较低,认知成分在行为调节方面起的作用不大,但是教师也不要忽视幼儿内部因素对控制攻击行为的影响。首先,教师、家长要让幼儿知道攻击行为的危害性,再通过移情训练等方式,让幼儿体验到自己的攻击行为给他人带来的痛苦。认知和情感因素的结合会产生内在的动力,使幼儿对自己的攻击行为感到羞愧,促使其自觉减少攻击行为。

　　根据观察记录与分析,李老师为接下来的教育教学活动提出了以下建议:

> **建议**
>
> 　　弘弘的攻击行为可能是从家长不恰当的惩罚方式中习得的。因此,首先要与家长沟通,让家长了解不恰当的惩罚方式的弊端,停止使用体罚。同时,告诉家长适宜的管教方式,比如,当弘弘出现不良行为时,可以进行一定的惩罚。但惩罚时应注意:1. 惩罚要及时,让弘弘的不良行为能得到及时反馈,且在惩罚时应向弘弘讲清楚错在哪里,应该怎么做。2. 惩罚应和鼓励相结合。对弘弘的惩罚并不是"以其人之道还治其人之身",而可以采取停止玩玩具、看动画片等手段,当幼儿表现出家长期望的良好行为或行为有明显改进时,成人要及时给予表扬和奖励,以便帮助弘弘改善不良行为,塑造良好行为。

本章小结

　　经典的儿童发展理论对幼儿的心理与行为进行了科学、有规律的总结,是理解幼儿行为的理论指南。观察者可以借助这些理论,有目的地观察幼儿,正确理解、科学评价幼儿的行为,并合理分析其行为背后的原因。运用儿童发展理论观察与分析幼儿行为需要树立幼儿发展的整体观,从心理学、学前教育学以及个体与群体关系的视角理解幼儿发展的整体观。在此基础上,正确认识儿童发展理论在幼儿行为观察中的价值,摒弃过于轻视理论、认为理论无用,以及过于重视理论、认为理论即真理的两个误区。在介绍如何运用儿童发展理论解读幼儿行为时,分别对幼儿心理发展的认知、情绪和社会性三个方面的行为表现以案例的方式进行了理论解读。

思考题

1. 如何理解幼儿发展的整体观?

2. 你如何看待儿童发展理论在幼儿行为观察中的价值？

3. 举例说明如何使用儿童发展理论分析幼儿的行为表现？

进一步阅读的文献

1. 王烨芳.儿童发展理论是行为观察与分析的依据和路径[J].教育理论与实践, 2018,38(32):23-25.

2. D·R·谢弗著,邹泓等译.发展心理学:儿童与青少年[M].北京:中国轻工业 出版社,2016.

第三章 当前幼儿行为观察中存在的问题

学习目标

1. 了解观察者在进行幼儿行为观察时出现的常见问题,包括观察方法、观察记录、观察分析、观察伦理等方面的问题。

2. 能够在实际观察中有意识地规避这些问题,培养专业的观察意识和能力。

内容脉络

```
┌─────────────────────────┐        ┌─────────────────────────┐
│ 观察方法上存在的问题        │        │ 观察记录上存在的问题        │
│  ● 方法与观察目标不匹配     │        │  ● 观察记录过于主观         │
│  ● 观察方法运用不当         │        │  ● 忽略行为发生的过程       │
└─────────────────────────┘        └─────────────────────────┘
              ↖            ┌──────────────────┐           ↗
                ←──────────│ 观察中存在的问题    │──────────→
              ↙            └──────────────────┘           ↘
┌─────────────────────────┐        ┌─────────────────────────┐
│ 观察记录分析上存在的问题    │        │ 观察伦理中存在的问题        │
│  ● 对观察记录的分析         │        │  ● 未获得监护人的知情同意   │
│    缺乏有效性               │        │  ● 过度解读观察记录         │
│  ● 缺少后续观察设计         │        │  ● 观察记录资料的运用和保   │
│                           │        │    存不当                   │
└─────────────────────────┘        └─────────────────────────┘
```

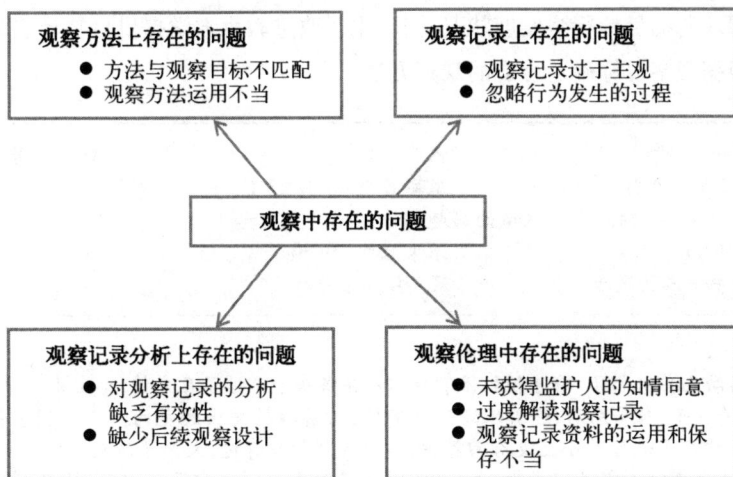

某高校《学前儿童观察与分析》这门课安排同学们到实验幼儿园对幼儿进行见习观察,以练习如何使用观察法了解幼儿的心理发展特点,同时给学生一次面对面接触幼儿的机会,增强学生对幼儿的感性认识。观察结束后,某同学觉得自己观察到的内容非常有趣,想把这次观察记录整理后给杂志投稿,希望能发表。这位同学应该注意什么问题呢?

幼儿行为观察是观察者了解幼儿发展的水平、优势和存在的问题,以及指导后续的教育教学和提供有针对性的家庭教育指导的重要途径。观察者在对幼儿行为进行观察时,在观察方法、观察记录、记录分析及观察伦理等方面可能会出现各种各样的问题,本章将对这些常见问题进行分析,为观察者日后更科学地观察幼儿行为提供参考。

第一节　观察方法上存在的问题

在进行幼儿行为观察与记录的过程中,选择合适的观察方法是观察能够顺利进行的关键,也是对观察者观察记录能力的核心挑战。不同的观察方法有不同的取样方式和观察记录过程,也会有不同的观察结果。此外,观察方法的选择还会直接影响观察工具的选择和使用。选择合适的观察方法,有利于观察者顺利地进行观察,实现观察目标,也可以在最大程度上减少观察负担的同时,收集丰富的目标幼儿的行为信息,从而有利于观察者对幼儿的行为进行更为全面、客观的诠释或评定。所以,观察者在选择观察方法之前,首先要了解观察方法的类型,掌握各种观察方法的特点和优劣,从而选择适合观察目标的观察方法。

一、观察方法与观察目标不匹配

观察者对幼儿的观察不是毫无目的随意观察。在观察之前,观察者首先要明确自己想观察幼儿哪方面的行为,也就是要确定观察目标。观察目标往往是幼儿在某一发展领域的具体行为表现和相关能力发展情况,是观察中所要关注的细节。① 因此,为了更好地掌握幼儿的目标行为发展状况,同时也为改进教育教学提供更加丰富的信息,观察者需要根据观察目标确定合适的观察方法。

案例 3-1		
幼儿姓名:小宝	性　别:男	编　号:07
年　龄:4 岁 5 个月	观察日期:4 月 22 日	
观察目标:观察小宝对各活动区域的兴趣偏好。		
开始时间:9:00	结束时间:9:30	
地　点:中一班区域活动区	观　察　者:张玲	

观察记录

有 4 名幼儿在积木区,糖糖和甜甜拿着积木在搭房子。过了几分钟,小宝走过来开始学恐龙叫,他弯着身子,双手向后,瞪着眼睛张大嘴巴,对着糖糖发出恐龙的叫声。糖糖抬头看他,笑着问他:"你在干嘛呀?"小宝没有回答她,转向走到甜甜身边,大声学恐龙叫。甜甜用双手捂着耳朵,抬头大声对小宝说:"哎呀,太吵啦,你学得真难听!"小宝没有回答,他跑到阿哲身边,对他说:"快,你跟我一起学!"阿哲没有说话,跟在小宝后面。两个人大步走起来,对着糖糖和甜甜学恐龙叫。甜甜皱起眉头,扔掉手中的积木,站起来抓了小宝的脸,小宝捂着脸哭了。老师看到后,把他们四个叫到身边问:"谁能告诉我刚才发生了什么?"其他人都低着头不说话,只有糖糖说:"刚才他们两个在学恐龙叫,然后甜甜就打了小宝。"老师问:"小宝,甜甜为什么打你?"小宝没有说话。老师问甜甜:"甜甜你说,你为什么要打小宝?"甜甜回答说:"因为他学的恐龙叫太难听了。我跟他说不要再叫了,他不听,所以我才打他。"小宝低下了头。老师说:"小宝,你现在知道了吗?"小宝点点头。老师说:"好,那你们觉得现在应该怎么办?谁来出出主意,要怎么解决?"糖糖向前走了一步,举手说:"我知道。他们要互相道歉。小宝学恐龙叫很吵,但甜甜打了他,所以都要道歉。"老师说:"你们同意糖糖的办法吗?"糖糖转头看着三个小

---

① 蔡春美.幼儿行为观察与记录[M].上海:华东师范大学出版社,2012:57.

> 伙伴,大家都点头。小宝转身对着甜甜说:"对不起,我刚才不应该学恐龙叫。"甜甜低下头说:"对不起,我不应该打你,你还疼吗?"小宝抬起头笑着说:"不疼了。"
>
> 　大家又回到积木区,开始了各自的游戏。

　　仔细阅读上述案例可以发现,教师的观察目标是"观察小宝对各活动区域的兴趣偏好"。但是在观察记录中,教师选择使用实况详录法,十分详细地记录了小宝及其同伴在积木区搭房子的过程中产生冲突与解决冲突的过程,这显然与观察目标不符。其原因在于,教师选择的观察方法不适宜。为了实现教师的观察目标,我们对观察方法进行了修改。

　　由于教师的观察目标是了解目标幼儿对各活动区域的兴趣偏好,那么最方便、最合适的观察方法应是行为检核表法或是频次记录法,所以在修改时,我们将观察方法改为了行为检核表法。另外,由于短时间的观察容易使观察结果发生偏差,所以观察时间持续了两个星期,修改后的观察记录如下所示:

　　有了这份观察记录,教师只需要对幼儿在各个区域的活动次数进行量化统计,就可以初步判定目标幼儿的兴趣偏好,从而实现观察目标。

幼儿姓名:小宝	性　别:男	编　号:07
年　龄:4岁5个月	观察日期:4月18日—4月29日	
观察目标:观察小宝对各活动区域的兴趣偏好。		
地　点:中一班区域活动区	观察者:张玲	

案例 3-2

观察记录

日期＼区域	拼插区	积木区	画画区	电脑区	益智区	植物区	科学区	感官区	烹饪区	娃娃家	图书区	表演区	备注
4.18		√	√		√				√	√			
4.19		√		√		√			√		√		
4.20	√		√	√	√				√				
4.21	√				√		√		√	√			
4.22		√	√					√		√			
4.23													放假
4.24													放假
4.25		√	√		√			√	√	√			
4.26	√								√	√			
4.27			√							√			
4.28		√				√	√						
4.29	√	√	√						√				

二、观察方法运用不当

观察者在根据观察目标确定适宜的观察方法后,还需要正确运用相应的观察方法。非正式的观察方法灵活性较强,如轶事记录法、实况详录法等,一般不需要观察者在观察前做准备工作,观察者只需要根据观察目标,锁定观察对象,并对其行为表现进行描述性的记录即可。但是,正式的观察方法,如时间取样法、事件取样法和行为检核表法等,需要观察者在正式进行观察记录前做好充分的准备工作。一般而言,观察者必须做的准备工作包括目标行为分类、下操作性定义和制作观察记录表等。其中的每一个环节都非常重要,观察者如果没有做好充分的准备工作,很可能会导致观察结果出现偏差,甚至阻碍观察工作的正常进行。[①]

案例 3—3

观 察 记 录

幼儿姓名:诺诺　　　　　　　　性　别:男　　　　　　编　号:09
年　龄:4 岁 4 个月　　　　　　观察日期:5 月 20 日
观察目标:观察诺诺的课堂捣乱行为。
开始时间:9:00　　　　　　　　结束时间:9:10
地　点:中三班集体教学区　　　观 察 者:杨婷

课堂捣乱行为类别:
A 个人粗鲁行为　　　　B 语言干扰他人　　　　C 制造噪音

操作性定义:
课堂捣乱行为:通过言语、行为等方式干扰正常的课堂教学秩序的行为。

时间	0—30 s			30—60 s			60—90 s			90—120 s			120—150 s			150—180 s		
诺诺	A	B	C	A	B	C	A	B	C	A	B	C	A	B	C	A	B	C

时间	180—210 s			210—240 s			240—270 s			270—300 s			300—330 s			330—360 s		
诺诺	A	B	C	A	B	C	A	B	C	A	B	C	A	B	C	A	B	C

仔细阅读上述案例可以发现,观察者将幼儿的课堂捣乱行为分为了三类,分别是个人粗鲁行为、语言干扰他人和制造噪音。但实际上,幼儿课堂捣乱干扰他人的行为不仅仅只有语言干扰一种途径,还有一种途径是直接的动作干扰。比如,直接用手推搡周围的幼儿,或者用物品投掷其他幼儿等。在这一过程中,目标幼儿可能并没有使用语言,但是他的行为确实干扰了其他幼儿,也干扰了正常的课堂教学秩序,确实属于课堂捣乱行为的一种,而目标行为分类里却没有包括这类行为。由此可见,不恰当的行为分类必然会使观察者在观察记录中产生困扰,给观察记录带来没预期到的麻烦。

另外,在上述案例中,观察者只是对"课堂捣乱行为"进行了界定,并没有对"个人粗鲁行为"、"语言干扰他人"和"制造噪音"等下属行为类别下操作性定义。由于不同观察者

---

① 侯素雯,林建华.幼儿行为观察与指导这样做[M].上海:华东师大出版社,2014:56.

对上述行为类别的理解可能存在差异,这在一定程度上会影响观察记录的客观性与准确性。为了更好地进行观察记录,我们对目标行为分类和操作性定义进行了修改和完善。

案例 3-4

观　察　记　录		
幼儿姓名:诺诺	性　　别:男	编　　号:09
年　　龄:4 岁 4 个月	观察日期:5 月 20 日	
观察目标:观察诺诺的课堂捣乱行为。		
开始时间:9:00	结束时间:9:10	
地　　点:中三班集体教学区	观　察　者:杨婷	

课堂捣乱行为类别:
A 个人粗鲁行为　　B 语言干扰他人　　C 制造噪音　　D 动作干扰他人

操作性定义:
课堂捣乱行为: 通过言语、行为等方式干扰正常的课堂教学秩序的行为。
A 个人粗鲁行为: 离开座位、站起来、走动、跑动、跳动、摇桌椅、将腿伸到桌子上、转动桌子等。
B 语言干扰他人: 和同伴讲话、争论、喊叫老师、自言自语、哭闹、尖叫、吹口哨、言语反抗教师惩罚等。
C 制造噪音: 撕纸、敲桌椅、推倒桌椅等,以发出噪音为目的的行为。
D 动作干扰他人: 投掷、推、拉、撞、拍、戳、打其他同伴,摇摆同伴的桌椅,向同伴展示物品或行为等。

时间	0—30 s				30—60 s				60—90 s				90—120 s				120—150 s				150—180 s			
诺诺	A	B	C	D	A	B	C	D	A	B	C	D	A	B	C	D	A	B	C	D	A	B	C	D

时间	180—210 s				210—240 s				240—270 s				270—300 s				300—330 s				330—360 s			
诺诺	A	B	C	D	A	B	C	D	A	B	C	D	A	B	C	D	A	B	C	D	A	B	C	D

第二节　观察记录上存在的问题

一、观察记录过于主观

(一)用主观印象描述幼儿的行为

在进行观察时,观察者需要在自然情境或者专门设计的情境中观察幼儿的行为,及时客观地对观察到的行为做出记录和分类,这样才能确保收集到的数据和信息是可靠而有效的,以便运用这些观察记录来获得总体印象,为评价幼儿的行为提供全面、准确、客观的信息。但是在记录中,观察者往往会加入自己的主观判断,或者不能完整地记录幼儿行为发生的全部过程和背景,导致在分析和评价的时候缺乏客观观察记录的支持。的确,在观察实践中,幼儿的性别、外貌、气质、家庭背景以及幼儿留给观察者的整体印象等往往会影响观察者观察和记录的真实性和客观性,并且观察者可能会不自觉地将自己的主观观点渗透到观察中。

例如,下面的例子是某教师记录了班上一名幼儿的攻击性行为:

案例 3－5	观 察 记 录
	果果最近表现一直都不好，经常欺负班里的小朋友，大家都不愿意跟他玩。在今天的区域活动中，他先跑到图书区抢了丫丫的书，把丫丫惹哭了；接着又跑到娃娃家，抢了妞妞的头饰，还特别生气地推倒了妞妞。 　　今天的集体活动中，果果也特别不乖，总是打扰别的小朋友，甚至故意把别人绊倒，然后自己觉得阴谋得逞了似的，特别高兴。

　　观察记录要求应真实记录所发生的行为、事件，但是上述观察记录过多地表达了观察者对幼儿的主观印象，记录的不是幼儿的完整行为和事件，而是观察者主观的评价与流水账式的记录。这样的记录无疑是观察者粗略的主观印象，教师并没有仔细分析幼儿当时为什么会有这样的表现，比如，案例中果果为什么要抢丫丫和妞妞的东西？是故意的，还是他也想玩但是不知道怎么沟通？另外，这段观察记录还把描述性的语言和评价性的语言相混淆，如"表现一直都不好"、"特别不乖"等都是评价性的词语。这样不能真实地记录所发生的事件，也就掩盖了问题的本质，最终也违背了观察记录的初衷。

（二）凭主观判断推论没有观察到的问题

　　有的观察者观察记录的时间较短，没有将幼儿的行为放在一个完整的情境中进行了解，更没有结合教学和生活实际去分析幼儿行为背后的深层次原因。只是抓住幼儿的几句话或者几个动作就结束了观察，凭自己的主观判断推论没有观察到的问题，主观臆断地给幼儿贴上了标签。[①]

　　比如，在果果的案例中，他在娃娃家抢头饰，实际上的过程是妞妞在和另外一位小朋友争做"妈妈"，果果看到之后想去做裁判。但是妞妞没有服从"小裁判"的建议，果果为了维护正义，才把代表妈妈身份的头饰抢过来的。但是，教师没有完全客观地记录事情发生的过程，只是从成人的角度，根据自己看到的几个"镜头"，给果果贴上了"抢玩具"的标签。实际上，只有在不同情境下多次观察幼儿，甚至追踪观察才能真正了解幼儿的行为特点及背后的原因。

（三）使用带有强烈感情色彩和主观臆测的语言

　　每个观察者都有其自己的背景、经历、兴趣和价值观等，在选择记录内容时，每个人的选择可能会有所不同。在观察记录中，对事件的描述要尽可能客观、准确，这就意味着要用具体的、非评判性的语言来叙述。而在观察实践中，不少观察者经常使用带有强烈感情色彩的主观臆测语言，如伤心、悲哀、愤怒、害羞、自私、固执、懒惰等。在果果的观察记录中，教师写了"觉得阴谋得逞了似的特别高兴"，而没有将果果当时真实的行为记录下来，这就是专横地对幼儿提前作出判断，从而可能影响教师在教学活动中对幼儿采取的教育教学措施。

　　最后，我们将这份主观性过强的案例分析进行了重新记录，使其更客观，更能如实反映当时情境下发生了什么，以供大家参考：

---

① 　叶岚.幼儿园新教师导读[M].北京：高等教育出版社，2011：89.

观察记录

在今天的区域活动中,丫丫带来了新图书。正当她坐在图书角看书时,果果走过去抢丫丫的图书。因丫丫抓住图书不放,果果就在丫丫的脸上咬了一口,最终抢到了图书。

一会儿果果跑到娃娃家,说:"我今天要当爸爸。"这时,果果发现妞妞和小美为了争做妈妈的这个角色互不相让,于是他说:"你们用石头剪刀布,谁赢谁就当妈妈。"妞妞输了,但她不认输,要再比一次。果果一步上前去抢妞妞手中代表妈妈的头饰,妞妞不给他。他就用力一推,将妞妞推倒在地,并把头饰递给了小美。

在今天的集体活动中,果果坐在最后一排。老师引导幼儿观察图片后,让他们自由讨论。自由讨论时,果果拉拉前面小朋友的头发,见前面的小朋友没理他,他就去抓旁边小朋友的衣领,并伸腿踢她的椅子。①

二、忽略行为发生的过程

在观察记录幼儿的行为活动时,观察者可能会不自觉地记录下幼儿活动的结果,而忽略了行为发生的完整过程,遗漏了很多有价值的行为信息。客观、准确、翔实地记录所观察到的行为事件是非常重要的,因为这可以确保观察记录能够提供行为事件发生的完整情境,为评价幼儿提供客观的根据。

观察记录

今天的区域活动过程中,妞妞做事情没耐性,什么都是玩一会儿就走了。妞妞先是到数学区玩了一会儿,什么也没做出来,就跑到别的区了。到了美工区,她翻了翻串珠的材料,也没有串起来作品就又跑掉了。到了建构区她只是旁观其他小朋友搭建,到了阅读区也只是随意翻翻。就这样最后什么也没有完成,今天的区域活动就结束了。

在上述观察记录中,观察者只是把幼儿发生的一系列的行为、事件进行叠加,而没有详细、完整地描述一个事件发生的全部过程及其背景。比如,在区域活动过程中,妞妞发生了很多行为事件,在什么情况下妞妞从一个区换到另一个区,这些行为的背景因素都应该描述清楚。这样粗浅的记录并不能为观察者提供该幼儿的详细信息,更不能为评价幼儿的发展状况提供有效的依据。

在观察记录中,观察者应全面记录幼儿行为的背景、行为发生发展的过程、幼儿的行为、语言情绪变化(音调、面部表情等),以及与之相联系的其他在场幼儿的活动。据此,我们将妞妞在区域活动的行为重新进行了记录。

观察记录

今天的区域活动中,妞妞换区比较频繁。她首先来到数学区,拿起来"龟兔赛跑"的材料,看了 10 秒钟,放下,嘴里念叨着"这个没意思",又换了数豆豆的材料。她看着材料皱着眉头说说:"这个好像有点难。"仍然没有操作就放下了。妞妞接着来到了美工区,在串珠作品前面停留了 5 秒后,她从工具盒里翻出了串珠材料,对着串珠作品比画了几下,说:"这个东西我家里也有,就不玩了。"说着又放下了串珠。然后,她来到了建构区,阳阳和晴晴在搭宝塔,她在一

① 案例改编自. http://wenku. baidu. com/link? url = hdgObQBHVR5SQJzLDd1FRLObVzCri9Hevg
Oc8bubEEoNq848Ux70Yc2xr_PM7pdFm0aUx-0O99qMKcWl_1x9WMjx-7oHTaWuRBOYJJhdaSq.

旁观看了 4 分 30 秒。阳阳问她："你跟我们一起玩吗？"妞妞摇摇头。最后，妞妞来到了阅读区，对于选择哪本书一直拿不定主意。她把一本书拿出来翻看几页又放回书架，反反复复拿了 8 本书后，最终挑了一本《籽儿吐吐》坐在桌子前面准备阅读。此时，区域活动结束的音乐响了起来，妞妞看了看眼前的书，又看了看老师和周围的小朋友，大家都开始收拾东西，她也把书放回了书架。

第三节　观察记录分析上存在的问题

一、对观察记录的分析缺乏有效性

（一）对观察记录进行分析是观察的内核

在一份完整的观察记录中，对观察记录的分析常常附在客观记录之后，可以说这部分是对客观观察资料的主观分析，体现了观察者对观察记录的洞察和反思。其作用是指导观察者在透彻了解儿童发展的基础上，更好地改进自己的教育教学行为，提高教育教学水平。不同观察者可能对同一件事情的记录差异不大，但是对记录的分析可能不尽相同。因为分析是一个主观过程，会有观察者自身的背景、经历、经验水平、兴趣和价值观等多方面的影响。可见，对观察记录的分析是观察的内核，是体现观察者反思和经验水平的镜子。

（二）提高观察分析的有效性

不少观察者在分析观察记录的资料时，往往忽略了分析的主要目的在于了解幼儿身心发展，并在此基础上指导教育教学。他们常常用一些笼统概括的词语对分析部分一带而过，比如"表现不好，需继续努力"、"行为不当"等，既没有客观评价幼儿行为，说明这样的行为为什么不恰当，也没有具体分析幼儿行为表现背后的原因。具体案例如下：

案例 3－9

观　察　记　录
轩轩和涵涵来到数学区——蜗牛之家。 　　第一次：他们把数字贴在蜗牛的家门前，然后再贴上蜗牛。我一看，数量没有对应，我猜测他们可能没有理解如何玩。 　　第二次：我给她们示范并详细讲解了游戏的规则后，涵涵和轩轩先把所有的蜗牛送到了相应的家里，接着轩轩开始数蜗牛的数量，手指点着蜗牛一个一个数，"1,2,3"。数完之后，她贴上了三个点。涵涵也学着她的方法，开始数其他的蜗牛数量，"1,2,3,4,5"，并找到了数字 5 贴在房子边上。全部做完之后，涵涵又从头再数了一遍，确定正确后，回头看看我，问我对不对。①
分析 　　两位幼儿在数学区活动中表现不错，教师指导方法有效。

上述案例中的分析部分过于简单、笼统。首先，观察者没有结合儿童发展理论或已有经验分析并评价幼儿目前的发展水平。其次，观察者没有具体分析幼儿行为背后的原因，

---

① 案例改编自 http://www.jy135.com/jiaoyu/198573.html.

这个案例中,两位幼儿从不会玩到会玩中间具体发生了什么,为什么会有这样的表现,观察者没有进行分析,只是用"教师指导方法有效"笼统概括。这样的观察记录和分析,并不能帮助观察者了解幼儿的发展水平,也难以有效指导教师未来的教育教学活动。

结合上述分析,我们将案例中的分析进行了一些修改:

分析

这是实物与数字、点数的配对游戏。在小班下学期,大多数幼儿已经掌握了数的概念,但是也有小部分幼儿不认识数字,或者不能手口一致点数。就轩轩和涵涵来说,第一次的操作没有数对,是没有理解游戏的玩法。在教师讲解之后,两个人的第二次操作正确进行。从两人的操作过程中可以看出,他们能够手口一致地点数,能够将实物、数字和点数进行配对,掌握了数的概念。另外,轩轩和涵涵从不会玩到会玩,教师的指导起了很大的作用,教师边示范边讲解游戏规则的方式,对于这一年龄阶段的幼儿非常有效。

建议

建议教师可以进一步调整教育指导策略。第一,事先讲清楚游戏的玩法,可以在蜗牛之家旁边画一张游戏的玩法图,并贴上步骤图,帮助幼儿自主游戏;第二,可以换一种游戏方法,让幼儿再次去玩,巩固点数的方法和数的概念。

二、缺少后续观察设计

(一)连续观察是全面、深入了解幼儿发展的法宝

观察者在对观察记录的资料进行分析时,通常只对本次观察记录进行分析,这样的单次分析往往带有局限性。比如,某位幼儿在某次语言领域的集体活动中表现特别积极,其原因可能是此次教师展示的绘本是幼儿近期在家阅读过的,仅一次的表现并不能代表幼儿的真实水平。如果教师想了解幼儿真正的发展水平,应当设立一个较长的时间段,集中对幼儿的行为表现进行观察。观察者只有树立连续观察的意识,才能在平时的教育教学活动中用好观察,真正在观察中分析幼儿的发展,反思自己的教育教学行为。

通常,教师在对观察记录进行分析之后,本次观察就终止了,只有少数教师会做进一步的后续观察。然而,后续观察不但能够继续改进本次观察中发现的问题,督促教师真正落实教育建议,还可以让教师用发展的视角看待幼儿的行为,避免因缺乏后续观察而导致对幼儿的观察出现断层的现象。

总之,为了让幼儿行为观察更好地服务于教育教学工作,连续观察的意识是观察者(尤其是教师)需要树立的观念。

(二)如何进行连续观察

观察者采用连续观察法对幼儿行为进行观察记录时,首先要明确观察目标,即具体观察幼儿哪一方面的发展水平? 教师在后续的活动指导中有哪些新的改变? 预期通过这些改变达到什么效果? 那么,在下一次观察中,就可以观察到幼儿的发展到底如何,实施的策略是否有效等。

其次,明确连续观察的主要目的仍然是服务于幼儿发展和教师专业发展。在达到既定的观察目标后,教师可以根据观察目标及其发展的具体情况,决定何时停止连续观察。

第四节　观察伦理上存在的问题

一、观察前未获得监护人的知情同意

在观察之前,应取得观察对象及其监护人的意见并尊重他们的意见;如果观察是在幼儿园或学前班等机构进行,该机构的负责人必须签字确认。在观察记录中,观察者应以伦理道德规范自己的行为,维护和保障观察对象的权益。涉及隐私的部分要做好保密工作,使用任何观察资料前都应该得到幼儿父母或看护者的允许。

对幼儿进行观察研究,其知情同意书的具体内容主要包括以下五点:避免造成伤害、知情同意、个人资料保密、结果告知、不隐瞒。

案例 3 - 10

知情同意书样例

尊敬的家长:

您好!×××实验室与×××幼儿园联合进行幼儿发展测评。通过测评可以帮助我们更好地了解幼儿发展水平,进而指导保教工作希望得到您的支持。

这次测评要收集来自家长、幼儿双方的信息,需要您配合填写问卷,也需要您的孩子跟我们的专业人员共同进行8分钟左右的情境游戏。请您仔细阅读以下内容:

保密:

您在问卷中提供的信息属于隐私,为了对您的个人信息保密,所有参加这项调查的家庭都会有一个数字编码,家长和孩子的姓名将不会在研究数据库中出现。非本研究组的成员无权查阅您和孩子的个人信息。但是,两种特殊情况下我们无法遵守保密原则:第一,如果家长或孩子提及任何虐待儿童的事件,我们会立即与您沟通。第二,如果任何参加者显示严重的抑郁症状或伤害他人倾向,我们将立即通知家人。

我们承诺:

参与这项调查不会给您和您的孩子带来任何不适。在游戏中,我们会以鼓励和关爱的方式与您的孩子互动,假如孩子排斥游戏,我们会立即停止。只有在孩子愿意时,游戏才会继续进行。

您可以获得什么:

1. 了解您的孩子在各个方面的发展水平;

2. 反思自己的教育方式;

3. 反思自己与幼儿园老师之间的沟通;

4. 得到被试费××元;

5. 如果您想要了解孩子的测评结果,请将您的电子信箱留下,我们会在对数据进行分析后,给您答复。您的电子信箱:＿＿＿＿＿＿＿＿＿＿

(如果没有电子信箱,可以留下您的家庭地址和邮编,我们会将结果邮寄给您。)

本调查自愿参与,您有权拒绝参加,但您和您孩子的参与对我们非常重要,我们非常需要您的参与!

我们再次承诺:您所提供的信息将仅供幼儿发展研究使用,请您放心填写。题目没有对错之分,请您根据真实情况填写。

如果您愿意参加这项调查,请在这里签名:＿＿＿＿＿＿＿＿＿＿

非常感谢您的支持与合作!

×××大学幼儿心理研究实验室

2021 年 10 月 12 日

以上是某研究机构对幼儿进行实验室观察及对家长进行调查问卷之前发放的知情同意书。开头用简短的语言说明了此次研究的发起者、意义、研究对象和研究方式。之后郑重承诺此次调查的保密性，并让家长清楚在此次研究中自己和自己的孩子不会受到伤害，并充分享有是否决定参与研究的自主权。言辞诚恳，能够让家长感受自己的意愿是受尊重的，这更能获得家长的信任，调动家长参与的积极性。最后，让家长了解在此次研究中能有何收获，提高家长参与的欲望，并又一次强调了"自愿"的原则。总的来看，这是一份简明扼要又真诚的知情同意书，这样一份好的知情同意书能够有效提高被试者的配合度。

二、过度解读观察记录

（一）过度解读观察记录中存在的伦理问题

观察者解读观察记录的根本目的是了解幼儿的发展水平，从而指导并改进后续的教育教学、材料投放和环境设计等等。但是，观察者在解读观察记录的过程中常常会出现一些误差。

比如，一些观察者在进行幼儿行为观察与记录时，觉得获得一份有价值的观察记录的资料不容易，必须好好加以利用，从中获得一些特殊的发现，才不枉辛苦记录一次。这种心态很容易让观察者将自己的期望、对幼儿的主观印象强加于观察中，在分析解读时自然就容易产生先入为主的偏见，出现解释方向的偏差。也有观察者单纯地将关注的焦点置于行为表现的频率或次数，忽略了将行为表现结合事件发生的情境共同解读，致使形成对被观察者行为的误解。还有的观察者受限于特定的教育理论、原则或教学经验法则等，在缺少完整的行为信息的情况下就自行作出解释或推断。上述这些情况都将影响观察者对幼儿行为的正确解读。因此，观察者在观察记录的过程中要时刻反思自己有没有出现上述情况，尽量客观全面地记录事件发生的全过程。

（二）如何避免此类问题

之所以容易产生过度解读观察记录这样的伦理问题，很多情况下是因为观察者忽略了这个问题的严重性。因此，想要避免这一问题的重中之重是观察者要时刻反省自己的行为是否恰当。同时，我们也给观察者提供四条建议，协助观察者恰当地解读幼儿行为。

1. 在解读幼儿的行为之前，应先确定搜集的各项行为观察记录是否完整，缺少的地方及时补足，尽量保证观察记录的资料客观而完整。

2. 在观察之前不要带着先入为主的观念开始观察。观察与记录是为了解幼儿行为表现，尽量避免在观察开始前对观察与记录的结果产生主观期待。

3. 慎重使用教育理论来解读幼儿的行为表现。教育理论是对幼儿行为表现的规律性的总结，但是幼儿的行为受气质、环境等因素的影响，具有独特性，因此不能期待幼儿的行为与教育理论的描写完全相同。观察者在解读幼儿行为时，可以参考教育理论总结的发展规律，但也要结合幼儿实际行为表现，不能轻易作出评价。

4. 采用多主体分析的方法提高对观察记录分析解读的客观性。比如，教师可以利用教研活动的机会，与多位教师共同分析观察记录，以便对幼儿行为进行全面客观的解读。

三、观察记录资料的运用和保存不当

（一）观察者有义务保障被观察幼儿的隐私

在观察幼儿的行为时,观察者较容易碰到的伦理问题常常出现在对观察资料的处理过程中。观察者通常在收集到需要的相关资料之后,将此资料看作自己的私人成果,忽略了被观察幼儿的隐私。实际上,对观察资料的保护,尤其是当观察资料需要向第三方公布时,观察者应当按照一定的管理规程谨慎对待。为保障幼儿的权益与隐私,观察者在运用记录结果时,不能过度推断和评价记录资料,尤其是当此评价需要公开的时候。在保存记录结果方面,应确定不同对象对记录资料的调取权限,包含家长、园长、专家及研究者等。当涉及幼儿隐私时,应将观察结果作匿名处理。①

（二）如何运用和保存观察资料

1. 幼儿园或研究机构在管理工作中,应当完善保存和使用观察资料的制度,可以通过制定幼儿行为观察记录的规定,规范对记录结果的运用和保存。

2. 观察者在保存观察记录和分析时,应当尽量采用加密的设备和文档,以保证观察资料不能被其他人打开并使用。

3. 当观察资料需要被公开时,观察者应提前将记录资料进行匿名处理,并提前告知幼儿家长或监护人,在得到他们的允许后才可以公开。

在观察实践中,上述伦理问题常常会被忽略。观察伦理看似是观察中的点滴细节,实则是教师职业道德的写照。党的二十大指出,"办好人民满意的教育"的重点任务之一在于加强师德师风建设。《幼儿园教师专业标准(试行)》中也明确指出,"师德为先"是教师专业发展的基本理念。重视观察伦理其实也是师德建设的一部分,教师能否意识到并规避这些伦理问题,反映了教师是否能真正做到关爱、尊重和保护幼儿,成为幼儿健康成长的启蒙者和引路人。

....

本章小结

在进行幼儿行为观察与分析的过程中有很多常见的问题,观察者应尽量在观察中予以避免。

具体而言,在观察方法上,常存在选用的观察方法与观察目标不匹配以及观察方法运用不得当的问题,观察者需掌握不同观察方法并了解其优缺点,以便根据观察目的选择恰当的方法。在观察记录上,常存在观察记录过于主观以及忽略行为发生的具体过程的问题,观察者在记录中要放下自己对幼儿表现主观的判断,尽量全面完整地记录事件发生的全过程。在观察记录分析上,常存在结果分析缺乏有效性且缺少后续观察设计的问题,观察者在分析时要注意采用多种途径努力提高分析的针对性和有效性,在必要的情况下应连续对幼儿进行观察,以全面、深入了解幼儿的发展水平,评估教育教学措施的有效性。在观察伦理中,常存在的问题包括观察前未获得监护人的知情同意,过度解读观察记录以及运用和保存观察资料不当等。观察伦理的问题虽然重要,但是容

---

① （美）科恩(Cohen, D. L.).幼儿行为的观察与记录[M].北京:中国轻工业出版社,2013:208.

易被忽视,观察者要以伦理道德规范自己的行为,维护和保障幼儿的权益,清楚自己仅仅是观察资料的使用者,绝对不是观察记录的拥有者。

......

思考题

1. 当前在幼儿行为的观察记录中容易出现哪些问题?

2. 怎样记录才能让观察记录更客观?

3. 观察记录的伦理问题有哪些? 怎样避免?

......

进一步阅读的文献

1. 蔡春美.幼儿行为观察与记录[M].上海:华东师范大学出版社,2012.

2. 庄婉瑜.幼儿园生态式区域活动中教师观察存在的问题与解决策略[J].学前教育研究,2016(03):70-72.

3. 刘苗.幼儿教师观察记录的研究[D].南京:南京师范大学,2017.

第四章 运用《指南》科学观察幼儿

学习目标

1. 认识《指南》对幼儿行为观察的指导意义,领会《指南》的精神内涵。
2. 了解如何运用《指南》科学观察幼儿,提高对幼儿行为的理解与分析能力。

内容脉络

```
                    运用《指南》科学观察幼儿
                    ┌──────────┴──────────┐
        《指南》对幼儿行为观察的意义        运用《指南》科学观察幼儿
          ● 了解幼儿发展特点                ● 选择恰当的观察主题
          ● 科学评价幼儿行为                ● 科学分析幼儿行为
          ● 反思、完善教育教学行为          ● 有效指导教师教学
```

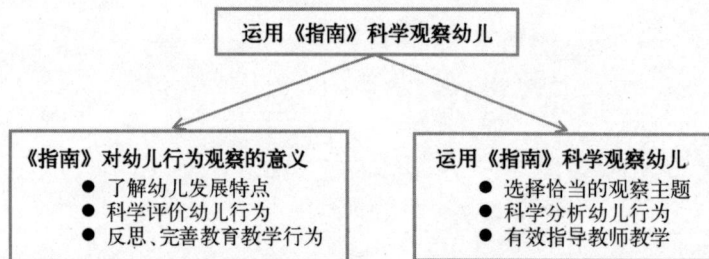

　　在某一个活动中,我在观察之前会先确定重点关注幼儿在哪一领域哪几个方面的发展,然后在《指南》中找到相关领域和年龄阶段,看看这个年龄阶段的幼儿有哪些特点,做到心中有数。然后再去有重点、有目的地观察幼儿,看看他们哪些达到了、哪些没有达到,反思自己制定的教育活动,有没有向这样的目标努力,同时也会根据班上幼儿的水平与《指南》的差异来设计下一次的教育活动。

　　以上是某教师运用《指南》观察分析幼儿的心得。《指南》发布后,它就像一座"灯塔"照亮了幼儿观察这条道路,无数幼儿教师都在以《指南》为依据科学观察幼儿。那么,《指南》对幼儿行为观察有着怎样的意义? 如何运用《指南》科学观察幼儿行为呢? 本章将具体介绍相关内容。

第一节 《指南》对幼儿行为观察的意义

一、《指南》简介

　　《指南》全称《3—6岁儿童学习与发展指南》,由教育部于2012年10月9日正式颁布,旨在指导幼儿园和家庭实施科学的保育和教育,促进儿童身心全面和谐发展。

《指南》从健康、语言、社会、科学、艺术五个领域描述儿童的学习与发展。每个领域按照儿童学习与发展最基本、最重要的内容划分为若干方面(子领域)。每个方面(子领域)由学习与发展目标和教育建议两部分组成。

《指南》每个领域中呈现的目标部分分别对3—4岁、4—5岁、5—6岁三个年龄段末期幼儿应该大致可以达到什么发展水平提出了合理期望,指明了幼儿学习与发展的具体方向。教育建议部分列举了一些能够有效帮助和促进幼儿学习与发展的教育方法。其具体结构见下图:

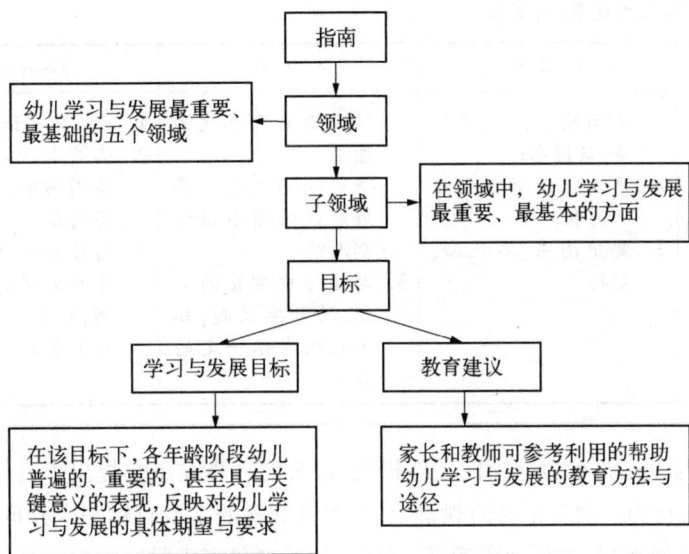

图4-1 《指南》的结构

《指南》是继《幼儿园教育指导纲要》之后又一个学前教育的纲领性文本,是规范和引领保教工作的重要文本。它是引领学前教育工作者"办好人民满意的教育"的科学指南,为培养全面发展的社会主义建设者与接班人作出了奠基性的贡献。对于教师来说,《指南》明确指出了幼儿各个领域的发展内容与路径,为如何开展保教实践、支持幼儿全面发展提供了科学而具体的依据。

二、《指南》对幼儿行为观察的意义

在平时的观察中,观察者或者不知观察幼儿哪些方面的行为,或者收集好了观察资料却不知从何分析,或者对自己做出的评价及实施的教育教学行为总是持怀疑态度,这样不仅不利于发挥观察记录应有的价值,也不利于促进教师的专业发展。《指南》中介绍了幼儿不同年龄段的学习与发展目标、明确的价值判断和详细具体的教育建议,这就成为教师了解幼儿发展特点、评价幼儿行为、反思自己的教育教学行为时的"定心丸"。

(一)帮助观察者直观了解幼儿的发展特点

《指南》按领域和年龄段详细列出了幼儿每一阶段的发展特点和目标。以语言领

域为例,《指南》明确提出语言领域包括倾听与表达、阅读与书写准备两个方面。在阅读与书写准备方面包含三个维度的发展目标:喜欢听故事,看图书;具有初步的阅读理解能力;具有书面表达的愿望和初步技能。在喜欢听故事,看图书这一目标下,又根据三个年龄段的特点,提出了相应的发展目标。这种结构使观察者直观地了解幼儿不同阶段的发展特点,也让观察有的放矢。

下表以语言领域为例:

表4-1 《指南》语言领域发展目标示例

阅读与书写准备 目标1 喜欢听故事,看图书			
年龄段	3—4岁	4—5岁	5—6岁
表现	1. 主动要求成人讲故事、读图书。 2. 喜欢跟读韵律感强的儿歌。 3. 爱护图书,不乱撕、乱扔。	1. 反复看自己喜欢的图书。 2. 喜欢把听过的故事或看过的图书讲给别人听。 3. 对生活中常见的标识、符号感兴趣,知道它们表示一定的意义。	1. 专注地阅读图书。 2. 喜欢与他人一起谈论图书和故事的有关内容。 3. 对图书和生活情境中的文字符号感兴趣,知道文字表示的一定意义。

《指南》与以往颁布的纲领性文件相比,最大的进步在于它提出了具体、可操作的幼儿典型目标行为。而在平时的观察中,观察者观察的主要目标和内容也是幼儿的行为表现,因此《指南》是方便观察者进行科学观察的"秘密武器"。[1]

要想在观察中充分发挥《指南》的作用,前提是要熟知观察对象所处年龄段一般幼儿的发展特点。《指南》中提出的幼儿具体学习与发展目标,能够帮助观察者快速了解幼儿可能表现出的典型目标行为,并且在观察记录中做到心中有数,引导教师客观判断在观察记录中幼儿出现的行为是否符合其一般发展规律,而不是仅凭经验或个人价值主观评价幼儿的行为表现。[2] 结合《指南》科学观察幼儿的发展水平,可以为进一步的教学安排等做好准备。

需要特别指出的是,在运用《指南》中的"学习与发展目标"观察幼儿时,除了关注某一年龄段幼儿某方面的典型表现外,还可以将《指南》"横着看",即同时了解不同年龄阶段的幼儿某方面行为表现的特点。以语言领域发展目标为例,我们对第二条横着看就可以知道,3—4岁的幼儿在阅读时喜欢跟读,4—5岁的幼儿喜欢给他人讲故事,5—6岁的幼儿喜欢跟他人一起谈论故事内容。这种层层递进的关系就让观察幼儿的教师清晰地知道幼儿下一个可能获得的学习经验是什么。当了解这一点后,教师就可以充当幼儿学习活动的支持者、合作者、引导者,促进其新经验的获得。

---

① 管旅华.3—6岁幼儿学习与发展指南案例式解读[M].上海:华东师大出版社,2014:26.
② 刘海燕.学前幼儿行为观察[M].上海:科学技术文献出版社,2014:49.

可见，《指南》好像给了我们一根"藤"，顺着这根藤，观察者不仅仅能了解幼儿当下的发展水平，还能够通过观察幼儿，回忆幼儿的昨天，看到幼儿的今天，并预知幼儿的明天。

（二）指导观察者科学评价幼儿行为

《指南》有助于观察者正确、科学地评价幼儿的行为表现。以下是某幼儿教师运用《指南》分析幼儿行为的心得体会。

　　　　前段时间，我们班的孩子疯狂地迷上了游戏类书籍，如《植物大战僵尸》、《愤怒的小鸟》等，几乎人手一本。当时我曾主观地认为游戏类的书看多了对孩子不好，有过禁止的想法，但是幼儿园组织学习《指南》后，我才发现语言领域'阅读与书写准备'的第一个目标就提到喜欢听故事，看图书。你看连阳阳、松松这种自控力较差的孩子也能较长时间看书，遇到看不懂的地方还会主动问我，其他小朋友也是兴致勃勃、畅所欲言，这不正是孩子们喜欢看图书的表现吗？我忽然意识到阅读对于年龄尚幼的孩子来说最重要的不是要学会多少知识，懂得多少道理，我们要做的就是让孩子爱上图书，爱上阅读，让孩子发自内心地感到阅读是一件快乐的事情。①

从以上的描述中可以看出，当这位教师没有学习《指南》时，她无法解读幼儿的行为，并主观地认为读游戏类的书是不好的现象，想去禁止。但是当她运用《指南》去评价幼儿行为时，才了解到，原来这是幼儿爱阅读的表现，是一种可喜的表现，教师不但不应该制止，还需要加以鼓励和表扬。可见，《指南》可以指引观察者正确、科学地评价幼儿的行为表现。

（三）指导观察者反思、完善教育教学行为

《指南》在列出每个学习与发展目标的典型行为之后，都附上了相关的教育建议。仍以语言领域为例，《指南》在语言领域的"倾听与表达维度"上提出了一个目标——"愿意讲话并能清楚地表达"，在此目标之后列出了三个年龄段的典型行为表现，并提出了三点教育建议，这可以帮助教师更好地理解教育目标并反思自己的教育教学行为，同时也为教师进行家庭教育指导提供了有价值的参考。

表4-2　《指南》语言领域教育建议示例

教育建议：
1. 为幼儿创造说话的机会并体验语言交往的乐趣。 ● 每天使用足够的时间与幼儿交谈。如谈论他感兴趣的话题，询问和听取他对事情的意见等。 ● 尊重和接纳幼儿的说话方式，无论幼儿的表达水平如何，都应认真地倾听并给予积极的回应。 ● 鼓励和支持幼儿与同伴一起玩耍、交谈，相互讲述见闻、趣事或看过的图书、动画片等。 ● 方言和少数民族地区应积极为幼儿创设用普通话交流的语言环境。

① 刘佳丽. 教师运用《指南》观察儿童的策略研究［D］. 四川师范大学，2015：33.

《指南》有助于教师反思并完善自己的教育教学行为。根据《指南》中的教育建议，教师可以反思自己的教育教学行为，如提供的游戏材料等是否适宜。以下是某幼儿教师运用《指南》反思教育教学实践的心得体会。

> 很多时候，教师在指导幼儿时，并不可能是完全正确的，可能会出现偏差，甚至老师当时的情绪都会直接影响其教育教学行为。《指南》中提供的教育建议使我们有可能去将教育建议与自己的言行进行对比……①

的确，在教育教学活动中，教师的言行不可能完全正确，也不可能不受其自身情绪的影响。但是《指南》最大程度地帮助教师排除了主观干扰，为教师提供实施教育措施的客观依据，帮助其反思和完善自己的教育教学行为。

三、是否运用《指南》观察幼儿行为的区别

在观察幼儿行为时，运用《指南》与没有运用《指南》有什么区别呢？在一定程度上，可以归纳为"专业观察"与"看"的区别。

一些教师在没有运用《指南》观察幼儿行为时，他们进行的观察更像日常生活中随意地"看"，观察目的不明确、观察计划不清晰，即"眼中有儿童，脑中却空空"，这种缺乏目的与计划的观察会导致教师出现"看到什么就记录什么"的情况，或者对某个幼儿或某一方面的观察太多，而其他幼儿或其他方面的信息却无从知晓。这样的观察还处于随机性、经验性、混沌化和零散化的状态。

另外，从第一章中对观察记录的描述可知，完整的观察记录包含四个要素：注意、焦点与背景、主观介入、判断与结论。从这个角度分析，教师的"看"在一定程度上说仅仅涵盖了注意、焦点与背景这两个要素，缺乏主观介入和判断与结论，对看到的客观事实还停留在琐碎的状态，没有进行推测、分析与归纳判断。而"专业观察"的过程其实既是"看"的过程，也是分析评价的过程。

当教师运用《指南》观察幼儿时，便帮助教师从"看"逐渐过渡到"专业观察"，教师可以运用《指南》来制定观察计划、解读与评价幼儿的行为、反思完善教育教学行为，即做到"眼中有幼儿，心中有《指南》，脑中在分析"。

第二节 运用《指南》科学观察幼儿

《指南》在科学观察幼儿的过程中起到了"指南针"的作用，为观察者选择观察主题、抓住观察重点、分析观察行为、完善教育教学行为等提供了科学依据。

一、根据《指南》选择恰当的观察主题
（一）多途径了解幼儿的发展需求

观察者选择恰当的观察主题时，首先要多途径了解幼儿的发展水平和需要。一方

---

① 刘佳丽.教师运用《指南》观察儿童的策略研究[D].四川师范大学,2015：36.

面,观察者可以通过与家长进行谈话、发放问卷等方式了解幼儿的基本发展状况或存在的发展问题。但是由于家长毕竟不是专业的观察者,所以观察者需要通过进一步对幼儿的观察来客观评价家长对幼儿的评价及反映的问题。另一方面,观察者也可以询问教师,根据教师的带班经验,结合《指南》中本阶段幼儿的发展目标,判断目前幼儿的发展状况。

为方便读者理解,这部分将以于老师的一次日常观察记录为例,说明教师如何利用《指南》做好日常观察。

			案例 4 - 1
幼儿姓名:明明	性　　别:男	编　　号:04	
年　　龄:3岁4个月	观察日期:9月6日		
开始时间:11:10	结束时间:11:45		
地　　点:幼儿园小一班	观 察 者:于老师		

观察目标
　1. 观察明明是否存在吃饭挑食的现象。
　2. 了解明明使用餐具的情况。

观察记录

　　今天午餐吃的是绿豆芽和面筋塞肉,大部分孩子都在安静地独立进餐。我走到明明旁边时,看到他把小勺一直含在嘴里,不去碗里舀饭菜吃。我蹲下来问他:"明明,怎么不吃饭呢? 要不要吃?"明明看着我说:"要吃。""那把小勺拿好,到碗里舀饭菜,好好吃。"我一边说一边把他的小勺从嘴里拿下来,放在他手里,把碗往他身边推了推。

　　过了一会儿,我再去看他时,发现他只是拿勺子在舀饭吃,每一勺都只舀几粒米。我说:"我们吃饭要一口饭、一口菜地吃,不要光吃饭或者菜,这样才能保证营养均衡。"他看了看我,用小勺在菜碗里翻来翻去,绿豆芽被拨到了一边,他小手抖抖索索地舀起肉圆往嘴边送,小嘴刚碰到肉圆就掉下去了。如此重复两次后,我帮他把肉圆用小勺捣碎让他吃,看着他成功舀了一块碎肉圆放进嘴里后才离开。

　　我吃完午饭回来时,发现其他小朋友都跟着孙老师去散步了,而明明还在那里吃。他的饭已经吃完了,可是菜几乎没动。我走过去问:"明明,还要吃吗?"他看着我点点头。我说:"那要快一点嘛,不然饭菜都凉了。"他听完后就把小勺递给我,想让我喂他吃。我把小勺放回他的手里,说:"明明,你已经是上幼儿园的小朋友了,可以自己吃饭了,老师在这里看着你吃。"他听后只能自己把饭菜一点点地吃完。我及时对他进行了表扬:"你看,明明还是很棒的吧,能自己把饭菜都吃完。下次要能加快速度就更好喽!"他听了直点头说:"嗯!"①

不难发现,于老师此次观察的主题是明明的进餐情况。这一主题是如何确定的呢? 一方面,于老师在幼儿入园之初便积极与家长沟通,了解家长的教育困惑与需求。在这一过程中,于老师了解到明明在家很挑食,总要大人喂饭,家长为此很苦恼。另一方面,新入园的小班幼儿正处于适应期,需要不断学习和练习各种生活常规。进餐正是其中

---

① 案例改编自. http://blog. lhyry. com/u/5297/archives/2014/26988. html.

的一项适应活动,能否独自且合宜地进餐反映了幼儿的一部分学习成果。在多途径了解相关信息后,于老师决定对明明的进餐情况进行观察。

(二)明确观察目标

从《指南》的结构来看,它包含了5个领域、11个子领域、32个发展目标,这可以帮助观察者明确观察重点和观察目标。在确定了基本的观察主题之后,观察者可以参考《指南》对相关主题的描述,将观察主题细化成具体的观察目标。

案例中的于老师将观察主题确定为观察明明的进餐情况之后,参照《指南》在健康领域的相关表述,在"生活习惯与卫生习惯"这一部分提出的发展目标是"具有良好的生活与卫生习惯",其中3—4岁幼儿的典型目标行为表现是"在引导下,不偏食、挑食"。不仅如此,《指南》在"动作发展"这一部分提出的相关发展目标是"手的动作灵活协调",其中3—4岁幼儿的典型目标行为表现是"能熟练地用勺子吃饭"。《指南》启发于老师,在对幼儿的进餐情况进行观察的时候,不仅可以观察幼儿是否存在挑食的现象,也可以观察幼儿使用餐具的情况,以了解其手部动作的发展水平。

结合以上内容,于老师将本次对明明进餐情况的观察设定了两个目标,并对明明的实际表现进行了客观记录。

二、根据《指南》科学分析幼儿行为

(一)参考《指南》客观评价幼儿发展水平

通过于老师的观察记录,我们可以结合《指南》对明明的进餐情况进行分析。

首先,关于是否存在挑食的现象,明明一开始只是含着勺子,不吃饭,在于老师提醒后,明明开始舀饭吃。但是过了一会儿于老师发现他只是舀几粒米,没有吃菜,于老师继续提醒他:"我们吃饭要一口饭,一口菜地吃,不要光吃饭或者菜,这样才能保证营养均衡。"听到提醒后,明明也开始舀菜吃。《指南》在进餐习惯方面对3—4岁幼儿提出的发展目标是"在引导下,不偏食、挑食"。明明一开始表现出不吃饭的行为,但是在老师的提醒和指导下,他可以做到每样菜都吃,并没有表现出特别厌恶某种食物。而且《指南》也提出,在明明这个年龄,刚进入幼儿园,还没有养成自觉主动吃饭的好习惯,并不是真的偏食、挑食,还需要教师和家长更多地引导,在引导下幼儿做到不偏食、挑食就可以了。可见,明明并不存在挑食的问题。

其次,在使用餐具的情况方面,从手部精细动作的发展来看,明明在于老师的提醒下开始用勺子舀饭和菜,但是动作不熟练。比如,舀饭只能舀几粒,豆芽舀不起来,挑了好舀的肉圆,但是两次都掉了,老师帮忙捣碎后才舀起来吃了。最后,老师催促他吃快一点,他就想让老师喂饭。《指南》在健康领域提出了"手的动作灵活协调"这一发展目标,并且3—4岁幼儿的典型行为有"能熟练地用勺子吃饭"这一项。明明用小勺舀食物的动作显然没有达到熟练的标准,不能自如地使用小勺进餐,在手的动作的精准性和灵活性方面明明还需要加以训练。下面是于老师对明明进餐情况的分析和评价:

分析

从今天观察的情况看来,在老师督促进餐的过程中,明明能够自己独立进餐,在老师的提醒下可以做到不偏食、挑食,只是进餐速度比较慢。明明基本能够达到《指南》在健康领域"具有良好的生活与卫生习惯"这一目标中提出的"在引导下,不偏食、挑食"。

明明进餐速度比较慢是因为他不能自如地使用小勺进餐。结合《指南》在健康领域提出的"手的动作灵活协调"这一目标下,3—4岁幼儿在这一阶段的发展典型行为是"能熟练地用勺子吃饭",可见明明在这一方面的发展有待加强。

评价

与班上的幼儿相比,明明的生活自理能力有待增强。在挑食方面,明明并不是像家长反映的那样很挑食,只是在目前的发展水平下进餐仍需要成人的引导。在使用餐具方面,明明不能熟练地使用勺子吃饭,手部的精细动作还有待发展。

(二) 及时与教师和家长沟通,了解幼儿行为背后的原因

在对幼儿发展情况进行客观的评价之后,观察者需要进一步地了解幼儿出现这些行为背后的原因,以便有针对性地安排教育教学活动、提出教育建议等。

案例中的于老师在分析了明明的进餐情况之后,利用家长接送孩子的机会,与明明的家长进行了几次谈话,希望了解明明在家的生活习惯,尤其是进餐习惯。于老师了解到,明明在家主要由爷爷、奶奶抚养,奶奶怕孩子自己吃饭吃得少,耽误长身体,所以一直给明明喂饭。结合谈话内容,于老师在观察分析中加入了对明明家庭原因的分析:

与家长沟通后,了解到明明从小由老人手把手喂大,很少有自己动手使用餐具的独立进餐机会,所以进餐时需要引导,也不能自如地使用小勺吃饭。

三、根据《指南》有效指导教师教学

(一) 学习《指南》的教育建议,把握教学活动方向

通过观察和分析,于老师已经比较清楚地了解了被观察幼儿进餐自理能力的状况及可能的原因。接下来,教师可以结合《指南》在每个发展目标后提出的教育建议,合理有效地安排接下来的教育教学活动和材料投放。

结合明明进餐情况的观察案例,首先,针对明明在引导下能够不挑食的情况,教师可以借助游戏活动培养明明对食物的兴趣及主动进餐的好习惯。《指南》在教育建议部分提出:"帮助幼儿养成良好的饮食习惯。如:帮助幼儿了解食物的营养价值,引导他们不偏食不挑食,少吃或不吃不利于健康的食品,多喝白开水,少喝饮料。"教师可以利用集体活动的讲解和区域活动的材料投放引导幼儿了解食物的营养,引发幼儿的兴趣,主动进餐。

其次,针对明明手指精细动作发展水平有待提高的情况,《指南》提出:"创造条件和机会,促进幼儿手的动作灵活协调。如:提供画笔、剪刀、纸张、泥团等工具和材料,或充分利用各种自然、废旧材料和常见物品,让幼儿进行画、剪、折、粘等美工活动。引导幼儿生活自理或参与家务劳动,发展其手的动作,如练习自己用筷子吃饭、扣扣子、帮助家人择菜叶、做面食等。幼儿园在布置娃娃家、商店等活动区时,多提供原材料和半成品,让幼儿有更多机会参与制作活动。"这些教育建议详细而实用,教师可以参考借鉴并在教育教学活动中活学活用。

以下是于老师结合《指南》提出的部分教育建议:

> **建议**
>
> 　1. 结合区域活动和集体活动,开展有关"食物的营养"主题的活动;在阅读区投放有关蔬菜、水果等食物营养的绘本,例如《爱吃青菜的鳄鱼》《一园青菜成了精》等;在娃娃家投放模拟食物;带领小朋友参观幼儿园的食堂等。引导幼儿对吃饭感兴趣,了解食物中的营养,主动进餐。
>
> 　2. 在区域活动中投放"喂豆豆"、餐具等材料,在日常游戏中锻炼明明使用餐具的能力;在集体活动中开展使用剪刀、描线等能锻炼幼儿手指精细动作的活动,重点引导和鼓励明明参与相关游戏活动。

(二) 结合幼儿个性特点和家庭环境,提出有针对性的教育建议

幼儿的个性千差万别,家庭环境也不尽相同,仅仅根据《指南》分析幼儿的行为是不够的。教师需要结合幼儿的个性特点及其家庭背景,为幼儿发展提供综合且个性化的建议。[①]

《指南》不仅仅是幼儿教师观察幼儿的"灯塔",也是教师开展家庭教育指导的"指明灯"。在教育教学活动中,教师可以与家长共同学习讨论《指南》中的内容,与家长一起使用《指南》观察幼儿、了解幼儿,以家园共育的形式促进幼儿更好地发展。于老师在了解明明的家庭背景后,找到了明明进餐出现问题的原因。因此,在以后的教育过程中,于老师也安排了和家长沟通交流,希望能在一定程度上改进明明在家庭中的进餐方式。

另外,在观察记录中也提到于老师在明明吃完饭后及时给予了语言奖励,明明受到了很大的鼓舞,可见明明比较接受这种反馈方式。教师在日后的教育过程中可以根据明明的特点,及时给予他正面积极的反馈,鼓励他养成良好的生活习惯。

结合以上内容,于老师增加了以下几点建议:

> **建议**
>
> 　1. 进餐时教师鼓励明明独立进餐,不要让他养成不自己吃,而是等着老师去喂的习惯,心理上依赖、指望别人。
>
> 　2. 和家长沟通,希望家长给明明独立进餐的锻炼机会。通过家园合作,培养明明良好的进餐习惯,提高他的生活自理能力。
>
> 　3. 教师可以对明明在进餐中表现出的点滴进步多加鼓励,提高其进餐自理能力和进餐速度。

---

① 刘彦华.幼儿园教育活动的设计与指南[M].北京:科学出版社,2014:73.

本章小结

《指南》按领域和年龄阶段详细地列出了幼儿每一年龄阶段的发展特点和目标,并有针对性地给出了教育建议,这能够帮助观察者直观了解幼儿的发展特点,正确科学地评价幼儿行为,并反思自身的教育教学行为。

在观察幼儿时,可以运用《指南》:第一,选择恰当的观察主题;第二,客观评价、有效分析幼儿的发展水平;第三,仔细研读《指南》的教育建议部分,把握教育教学活动的方向,有效指导教师教学。

思考题

1.《指南》的内容和结构有什么特点?

2.《指南》对于幼儿行为观察有什么意义?

3. 如何运用《指南》科学地观察幼儿?

进一步阅读的文献

1. 李季湄,冯晓霞.《3—6 岁儿童学习与发展指南》解读[M].北京:人民教育出版社,2013.

2. 何桂勤.课程游戏化之"学习故事"伴我行——《指南》背景下幼儿园"学习故事"与"幼儿游戏行为观察"[J].新课程(上),2017(01):34.

3. 刘霞.《3—6 岁儿童学习与发展指南》对幼儿发展评价的启示[J].教育导刊月刊,2014(1):13－16.

第五章　描述观察法

学习目标

1. 理解四种描述观察法的含义。

2. 掌握四种描述观察法的具体运用过程,理解观察记录的构成要素。

3. 学会运用四种描述观察法撰写客观、翔实的幼儿行为观察记录,并对幼儿行为进行合理有效的分析,提高对幼儿行为的理解与分析能力。

4. 能够将观察结果运用于保教实践,提高保教能力。

内容脉络

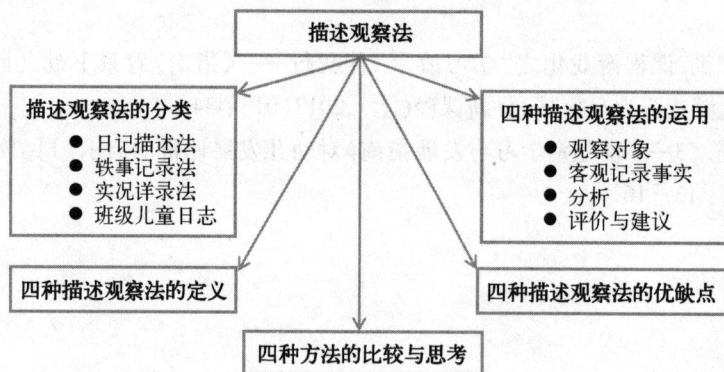

描述观察法

描述观察法的分类
● 日记描述法
● 轶事记录法
● 实况详录法
● 班级儿童日志

四种描述观察法的运用
● 观察对象
● 客观记录事实
● 分析
● 评价与建议

四种描述观察法的定义

四种描述观察法的优缺点

四种方法的比较与思考

描述观察法作为幼儿行为观察方法中产生最早、运用最广的方法,具有简单、方便、灵活的特征。观察者可以通过描述观察法,客观记录幼儿在日常生活中的行为表现,并对幼儿的行为发展水平进行分析与评价,以深入了解幼儿身心发展水平及背后原因,为后续教育教学活动的开展提供参考。

案例 5-1

幼儿姓名：乐乐	性　别：女	编　号：03
年　龄：5 岁 10 个月	观察日期：10 月 27 日	
开始时间：9:40	结束时间：9:55	
地　点：幼儿园美工区	观察者：杨老师	

> **观察记录**
>
> 　　一开始，乐乐专注地看着美工区墙上贴着的剪纸，有花朵，有小兔子，还有小老虎，她越看越感兴趣。过了一会儿，乐乐便从收纳箱中取出了一张红色的纸和一把剪刀。乐乐一边看着墙上关于怎么剪纸的说明，一边开始动手剪纸。
>
> 　　乐乐想先试着把纸对折成两半，但不管她怎么折也总是对不齐，只好放弃了。接着，乐乐想用剪刀在纸上剪出一个小缺口，但发现剪刀像是不受控制似的，怎么也剪不开。尝试了好一会儿后，乐乐还是没成功，她的兴趣也被"折腾"没了，便走去其他区域了。
>
> **分析**
>
> 　　教师适时地抓住教育契机开展主题活动，可以提高幼儿学习的主动性。

　　这是杨老师在观察了大班幼儿乐乐剪纸之后写的一篇观察记录。请仔细阅读后思考，这份观察记录的观察记录部分存在哪些不足之处？分析部分是否客观，是否与观察记录相符？如有不妥之处，应该怎样修改？观察记录还应包括哪些内容？相信通过这一章的学习，你能够更好地使用描述观察法撰写观察记录。

第一节 日记描述法的运用与案例分析

一、日记描述法的含义与分类

（一）日记描述法的含义

　　日记描述法，又称日记式记录法，是指运用如同写日记的方法，以幼儿为观察对象，对其行为进行频繁且有规律的记录。

　　日记描述法强调记录所观察幼儿出现的发展性变化，其特点是需要观察者对观察对象进行长期的跟踪观察，并以日记的方式纵向记录幼儿成长过程中所表现的新行为或重要事件，例如，第一次独自站立，第一次自己吃饭等。日记描述法是研究幼儿身心发展最早采用一种的方法。我国著名儿童教育家陈鹤琴先生曾采用日记描述法对自己的第一个孩子进行了为期 808 天的跟踪观察，详细记录了幼儿身心发展的特点和对各种刺激的反应状况，并辅以大量照片和图表，在此丰富的原始资料基础上编写了《儿童心理之研究》一书。[①]

（二）日记描述法的分类

　　根据观察主题可以将日记描述法分为两类：主题日记描述法和综合日记描述法。

　　主题日记描述法是指观察者只对幼儿某一种或几种特定发展领域表现出的新行为进行观察记录，而其他发展领域即使表现出新行为也不进行记录。例如，观察者想记录幼儿的认知发展状况，那么就对幼儿一系列认知方面的新行为进行记录。在此过程中，即便发现幼儿在动作发展领域或者其他发展领域表现出新行为也不进行记录。

　　综合日记描述法是指观察者对幼儿发展过程中各个领域表现出的新行为都进行观

---

① 侯素雯，林建华. 幼儿行为观察与指导这样做[M]. 上海：华东师范大学出版社，2014：17.

察记录,即只要所观察的幼儿出现新行为,无论这一新行为属于动作发展领域、情绪发展领域,还是语言发展领域、社会性发展领域或其他幼儿发展领域,观察者都可以对其进行记录。

二、日记描述法的运用

(一) 选择目标幼儿作为观察对象

日记描述法的观察对象主要是与观察者长期接触,并且关系较为亲密的幼儿或者是一些比较特别的幼儿。[①] 其中,比较特别的幼儿通常指的是某方面发展相对迟缓或某方面能力比较欠缺的幼儿,这类幼儿容易引起教师或研究者的关注。比如,有社交困难的幼儿通常不能很好地与他人沟通,教师通过长期观察,采用日记描述法记录这名幼儿生活的点点滴滴,从而了解幼儿的行为及其背后的原因,以便及时采取措施帮助幼儿克服内心障碍。此外,有的幼儿家长也会用日记描述法记录自己孩子的成长过程,家长有机会与幼儿长期接触,并且与幼儿的关系也更加亲密。由家长进行观察记录可以为幼儿成长积累丰富的第一手材料,从而帮助家长了解孩子的身心发展过程,分析行为背后的原因,探索解决儿童发展问题的途径。观察者锁定目标幼儿后,要先对幼儿的姓名、性别和编号等进行记录,为进一步观察及日后的翻阅和研究提供基本信息。

(二) 记录客观事实

观察者在采用日记描述法对幼儿的发展变化进行记录之前,首先要对观察次数、幼儿年龄、观察日期、观察时间、事件发生的地点、观察者等具体信息进行详细记录,以明确观察背景和幼儿从事活动时间的长短。记录观察日期和观察次数有利于后期整理观察日记,分出先后顺序。

其次,日记描述法应记录幼儿的新行为或者重要事件。哪些行为属于幼儿的新行为呢? 其实,在幼儿的成长过程中会有许许多多的第一次,这并不仅表现在外在的肢体行为上,也表现在幼儿的内心世界中。比如,第一次给妈妈讲故事,第一次尝试表达自己内心的想法等等。这些新行为可能相对来说不那么明显,容易被观察者忽略,不如学会站立那样直观,这就要求观察者在与幼儿相处的过程中时刻保持敏感,将幼儿的新行为记录下来,从而更好地了解幼儿。

最后,随着科技的进步,许多先进的工具和器材可以运用到观察中。观察者在采用日记描述法记录幼儿发展过程时,可以不仅仅使用纸、笔进行记录,还可以运用照相机、录音机、摄像机等设备,更加全面、清晰地记录幼儿发展过程中的每一件事情、每一个新行为。这种方法易于保存,且会为日后的运用和再分析提供方便。

(三) 分析行为表现

教师或家长在对幼儿的新行为进行观察和记录后,还需要对其行为发展情况进行分析。分析应基于实际的观察记录,对幼儿的行为表现进行客观的判断与分析。也就是说,观察者在对幼儿行为进行分析时,要尽量保持客观、冷静的态度,避免受到主观情感的干扰。

---

① 施燕.学前儿童行为观察[M].上海:华东师范大学出版社,2011:38.

（四）评价幼儿行为并提出建议

观察者在对幼儿的行为表现进行客观分析后,还需要对幼儿的行为结果进行评价。由于幼儿各方面的发展具有不均衡性,所以在对幼儿的发展状况进行评价时,要采用具体问题具体分析的方法,针对各个方面的发展状况分别进行评价,而不是笼统地进行评估。评价之后,根据幼儿各个方面的不同发展水平,对教师进一步改进教学或者家长改进家庭教育方式等方面提出相应的对策。

现在,我们根据日记描述法的四个步骤:选择目标幼儿作为观察对象、记录客观事实、分析行为表现、评价幼儿行为并提出建议,不断完善关于"圆圆新入园"的日记记录,最终的记录如下:

<table>
<tr><td colspan="3" align="center">日 记 记 录</td><td rowspan="22">案例 5 - 2</td></tr>
<tr><td>幼儿姓名:圆圆</td><td>性　别:女</td><td>编　号:01</td></tr>
<tr><td colspan="3">第一次观察</td></tr>
<tr><td>年　　龄:2 岁 8 个月</td><td colspan="2">观察日期:9 月 1 日</td></tr>
<tr><td>开始时间:7:30</td><td colspan="2">结束时间:16:00</td></tr>
<tr><td>地　点:幼儿园</td><td colspan="2">观 察 者:圆圆妈妈</td></tr>
<tr><td colspan="3">观察记录
　　圆圆从今天开始就要正式去上幼儿园了!早在两周之前,我和圆圆爸爸在平时与圆圆玩耍的时候就时常跟她说起幼儿园是个很好玩儿的地方,那里有许多玩具可以玩儿,还有好多小朋友可以一起玩耍……在我们的有意引导下,圆圆对幼儿园充满了向往。昨天,为了让圆圆能够尽快适应幼儿园环境,我和圆圆爸爸特意带圆圆去参加幼儿园的半日活动。在幼儿园,圆圆一直开心地又蹦又跳,一会儿玩滑梯,一会儿钻山洞,忙得不亦乐乎!看到她这么高兴,我和圆圆爸爸都松了一口气!
　　早晨,我送圆圆去幼儿园,离开家的时候,圆圆很高兴地跟爸爸挥挥手,说:"爸爸,再见!"然后就背着小书包,一蹦一跳地出了家门。走到幼儿园门口,看到许多小朋友都在入园,圆圆转过头来跟我说:"妈妈,有这么多小朋友可以一起玩呢!"我说:"对呀,圆圆要乖乖听老师话哟!"圆圆用力地点点头,然后冲我挥挥手,说:"妈妈,再见!"转身刚走了几步,忽然停了下来,她跑回来问我说:"妈妈,你什么时候来接我啊?""下午四点,我在这儿等你!""嗯!"说完就跑着进了幼儿园。看着圆圆的背影,我还是有一点担心。
　　下午,我早早地就来到幼儿园门口,心里有一点点忐忑,不知道圆圆全天和小朋友在一起情况怎么样。老师说:"圆圆表现很不错,只是中午吃饭和睡觉的时候说想妈妈,还哭了一会儿,后来我跟她说,等她乖乖睡醒妈妈就会来接她回家了,圆圆就不哭了,是个很听话的孩子。"听到老师这样说,我就放心了。</td></tr>
<tr><td colspan="3">第二次观察</td></tr>
<tr><td>年　　龄:2 岁 8 个月</td><td colspan="2">观察日期:9 月 8 日</td></tr>
<tr><td>开始时间:7:30</td><td colspan="2">结束时间:15:50</td></tr>
<tr><td>地　　点:幼儿园</td><td colspan="2">观 察 者:圆圆妈妈</td></tr>
<tr><td colspan="3">观察记录
　　圆圆已经入园一个星期了,现在她开始有点不想去幼儿园了。今天早晨醒来,圆圆的第一句话就是:"妈妈,我今天可不可以不去幼儿园?"我压抑下心中的疑窦,开导她道:"圆圆,你已经长大了,长大了的孩子都是要上幼儿园的。而且你不是很喜欢和幼儿园的小朋友一起玩吗?"圆圆低下了头,不说话。
　　我送她来到幼儿园门口,圆圆拉着我的手一直不肯松开。我说:"圆圆,乖,妈妈下午就来</td></tr>
</table>

接你。"圆圆扁着小嘴说:"妈妈,你能把我送到里面去吗?"看着她委屈的样子,我一阵心疼,于是牵着她的手,把她送到了活动室门前。"圆圆听话,跟老师和小朋友一起去玩儿游戏吧,妈妈得去上班了。"我说。圆圆终于忍不住哭了起来,我又陪她在走廊里待了一会儿,等她情绪稍微平静了一些才离开。圆圆这是怎么了?我心里疑惑不已。

下午3点,我早早就来到幼儿园,跟圆圆的老师联系了一下,然后悄悄躲在活动室外面观察圆圆。圆圆手里拿着一个皮球,但是并没有像在家里一样拍球或者踢球,而是呆呆地站在那里,看着其他小朋友玩耍,一句话也不说。听圆圆的老师说,圆圆现在越来越沉默,不如刚开始的时候那么活泼。放学的时候,圆圆一看到我,小嘴巴向下一撇,委屈地哭了……

第三次观察

年　　　龄:2岁8个月	观察日期:9月16日
开始时间:16:00	结束时间:16:30
地　　　点:幼儿园	观　察　者:圆圆妈妈

观察记录

圆圆入园两个星期了,为了减少圆圆对妈妈的依恋,我们决定让爸爸送她去幼儿园。爸爸比较果断和坚强,他送圆圆,能给圆圆树立一个好榜样。果然,圆圆对爸爸的依恋程度不像对妈妈那样强烈,她现在能做到一边哭着跟爸爸说再见,一边独自走进幼儿园了。

跟我家同住一个小区的有个叫楠楠的小朋友,她跟圆圆同班。楠楠的年龄比圆圆稍大一点,之前上过一段时间的亲子班,已经基本能够适应幼儿园的生活了。我一有空就带着圆圆去找楠楠玩,以便让圆圆与班里的同学熟悉起来,渐渐克服内心对陌生环境和陌生小朋友的恐惧。现在圆圆和楠楠已经是好朋友了。老师告诉我:"圆圆现在能够积极地跟大家一起做游戏了,也很听话。"看着圆圆正在一点一点地适应幼儿园生活,我心里一阵欢喜。

分析

圆圆刚刚进入幼儿园时,因为新鲜感而暂时忘记了与父母短暂分离的事实。但是随着新鲜感的流逝,圆圆的分离焦虑日益明显。导致焦虑的原因可能有两个,一是因为这一年龄阶段的幼儿对亲人的依恋程度比较高,长时间离开亲人会使他们十分伤感;另一个原因是幼儿园的环境布置、老师和小朋友对她来说都十分陌生,她感到没有安全感。

评价

与新入园的其他幼儿一样,圆圆产生了入园焦虑,出现了哭泣、难以跟母亲分离、不想跟其他小朋友玩耍等现象。

建议

家长要给孩子更多的理解和关心,多与孩子沟通,帮助其调节消极情绪,并鼓励孩子与同班的小朋友交往,促使圆圆能尽快适应幼儿园生活。同时家长可以与教师多沟通,了解孩子的在园情况。教师、同伴可以与圆圆进行更多互动,努力建立良好的师幼关系和同伴关系。

三、日记描述法的优缺点

通过对日记描述法的分析,可以发现日记描述法的优点主要集中在以下几个方面:

1. 日记描述法简单、方便、灵活。日记描述法是对幼儿采用记日记的方式进行观察和记录，观察者不需要进行特殊的准备，也不需要特别的训练。在与幼儿接触的过程中，只要发现幼儿出现新行为或其他重要事件及时进行记录即可。

2. 日记描述法记录的内容具有翔实性。通过日记描述法，观察者可以将幼儿的真实行为表现记录下来，这提供了幼儿发展状况的细节，有利于获得幼儿发展的连续变化，以便了解幼儿的发展过程和内在原因。

3. 日记描述法记录的资料具有永久保存性。观察记录可以保存很长时间，这不仅可以了解幼儿目前的行为发展水平和特点，还可以与被观察幼儿日后的发展状况或与其他幼儿的观察资料进行比较，从而深入了解幼儿的发展水平。

4. 日记描述法所记录的资料具有一定的广度。日记描述法的记录不仅包括幼儿发展过程中的新行为，还包括幼儿的后续行为发展；不仅包括幼儿发展的某些方面，还描述了行为的背景和环境。这有利于完整地展现幼儿行为发展的过程，也有利于了解幼儿发展与环境的关系，以便对幼儿行为进行深入分析。

不过，日记描述法也有其局限性。

1. 观察时间较长限制了观察者的身份一般是幼儿最亲近的人。因为要记录幼儿发展过程中的新行为或重要事件，日记描述法需要观察者与观察对象进行持续接触，进行较长期的跟踪观察和记录。根据不同的观察目的，跟踪观察的时间也不尽相同，但一般都要长达几周、几个月，甚至更长时间。因此，观察者一般都是幼儿最亲近的人，比如幼儿的父母或其他亲属等。受班级人数和幼儿在园时间限制，幼儿教师较少使用这种方法。

2. 观察者的主观倾向可能影响观察结果的客观性。由于日记描述法的观察记录者主要是幼儿的家长或亲属，他们在进行观察记录时常带有一定的情感因素，这可能导致观察和分析结果具有主观倾向性，难以避免地会有偏差或过高估计幼儿能力的情况出现。

3. 常根据事后回忆进行记录，易导致记录内容与事实存在出入。日记描述法由于要记录的内容比较多，难以边观察边记录，观察者常采用当场速记，事后根据回忆对速记的内容进行补充的方法，这可能导致记录的内容与客观事实存在一定的出入。

4. 日记描述法所记录的幼儿行为缺乏代表性和普遍性。运用日记描述法观察幼儿时，大多数观察者会以自己的孩子为观察对象，教师则会选择少数几个幼儿为观察对象。这使得样本数量有限，难以代表同一年龄阶段其他幼儿的发展水平，从而导致观察结果缺乏代表性和普遍性，观察结论具有一定的偏向性。

第二节 轶事记录法的运用与案例分析

一、轶事记录法的含义与分类
（一）轶事记录法的含义

"轶事"指独特的事件，也可以是观察者感兴趣的、有意义的事件。轶事记录法指观察者将自己感兴趣，并认为有价值、有意义的幼儿行为和反应以及可表现幼儿个性的行为事件，用叙述性的语言记录下来，供分析幼儿行为所用。[①]

轶事记录法注重记录的真实性，强调客观性，记录的内容除了包括事情发生的时间地点，发生的方式，及观察对象的言行，有时也会涉及幼儿行为发生的深层原因。对轶事的分析通常是在事情发生之后，由观察者补充的。

（二）轶事记录法的分类

根据观察是否有主题、成系统，可以将轶事记录分为两类，分别是有主题的轶事记录和无主题的轶事记录。

有主题的轶事记录是指观察者对幼儿某一特定的发展领域有兴趣，只记录与这个领域有关的事情。例如，在下面"故事大王"这一例子中，教师想了解班上幼儿的语言发展状况，就可以采用有主题的轶事记录法来观察和记录幼儿在语言上的表现。

案例 5-3

故 事 大 王

王老师在班上开展"故事大王"活动已经有三个星期了，班上有许多孩子对讲故事很有兴趣，他们会积极准备自己的故事，而且不少孩子能够把故事讲得绘声绘色。为了进一步促进幼儿语言表达能力的发展，王老师想了解：

（1）现在孩子讲故事的基本方式是什么（背诵、理解记忆、自己改编、自己创作）？

（2）讲故事的水平怎么样（语言流畅、故事发展脉络清晰）？

（3）孩子对以往经验的整合怎么样（认知、想象、创造）？

无主题轶事记录是指教师记录某一段时间内发生的事情，没有特定目的，只要觉得某行为有意义或者对某行为感兴趣，就可以进行观察记录。教师想了解班级幼儿的发展概况，即使没有聚焦到某一特定的发展领域，也可以对幼儿的行为表现随时进行观察记录。

二、轶事记录法的运用

（一）选择目标幼儿作为观察对象

轶事记录法的观察对象主要是从观察者感兴趣的偶发事件或者具有重要意义的事件中选取，这些事件中的幼儿往往能够吸引观察者的注意。把这些事件记录下来，将会为更好地了解幼儿的发展特点提供资料。观察者感兴趣的偶发事件有很多，比如两个孩子起争执之后是否能够自己化解矛盾、某个孩子常常自言自语等。具有重要意义的事件是幼儿行为变化的转折点，比如内向的孩子开始主动与同伴聊天、某个 3 岁男孩能

---

① 夏靖.轶事记录法在幼儿评价中的应用[J].学前教育研究,2010(7)：50-52.

够第一次很好地进行角色扮演等。如果观察者能够从感兴趣的偶发事件或者具有重要意义的事件这两个方面关注幼儿，就能够迅速锁定观察目标。观察者在进行轶事记录前，要对幼儿的姓名、性别、编号、年龄观察日期这些基本情况进行记录，为分析幼儿的发展水平及日后整理幼儿成长档案提供方便。

> 幼儿姓名：露露   性   别：女   编   号：06
> 年   龄：3岁1个月   观察日期：10月21日

（二）记录客观事实

在采用轶事记录法进行观察记录时，首先要对事件发生的时间、地点、观察者进行记录，这可以为观察者及阅读轶事记录的其他人（如同行、专家、幼儿家长）提供事件发生的整体背景，也可以为进一步分析提供更明确的信息。

> 开始时间：13：30   结束时间：13：50
> 地   点：生活区   观 察 者：王悦

其次，应依照事件发生的顺序进行迅速记录，描述要尽量客观、准确和完整。完整的轶事记录应包括轶事的开始、进展和结尾这三部分的内容。开始部分需要对事件发生的情形进行详细介绍，进展部分需要对事件发生的具体过程进行客观记录，结尾部分需要对有关事件的结果进行准确描述。如果观察者难以迅速记录下来，可以采用符号或关键词的形式辅助记录。事后应尽快将符号或关键词转化为文字，以防时间太久，记忆内容混淆，影响记录的客观性和准确性。下面提供了用关键词进行辅助记录的例子：

> 记录的关键词：
>   晶晶、集体活动、不动、问、不说话、低头、脸红。
>   关键词整理：
>   在集体活动中，晶晶在座位上一动不动。于是我问她："你怎么了？"晶晶没有说话，低下了头，脸涨得通红。

再次，轶事记录法也可以和照片一起使用，这样可以为记录每一个孩子的发展状况提供丰富的材料和视觉信息。[1]

最后，在进行轶事记录时，要反复琢磨文字，尽量在用词上做到描述具体、清楚明了、通俗易懂。描述具体，是说在记录事件时尽可能地细致一些，避免抽象概括和主观判断。比如，使用"他的嘴角微微上翘"、"他的眉毛皱起"等客观的词语，而非"他很高兴"、"他很忧伤"等主观的描述。清楚明了，是说观察者所做的轶事记录不仅要让自己能够回忆起当时事件发生的具体经过，也要让阅读轶事记录的人看得懂，能够通过记录

---

[1] 蔡春美.幼儿行为观察与记录[M].上海：华东师范大学出版社,2015：186.

了解当时的情景。通俗易懂,要求观察者在轶事记录中用词尽量平实,避免因一些修辞手法、文学语言的运用导致纪录生涩难懂。

表5-1 轶事记录法中应避免使用的语言和建议使用的语言

避免使用	请使用
● 他经常……	● 他每天有五六次……
● 他喜欢……	● 他对我说……
● 她很快……	● 她用了一分钟……
● 她擅长于……	● 她每次都……
● 看上去显得……	● 他每天……
● 好像……	● 我听到她说……
● 我觉得……	● 我看到她……
● 我认为……	● 每月有两三次……
● ……	● ……

观察记录

露露在夹珠子,手里拿着镊子将珠子从一个碗往另一个碗中夹。夹了1分钟后,她开始要求我帮她数夹了几个珠子。我答应了,并帮她数着。她第一次不间断地夹了7个,她说她在家能夹30个。露露把掉在地上的珠子捡起来放回碗里,然后继续夹珠子,这次她夹了20个。

在上面这份观察记录中,观察者记录了露露夹珠子的过程。请仔细阅读后思考,这份记录有哪些不足之处?

为了使这份记录更加详细和具体,我们对这份记录进行了修改,增加了许多细节。比如,增加了对露露夹珠子动作的细节描述以及露露与教师之间的语言交流。不仅关注露露连续夹珠子的数量,还关注她夹珠子时的手部动作、手眼协调和语言表达等。

观察记录

露露在夹珠子,手里拿着镊子将珠子从一个碗往另一个碗中夹。1分钟后,露露对我说:"老师,您帮我数。"我说:"好的。"她慢慢地用镊子紧紧夹住一个珠子,轻轻抬起手臂,挪到另一个碗上方后再把镊子松开。我嘴里说着:"1个、2个、3个、4个、5个、6个、7个。你这次夹了7个。"露露说:"我在家能夹30个呢。"于是,她继续夹珠子。这次露露用镊子夹珠子的速度很快,珠子还没有夹紧,她的手臂已经抬了起来,所以露露只连续夹了3个,珠子就从镊子中滑落到了地上。露露迅速弯下腰把珠子捡起来后放进碗里,然后把一个碗中的珠子全部倒入另一个碗中,重新开始夹。不同的是,这一次她开始慢慢地夹紧珠子之后再往另一个碗中放。将10个珠子不间断地夹到另一个碗中之后,她又将珠子全部夹回原来的碗中。露露一直在低头做,其他幼儿从她身边经过,她都没有抬头。全部夹完之后,露露抬起头,面带微笑地和我说:"我做完了。"

（三）分析行为表现

在观察并记录幼儿的轶事后，需要对其行为表现进行分析。分析是观察者在对记录的精读基础上，分析幼儿行为表现的含义，从而深入剖析幼儿在这次轶事中的行为特点。由于观察者在对轶事记录进行分析时，不可避免地会受到自身知识经验的影响，从而导致分析结果与现实情况有所差异。为了尽量减少这一差异，观察者还需对幼儿进行长期、反复的观察，多次观察的结果更加趋近于幼儿发展的真实状况。

> **分析**
>
> 露露很喜欢生活区的活动，小肌肉动作发展较好。

请阅读上述分析并思考，该分析有哪些不足之处？

其不当之处在于，第一，对记录的分析不到位，存在过度推论的情况。露露玩夹珠子游戏，并不能代表她喜欢生活区活动。第二，没有从细节出发分析露露的手部动作，而是笼统地认为"小肌肉动作发展较好"。针对上述不足，可以做如下改动：

> **分析**
>
> 露露连续夹珠子的数量最多能够达到20个，手部活动灵活，动作精确。当珠子滑落时，能够及时调整夹珠子的速度和力道。手眼协调较好，能够连续不断地用镊子夹住珠子。即使期间夹珠子失败之后，她也表现出对夹珠子的信心。

（四）评价幼儿行为并提出建议

在对一次观察中幼儿的行为特点进行分析之后，更重要的是对幼儿的行为进行评价并提出相应的建议或改进措施。评价时，可以通过与班级其他幼儿进行比较的方式评价观察对象的行为发展水平。此外，也可以把所观察幼儿的行为与《3—6岁儿童学习与发展指南》、文献中的科学研究结果等进行对比，从而了解幼儿的行为发展水平。在轶事记录的最后，观察者要针对所观察和评价的幼儿行为特点提出相应的建议或改进措施，从而为制定更合理的教育教学方案提供支持和依据。仍以"露露夹珠子"为例，观察者给出以下评价和建议：

> **评价**
>
> 与小班其他幼儿相比，露露表现了较好的手眼协调能力，小肌肉动作发展较好。
>
> **建议**
>
> 继续给幼儿提供夹珠子等发展小肌肉活动能力的机会。鼓励露露将她夹珠子时的想法和发现讲述给其他小朋友听。

现在，我们根据轶事记录法的四个步骤：选择目标幼儿作为观察对象、记录客观事实、分析行为表现、评价幼儿行为并提出建议。不断完善"露露夹珠子"的轶事记录后，最终的轶事记录如下：

<table>
<tr><td rowspan="5">案例 5-4</td><td colspan="3" align="center">轶 事 记 录</td></tr>
<tr><td>幼儿姓名：露露</td><td>性　别：女</td><td>编　号：06</td></tr>
<tr><td>年　龄：3 岁 1 个月</td><td colspan="2">观察日期：10 月 21 日</td></tr>
<tr><td>开始时间：13：30</td><td colspan="2">结束时间：13：50</td></tr>
<tr><td>地　点：生活区</td><td colspan="2">观 察 者：王悦</td></tr>
</table>

观察记录

露露在夹珠子，手里拿着镊子将珠子从一个碗往另一个碗中夹。1 分钟后，露露对我说："老师，您帮我数。"我说："好的。"她慢慢地用镊子紧紧夹住一个珠子，轻轻抬起手臂，挪到另一个碗上方后再把镊子松开。我嘴里说着："1 个、2 个、3 个、4 个、5 个、6 个、7 个。你这次夹了 7 个。"露露说："我在家能夹 30 个呢。"于是，她继续夹珠子。这次露露用镊子夹珠子的速度很快，珠子还没有夹紧，她的手臂已经抬了起来，所以露露只连续夹了 3 个，珠子就从镊子中滑落到了地上。露露迅速弯下腰把珠子捡起来后放进碗里，然后把一个碗中的珠子全部倒入另一个碗中，重新开始夹。不同的是，这一次她开始慢慢地夹紧珠子之后再往另一个碗中放。将 10 个珠子不间断地夹到另一个碗中之后，她又将珠子全部夹回原来的碗中。露露一直在低头做，其他幼儿从她身边经过，她都没有抬头。全部夹完之后，露露抬起头，面带微笑地和我说："我做完了。"

分析

露露连续夹珠子的数量最多能够达到 20 个，手部活动灵活，动作精确。当珠子滑落时，能够及时调整夹珠子的速度和力道。手眼协调较好，能够连续不断地用镊子夹住珠子。即使期间夹珠子失败之后，她也表现出对夹珠子的信心。

评价

与小班其他幼儿相比，露露表现了较好的手眼协调能力，小肌肉动作发展较好。

建议

继续给幼儿提供夹珠子等发展小肌肉活动能力的机会。鼓励露露将她夹珠子时的想法和发现讲述给其他小朋友听。

三、轶事记录法的优缺点

通过分析，我们可以发现轶事记录法的优点主要集中在以下几个方面：

1. 轶事记录法简单、方便、灵活。与日记描述法一样，使用轶事记录法时观察者不需要进行特殊的准备，也不需要进行特别的训练。与日记描述法不同的是，轶事记录法不受限于幼儿表现出的新行为，当观察者发现自己感兴趣的事情或有意义的事情，就可以随时随地进行记录。这也是轶事记录法成为最常用的观察方法的原因。

2. 轶事记录法所记录的内容具有翔实性。这一方法不但使观察者将自己感兴趣的或者有意义的事情记录下来，而且还详细说明了幼儿行为发生的背景及前因后果，提供了解幼儿行为及行为原因的详细资料。

3. 轶事记录法所记录的资料具有永久保存性。一旦记录保存下来，任何时候都可以进行翻阅。

4. 轶事记录法所记录的资料具有一定的广度。只要观察者认为是"轶事"，就可以进行记录，所记录的内容不但包含幼儿发展的各个方面，而且包含轶事的背景和环境，具有一定的广度。

与其他观察法一样,轶事记录法也有其局限性:

1. 可能干扰师幼互动。由于使用轶事记录法的观察者大部分为幼儿教师,轶事往往会在教师带班过程中或师幼互动中发生。如果教师当场拿出纸笔对孩子的行为进行详细记录,必然会干扰师幼互动的正常进行,甚至造成活动的中断。如果教师不及时进行记录,主要依靠事后回忆来进行补记,记录的结果往往会与事实有一定的出入。

2. 对"轶事"的判断容易受到个人主观偏见的影响。观察者很可能会根据自己的喜恶对所观察到的幼儿行为进行筛选,只记录自己感兴趣或认为有意义的行为,从而使得记录具有主观偏向性。

3. 常根据事后回忆进行记录,易导致记录内容与事实存在出入。与日记描述法相同,使用轶事记录法时观察者难以边观察边记录,常常事后根据回忆对当场速记的内容进行补充,这可能导致记录的内容与事实存在一定出入,不易得到事情的真实全貌。

4. 采用轶事记录法记录的幼儿行为样本代表性不高。由于轶事记录主要是观察者针对某个或某几个幼儿的有意义的行为进行记录,而这些幼儿的行为可能并没有在其他幼儿身上发生,这些幼儿的行为发展水平可能并不能代表同龄幼儿的行为发展水平。[①]

第三节　实况详录法的运用与案例分析

一、实况详录法的含义

实况详录法,又称连续记录法,是指观察者详细、完整地记录被观察者在一段时间内(半小时、一小时或者半天,甚至更长时间)自然状态下发生的所有行为,然后对所收集的原始资料进行分析的方法。

实况详录法是从日记描述法和轶事记录法演变而来的,它是按照事情发生的顺序,将观察对象的行为以描述的方式详细记录下来的观察记录方法。与日记描述法相比,实况详录法不仅可以对某一特定幼儿进行观察记录,还可以对一个幼儿团体进行观察记录。与轶事记录法相比,实况详录法虽然也是用描述的方式对幼儿行为进行记录,但是却比轶事记录法更加完整和翔实。轶事记录法只是记录下观察者感兴趣、认为有意义的事件,而实况详录法则是将所有与观察对象有关的行为都记录下来。

二、实况详录法的运用
(一)选择目标幼儿作为观察对象
实况详录法的观察对象选择范围较广,观察者既可以从感兴趣的偶发事件或者具

① 于冬青,柳剑.轶事记录法运用中的问题及运用策略研究[J].幼儿教育(教育科学),2010(5):22-24.

有重要意义的事件中选取个别幼儿,也可以在活动中选取幼儿互动团体进行观察。教师从感兴趣的偶发事件或者具有重要意义的事件中选取观察对象的方法,与轶事记录选取观察对象的方法相似。不同之处在于,轶事记录法中观察者对幼儿行为有选择地记录,而实况详录法则是将幼儿的全部行为都记录下来。除了可以选取个别幼儿为观察对象,观察者还可以选择活动中的互动团体进行观察。互动团体是指幼儿之间以互动为纽带的交往团体,其中互动可以是语言互动,比如两个幼儿相互讲故事;也可以是非语言互动,比如几个幼儿一起搭积木等。

与轶事记录法相同,观察者在采用实况详录法对目标幼儿进行观察记录之前,要把幼儿的姓名、性别、编号、年龄和观察日期等基本情况进行详细记录。

幼儿姓名:甜甜	性　别:女	编　号:06
年　龄:3 岁 5 个月	观察日期:12 月 23 日	

(二)记录客观事实

首先,采用实况详录法进行观察记录时,观察记录的内容不仅包括观察对象本身,还包括观察对象与外界互动过程中所说的每一句话、所做的每一件事,以及观察对象作出这些言行举动时所处的背景和环境。为保证观察记录的客观性,观察者需严格按照行为发生的先后顺序进行记录,不能颠倒顺序或以概括性的方式进行主观推测。比如,观察者可能这样记录:

> 甜甜玩拼图,玩得很开心。

上述记录过于简略,对于甜甜玩拼图的背景、地点、时间长短和动作表现等都没有进行说明。观察者在进行观察的时候对这些细节是清楚的,但随着时间的流逝,记忆会淡忘,这样简略的记录难以用于后期的分析和研究。甜甜在哪里玩拼图?玩的是什么类型的拼图?是自己一个人玩,还是和其他小朋友一起玩?玩的过程中发生了什么?甜甜为什么玩得很开心?观察者在记录时,对这些细节都要进行详细描述。下面这则观察记录则比较详细:

案例 5-5

开始时间:9:05	结束时间:9:20
地　点:自主游戏的积木区	观察者:魏晓宇

观察记录

甜甜从玩具架上拿来了一副嵌套拼图,她把一块块的拼图拿出来按照大小顺序依次放到桌子上后,将双手合拢,揉搓了一下,小声说了句:"开始!"她的眼睛迅速看向最小的一块拼图并抓住它,放到了底板拼图最下面的位置上,然后迅速拿起第二块放进底板拼图。在甜甜拼第三块时,乐乐走了过来,站在甜甜旁边看着她拼。甜甜没有回头看,依次拼好了第三块和第四块。整个拼图过程只用了 10 秒钟。"哈哈,我拼好啦!"甜甜捂着嘴笑着说。这时,她看到了身边的乐乐,说:"乐乐我们一起玩吧,看谁拼得快!""好啊!"乐乐点点头。然后甜甜把左边的嵌套拼图一块块拿出来,按照大小顺序依次放到桌子上后,又把右边的嵌套拼图一块块拿出来,按照大小顺序依次放到桌子上。乐乐在甜甜左边的凳子上坐下。甜甜说:"预备,开始!"迅速拿起最小的一个图块,放到底板拼图最下面的位置,并依次拼好了第二、三、四块。而乐乐在听到"开始"后,拿起了一块中间大小的红色拼图,放到了倒数第二个位置上,然后依次拼好了第三、四块拼图,结果最小的一块拼图剩在了外面。"哈哈,我拼好喽!"甜甜双手握成拳头,举过头顶说。"这块怎么拼啊?我拼不进去啦。"乐乐皱着眉头问。"我看看。"说着,甜甜将左边乐乐拼好的三个图块拿出来,把最小的那块拼图跟桌子上的图块比了比大小,然后放到了拼图最下面的位置,又把剩下的三块依次放进了拼图里。"看,拼好啦!"甜甜笑着看着乐乐说。

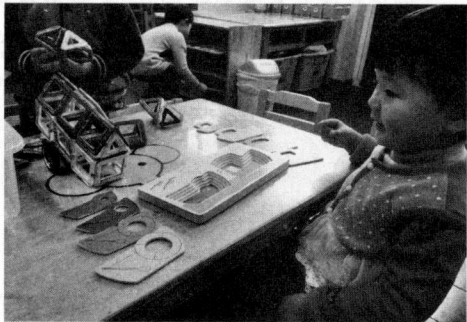

其次,为了保证观察记录的客观性和翔实性,同时也为了减轻人工记录的工作量,观察者可以在对目标幼儿或幼儿团体进行观察时,使用摄像机或录音机等设备来辅助记录。摄像机可以把观察对象的动作、语言等行为以及观察对象所处的环境等内容都拍摄下来,观察者可以通过反复观看录像,将这些内容由录像转录成文字进行分析,从而避免因记录速度问题而遗漏信息。但是由于摄像机镜头的角度会直接影响拍摄内容和效果,为了尽量完整地记录观察对象的行为及其发生环境,可能需要同时使用多台摄像机。[1]

再次,运用实况详录法对目标幼儿进行连续记录的时间一般在一个小时以内。[2]这并非实况详录法本身的时间限定,而是因为观察者在使用该方法对目标幼儿进行观察时,注意力必须高度集中,需要连续不断地关注并记录观察对象的一举一动,如果时间过长,观察者难免产生疲劳感。所以,如果要对观察对象进行更长时间的观察记录,则需由多个观察者轮流进行观察。

最后,观察者在运用实况详录法进行记录时要时刻提醒自己,该方法是一种完全客观的记录,在记录过程中不应加入自己的主观想法与评价。当然,观察者可能会在观察幼儿的过程中产生一些对日后改进教学或进一步研究有帮助的想法,需要及时记录下来,但观察者将这些主观想法记录下来时要注意与客观观察记录区分开来。

(三) 分析行为表现

与轶事记录法和日记描述法相同,观察者在采用实况详录法对幼儿的行为表现进行详细的观察记录后,还需要在观察记录的基础上对幼儿的行为表现和发展状况进行分析。由于实况详录法收集的资料具有翔实性、客观性等特点,这些实况资料可以被观察者从不同角度进行反复分析。

仍以"甜甜玩拼图"为例,教师可以通过查看实况记录,分析甜甜的精细动作发展水平、专注力、语言表达能力和亲社会行为等,详细的实况资料可以为观察者做定性分析提供依据。同时,观察者还可以统计甜甜每次拼一幅拼图的时间、拼图的次数等,与其他幼儿的数据作比较,进行定量分析。

---

[1] 约瑟夫·托宾,薛晔,唐泽真弓著. 重访三种文化中的幼儿园[M]. 上海:华东师范大学出版社,2014:11.
[2] 施燕. 学前儿童行为观察[M]. 上海:华东师范大学出版社,2011:47.

分析

甜甜在玩嵌套拼图时,知道先把图块按照大小顺序依次摆好,在拼图过程中能够做到不出现错误,不受外界干扰,并且能在 10 秒内完成拼图。另外,甜甜懂得分享,能够与同伴一起玩自己手中的拼图,当同伴拼图出现困难时,能够主动提供帮助。

(四) 评价幼儿行为并提出建议

同样,在采用实况详录法对幼儿行为进行分析后,还需要对幼儿进行评价,并为日后的教学提出改进措施和建议。由于实况详录法能够十分详尽地记录观察对象的行为,所以观察者可以将目标幼儿目前的表现与该幼儿先前的行为进行比较,从而发现幼儿的发展,并为进一步教学提供支持和帮助。仍以"甜甜玩拼图"为例,观察者得出以下评价和建议:

评价

与刚入园的时候相比,甜甜表现出较好的顺序思维能力、观察能力和专注力,并且亲社会行为明显增多。

建议

继续提供拼图等可以发展顺序思维能力、观察能力和专注力的游戏。鼓励甜甜将她拼图时的想法和发现讲述给其他小朋友听。对甜甜的亲社会行为进行表扬和鼓励。

现在,我们根据实况详录法的四个步骤(选择目标幼儿作为观察对象、记录客观事实、分析行为表现、评价幼儿行为并提出建议),不断完善"甜甜玩拼图"的实况详录资料得出最后结果:

案例 5-6			
幼儿姓名:甜甜	性　别:女	编　号:06	
年　龄:3 岁 5 个月	观察日期:12 月 23 日		
开始时间:9:05	结束时间:9:20		
地　点:自主游戏的积木区	观 察 者:魏晓宇		

观察记录

甜甜从玩具架上拿来了一副嵌套拼图,她把一块块的拼图拿出来按照大小顺序依次放到桌子上后,将双手合拢,揉搓了一下,小声说了句:"开始!"她的眼睛迅速看向最小的一块拼图并抓住它,放到了底板拼图最下面的位置上,然后迅速拿起第二块放进底板拼图。在甜甜拼第三块时,乐乐走了过来,站在甜甜旁边看着她拼。甜甜没有回头看,依次拼好了第三块和第四块。整个拼图过程只用了 10 秒钟。"哈哈,我拼好啦!"甜甜捂着嘴笑着说。这时,她看到了身边的乐乐,说:"乐乐我们一起玩吧,看谁拼得快!""好啊!"乐乐点点头。然后甜甜把左边的嵌套拼图一块块拿出来,按照大小顺序依次放到桌子上后,又把右边的嵌套拼图一块块拿出来,按照大小顺序依次放到桌子上。乐乐在甜甜左边的凳子上坐下。甜甜说:"预备,开始!"迅速拿起最小的一个图块,放到底板拼图最下面的位置,并依次拼好了第二、三、四块。而乐乐在听到"开始"后,拿起了一块中间大小的红色拼图,放到了倒数第二个位置上,然后依次拼好了第三、四块拼图,结果最小的一块拼图剩在了外面。"哈哈,我拼好喽!"甜甜双手握成拳头,举过头顶说。"这块怎么拼啊? 我拼不进去啦。"乐乐皱着眉头问。"我看看。"说着,甜甜将左边乐乐拼好的三个图块拿出来,把最小的那块拼图跟桌子上的图块比了比大小,然后放到了拼图最下面的位置,又把剩下的三块依次放进了拼图里。"看,拼好啦!"甜甜笑着看着乐乐说。

分析

甜甜在玩嵌套拼图时,知道先把图块按照大小顺序依次摆好,在拼图过程中能够做到不出现错误,不受外界干扰,并且能在 10 秒内完成拼图。另外,甜甜懂得分享,能够与同伴一起玩自己手中的拼图,当同伴拼图出现困难时,能够主动提供帮助。

评价

与刚入园的时候相比,甜甜表现出较好的顺序思维能力、观察能力和专注力,并且亲社会行为明显增多。

建议

继续提供拼图等可以发展顺序思维能力、观察能力和专注力的游戏。鼓励甜甜将她拼图时的想法和发现讲述给其他小朋友听。对甜甜的亲社会行为进行表扬和鼓励。

三、实况详录法的优缺点

通过对实况详录法的分析,我们可以发现实况详录法主要具有以下几方面优点:

1. 实况详录法简单、方便、灵活。实况详录法是观察者通过对目标幼儿或目标幼儿团体进行观察,运用描述的方法将幼儿的行为表现及其环境、背景详细记录下来的观察记录方法。在进行实况详录之前不需要准备专门的观察表格和记录表,也不需要事先接受专业训练。只要观察者有机会观察目标幼儿,就可以进行观察记录。

2. 实况详录法所记录的内容具有翔实性和永久保存性。观察者采用实况详录法收集的资料不会随着时间的推移而失去价值,反而会因为观察对象年龄的不断增长而更加有意义。由于实况详录法可以将幼儿行为表现的任何细节都再现出来,观察者可以以此为基础,将幼儿目前的表现与其先前的行为进行比较,从而发现幼儿的发展,而不是仅与该幼儿的同龄人进行横向比较。

3. 实况详录法需要将幼儿的一言一行、一举一动以及当时的背景、环境都记录下来,记录的内容具有一定的广度。

4. 实况详录法的观察人数不受限制。也就是说观察者既可以对单一幼儿进行观察记录,也可以选取活动中一起互动的多个幼儿进行观察记录。

5. 实况详录法可以用于对幼儿园课程的评价。通过查看实况记录,可以发现幼儿的兴趣点、行为发展特点等,从而有利于教师及时调整课程目标、内容和教学策略。而且,如果教师有计划地运用实况详录法对班级幼儿进行观察记录,有利于为客观地评价幼儿发展、课程设置及课程实施效果评价提供依据。

除了以上优点,实况详录法在使用时也有其局限性:

1. 要求观察者具有较高水平的观察能力和快速记录能力。虽然实况详录法不需要提前制作观察记录表,但是它要求观察者记录下目标幼儿行为的每一个细节,其中包括幼儿的动作、语言、表情等。并且有时观察对象不仅包括一个幼儿,可能是由多个幼儿组成的互动团体,这就要求观察者具有较高水平的观察能力和快速记录能力。

2. 采用现代化的观察设备辅助观察记录会增加观察费用。由于实况详录法对记录的翔实性要求较高,而当观察者的人工记录速度达不到要求时,可以采用现代化的观察设备(如摄像机、录音笔等)辅助记录,这就增加了观察所需的费用。

3. 耗费时间和精力。采用实况详录法对幼儿的行为进行观察记录时,观察者要对幼儿的动作、语言、表情等进行认真观察,并迅速记录。这需要观察者的注意力高度集中,极易导致观察者疲惫,从而使得观察记录的质量受到影响。即便观察者采用摄像机等现代设备辅助观察,后期仍需要将大量视频或音频资料进行转录,这都需要耗费观察者大量的时间和精力。

4. 处理资料的难度大。如何有效处理实况详录法收集到的资料也是观察者在后期分析时面临的难题。

　　日记描述法、轶事记录法和实况详录法都需要对观察到的幼儿行为进行客观记录。这就需要观察者扩大词汇量,尽量使用非推论性、非判断性词语。下面列出了三组记录,请分析哪种表述更为客观:

　　A:他笨拙地拿起小馒头,慢慢送到嘴边。

　　B:他用拇指和食指紧紧捏着小馒头,慢慢送到嘴边。

　　A:乐乐把自己的蜡笔与莹莹分享。

　　B:乐乐把自己的蜡笔递给莹莹。

　　A:他吃惊地看着我。

　　B:他睁大眼睛,张开嘴,看着我。

　　(以上三组记录均为 B 的表述更为客观。)

第四节　班级儿童日志的运用与案例分析

一、班级儿童日志的含义

　　班级儿童日志是一种能记下当天班级每个幼儿的在园表现或选取其中几个片段记录的方法。

不同于日记描述法或者轶事记录法只能对单个或少数几个幼儿进行观察记录,也不同于实况详录法需要对观察对象的一言一行、一举一动都进行详细描述,班级儿童日志是对当天班级每个幼儿的在园表现都进行观察和记录。记录不需要十分翔实,观察

者可以使用简短的话语记录几个片段,记录的内容简单而具体。

二、班级儿童日志的运用

(一)选择目标幼儿作为观察对象

班级儿童日志的观察对象包括班级所有幼儿。由于观察对象比较多,有的幼儿园一个班级的幼儿数量甚至达到 30 人以上,如果观察者(主要是教师)每天都临时进行日志记录,可能会导致日志看起来比较混乱,并且容易遗漏个别幼儿。因此,在进行班级儿童日志记录之前,教师需要根据班上幼儿的实际人数提前准备好班级儿童日志观察表。

在班级儿童日志观察表上,教师要首先注明观察日期、观察目的以及观察者的姓名等基本信息。其次,班级儿童日志观察表上需要包括班级每一个幼儿的名字。为了教师能够以最快的速度找到每个幼儿所对应的空白处进行记录,教师可以按照幼儿姓名首字母的先后顺序对幼儿进行排序。

表 5 - 2　班级儿童日志

		观察日期：×××× 年 9 月 1 日
观察目的	入园第一天幼儿的表现	观察者　　LY
辰辰		
程程		
川川		
然然		
森森		

(二)记录客观事实

在使用班级儿童日志观察表对班级幼儿的行为进行观察记录时,首先要注意的是在自然条件下对每个幼儿的行为表现进行观察,即所要记录的应是幼儿的自主行为过程及其结果,而不仅仅是经过引导、干预之后的表现。比如,教师想要观察班级幼儿的午睡行为,而辰辰开始并没有睡觉,而是哭闹着要找妈妈,经过教师的安抚才慢慢睡去。那么,教师在记录时不应仅仅记录"午睡",而是要说明"辰辰午睡开始时哭闹,经教师安抚后午睡"。在自然条件下收集信息,并不是说教师不能对其行为进行引导。比如教师想要观察幼儿的绘画行为,可以将能够引起幼儿绘画兴趣的画笔、白纸、彩纸和连环画等放在桌子上,并告知他们如何做,以便更好地观察幼儿的绘画行为。

其次,班级儿童日志观察表上的记录应该能够影印或剪贴,以便日后将观察日志剪切后分别放入每个幼儿的成长档案中。这要求观察者在设计班级儿童日志观察表时,要注意在每个幼儿之间留下足够的空白,以避免记录时因为空间不够而把上一名幼儿的行为表现记录在下一名幼儿的位置上,导致整理时出现混乱。

最后,在班级儿童日志观察表上记录时所依照的标准应该提前设定,并且这一标准应同等地适用于班级中的每一名幼儿。也就是说,对于不同的幼儿,观察者要从相同的几个方面进行观察记录。比如,教师的观察目的是幼儿入园第一天的表现,那么就可以分别从幼儿早晨与亲人(如母亲、父亲)分离时的表现、午餐时的表现以及午睡时的表现等方面对幼儿进行观察记录。在记录时,对于没有观察到或者忘记某个幼儿某方面行为表现的情况,要进行标注。以下是一份完整的班级儿童日志观察表。其中括号中标注的内容是观察者有疑问或者回忆不起来的情节,这是给观察者自己看的,以便事后对疑问进行确认或在下一次观察记录中对被忽视的幼儿给予特别关注。

表5-3 班级儿童日志观察

观察日期:××××年9月1日

观察目的	入园第一天幼儿的表现	观察者	LY
辰辰	哭着不让妈妈离开。午餐吃了一点点。午睡时哭闹,在教师的安抚下睡去。		
程程	笑着与妈妈挥手告别。吃午餐。午睡。		
川川	皱着眉头看着妈妈离开,安静。吃午餐。午睡时没有睡觉。		
然然	没来。(请假了?)		
森森	爸爸送来的,没有哭闹。吃午餐?午睡?(忘记了)		

三、班级儿童日志的优缺点

通过对班级儿童日志的分析,我们可以发现班级儿童日志的优点主要集中在以下几个方面:

1. 班级儿童日志能够记录班级中每个幼儿的具体情况。幼儿教师每天的工作繁杂,任务量很大,他们很难关注到班级中每一名幼儿在各个环节的表现。幼儿离园后,教师往往只能回忆起这一天表现比较"突出"的几个幼儿及其做出的令人印象深刻的事件。比如燕燕在角色扮演中,将嫦娥的动作、神态、语言模仿得惟妙惟肖;周周在集体教学环节屡次发出怪叫,打扰课堂秩序等等。而那些十分听话,从不挑起事端,又不爱表现的幼儿往往容易被教师忽略。班级儿童日志可以有效指导教师观察和记录班里每个幼儿的表现,收集班集体中所有幼儿的信息,从而促使教师更加全面地了解幼儿。

2. 班级儿童日志记录迅速,使用方便。教师可以预先确定观察目的,并且将设计好的班级儿童日志观察表随身携带,等待班级幼儿出现符合观察目的的行为时,迅速进行记录。在记录时,不需要十分详尽,只要简单地记录幼儿行为表现即可。

3. 班级儿童日志所记录的信息资料可以作为基本信息转化为其他形式的记录,并且可以用于日后的对照比较。仍然以"入园第一天幼儿的表现"为例,在上述案例中,辰辰的入园焦虑状况比较明显,教师可以在之后的几天,乃至几周内连续在班级儿童日志中记录幼儿与家长分离时、午餐时和午睡时的表现,并将其作为基本信息转化为检核表。同时可以结合轶事记录法、事件取样法等,单独抽取辰辰的表现进行前后对比与分析。

班级儿童日志也有其局限性,主要体现在以下几个方面:

1. 当有幼儿离开或进入集体时,观察表需重新制作。由于班级儿童日志要记录集体中每个幼儿的行为表现,所以每当有个别幼儿进入或离开集体时,为了记录的方便与美观,需要重新制作班级儿童日志观察表,这可能会增加教师的工作负担。

2. 能够记录的资料和数据有限。班级儿童日志需要根据观察目的和幼儿表现,在班级儿童日志观察表上进行快速、简要的记录。它为教师的观察工作提供了一定程度的便捷的同时,必然会导致所记录的资料和数据比较有限,在后期进行翻阅和整理时可能会出现让人不明所以的情况。

3. 只有重复记录,对照比较,其效用才能完全发挥。仅仅通过一次记录得到的资料和数据有限,实用性不大。所以需要观察者长期重复进行记录,并进行前后的对照比较,才能发挥班级儿童日志的最大效用。

在本章的开始部分呈现了杨老师对大班幼儿乐乐剪纸行为进行的观察记录。通过这一章的学习,我们可以发现这份观察记录有许多不足之处。比如,在观察记录部分,教师对乐乐的动作和语言进行的描述较为简略,不够具体和翔实。在分析部分,教师没有从所记录的事件本身出发分析乐乐的发展情况,存在分析与记录内容不匹配的问题。此外,这份观察记录还缺乏对幼儿的发展情况进行评价及相应的建议。针对上述不足,杨老师对这份观察记录进行了如下修改:

幼儿姓名:乐乐	性 别:女	编 号:03	**案例 5-7**
月龄:5 岁 10 个月	观察日期:×××年 10 月 27 日		
开始时间:9:40	结束时间:9:55		
环境:幼儿园美工区	观 察 者:杨老师		

观察记录

美工区墙上贴着几张剪纸成品,有剪成一朵花的,也有剪成小兔子的,还有剪成小老虎的。一开始,乐乐目不转睛地看着花朵形状的剪纸。看看着,乐乐的头不断靠近剪纸,眼睛都快要贴在剪纸上了。大概看了 1 分钟后,乐乐又转头看向小兔子形象的剪纸,不时还伸手摸摸剪纸。3 分钟后,乐乐转头看向陆老师说:"陆老师,我也要剪纸。"陆老师回答道:"好的,乐乐,墙上的贴画里有教怎么剪纸,你仔细看一看,学一学。"

乐乐转头看了一眼墙上的贴画。大概 10 秒后,乐乐就走向收纳箱,两只手不停地翻找材料。10 秒后,乐乐取出了收纳箱里的一把剪刀和一张正方形的红纸。乐乐拿着剪刀和红纸,走向桌子旁,坐在了凳子上。看着手里的剪刀和红纸,乐乐并没有开始行动,而是望向人群,好像是在找陆老师。乐乐望了 1 分钟后,并没有找到陆老师,便转头看向墙上的教学贴画。

乐乐一边看着墙上的贴画(贴画上显示要折出一个三角形),一边试着翻折正方形的红纸。一开始,乐乐用一只手抓住正方形边沿的中间,用另一只手压住纸,往上翻折,折出了一个多边形。乐乐看了几秒后,又把纸铺平,试着再折一次。这次乐乐用两只手捏住纸的中间,在正方形中间捏出一条折痕,还是折出了一个多边形。乐乐皱着眉头看了半分钟后,将两根手指分别伸进剪刀把柄处的两个洞里,用另一只手托住剪刀,然后微微张开两根手指,剪刀的刀刃也随之分开(1厘米左右)。乐乐一边将刀刃伸向折好的多边形纸,一边试着收紧手指,就这样反复进行类似的行为三次,并没有把纸剪开。在第三次时,乐乐语气急躁,说道:"唉呀,怎么回事。"随后放下剪刀和红纸,起身走向了娃娃家。

分析

首先,乐乐持续观察了墙上的剪纸成品数分钟,并主动表示自己要剪纸,反映出她对剪纸有明确和强烈的学习兴趣。其次,乐乐并没有成功折纸和剪纸,表明乐乐的手工技能(折纸和剪纸)还有待进一步提高。最后,乐乐在经历两三次失败后便放弃,说明乐乐的坚持性不够高。

评价

乐乐好奇心强,愿意学习,但折纸和剪纸技能不高,遇到困难时易放弃,坚持性不高。

建议

教师应肯定乐乐的学习积极性,鼓励乐乐继续尝试剪纸,并提供适当的引导。一方面,教师可在一旁进行平行游戏,示范如何正确折纸和剪纸。另一方面,教师也可在一旁观察乐乐的剪纸行为,在她遇到困难的时候提供有针对性的提示或示范。

本章小结

描述观察法是观察者在自然状态下,对目标幼儿的行为表现进行观察记录,然后进行分析的方法。描述观察法具体包括日记描述法、轶事记录法、实况详录法和班级儿童日志等几种方法。每种方法都有不同的侧重点:日记描述法注重对幼儿进行长期跟踪观察,并对其表现出的新行为或重要事件进行有规律的记录;轶事记录法注重对观察者感兴趣、有意义的幼儿行为进行记录;实况详录法注重对目标幼儿行为表现的细节进行详细、完整的描述和刻画;班级儿童日志则注重对整个班级的幼儿基于同一主题进行简单的观察记录。

描述观察法共同的优点是运用描述的方法对幼儿行为进行记录,具有简单、方便、灵活的特点,并且收集的资料能够永久保存。同时,描述观察法共同的缺点是比较耗费时间和精力。在实践中,观察者应根据每种方法不同的特点选择适宜的一种或几种方法对幼儿进行观察记录。

思考题

1. 描述观察法具体包括哪些观察方法?

2. 如何运用轶事记录法对幼儿行为进行观察?

3. 班级儿童日志有哪些优缺点?

4. 结合以下案例,分析这则轶事记录的不足之处,并进行修改,同时请根据观察结果,为教师教学提出建议。

幼儿姓名：东东	性　别：男	编　号：14
年　龄：4岁8个月	观察日期：×××年2月23日	
开始时间：9：10	结束时间：9：40	
地　点：积木区	观　察　者：赵璐	

观察记录

　　东东走到积木区，问在那里玩的两个小男孩阳阳和军军，他是否可以帮他们盖楼。他们说可以。他们在一起盖楼的时候，东东不小心把几块积木弄掉下来了。他说："我捡起来。"说着，东东把捡起来的积木交给阳阳。他看着阳阳搭建了一会儿，然后说："阳阳，我发现了一个烟囱。"接着把一块圆柱形的积木递给了阳阳。阳阳告诉他还要更多圆积木。东东就到架上取来圆柱形的积木，交给阳阳和军军，让他们放上去。最后，他自己拿了很多圆柱形的积木摆放在楼房的四周。教师过来问东东是否想去画画。他回答说："除非阳阳也去，不然我不去。"

分析

　　东东经常和几个小男孩一起搭积木。他特别喜欢和阳阳一起玩，看来他有点崇拜阳阳。不管阳阳制定了什么游戏规则，他都会遵守。一旦开始玩游戏，他就会持续玩下去，一般不会让其他幼儿甚至老师打扰。

进一步阅读的文献

1. 夏靖.轶事记录法在幼儿评价中的应用[J].学前教育研究,2010(7)：50-52.

2. 于冬青,柳剑.轶事记录法运用中的问题及运用策略研究[J].幼儿教育(教育科学),2010(5)：22-24.

3. 陈仙红."游戏日志",让儿童的数学学习看得见——浅谈幼儿数学游戏的观察与评价[J].山东教育：幼教版,2017(11)：3.

第六章　图表观察法

学习目标

1. 理解两种图表观察法的含义。
2. 掌握两种图表观察法的具体运用过程。
3. 学会运用两种图表观察法,撰写直观的幼儿行为观察记录,并对幼儿行为进行客观分析。
4. 能够将观察结果分析与教育实践活动相联系,为改进教学活动提供参考。

内容脉络

```
                        图表观察法
           ┌───────────┼───────────┐
  图表观察法的分类              两种图表观察法的运用
   ● 追踪观察法                  ● 观察对象
   ● 社交图形法                  ● 客观记录事实
                                ● 分析
                                ● 评价与建议
  两种图表观察法的定义            两种图表观察法的优缺点

              两种方法的比较与思考
```

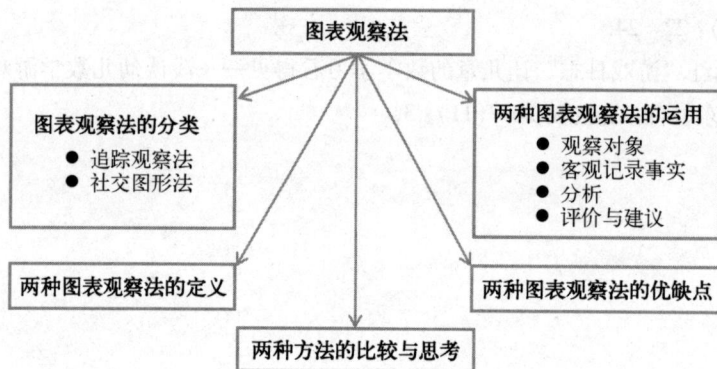

　　图表观察法是观察者通过绘制图像或者表格的方式,展现观察对象的活动过程的一类方法,具有简洁、形象、直观的特点。观察者可以运用图表观察法记录幼儿在一段时间内的行为表现,并根据不同幼儿所表现出的问题,提出不同的对策建议,为进一步提高教师教学水平奠定基础。

案例 6-1

观　察　记　录
幼儿姓名:玲玲、真真、婷婷、宁宁　　性　　别:女　　　年　　龄:3 岁 9 个月—4 岁 1 个月
观察日期:5 月 27 日　　　　　　　　地　　点:幼儿园小二班的益智区
开始时间:9:00　　　　　　　　　　　结束时间:9:15
观　察　者:黄老师

观察记录

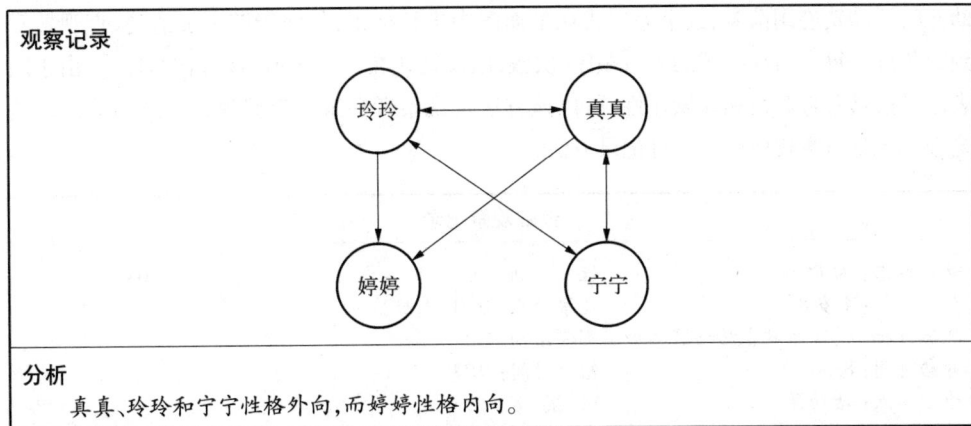

分析

　　真真、玲玲和宁宁性格外向,而婷婷性格内向。

　　这是黄老师在观察了小班益智区幼儿的社会互动之后写的一篇观察记录。请仔细阅读后思考,这份观察记录的观察目标是什么? 观察记录部分存在哪些不足之处? 分析是否与观察记录相符? 如有不妥之处,应该怎样修改? 观察记录还应包括哪些内容? 相信通过这一章的学习,你能够更好地使用图表观察法撰写观察记录。

第一节　追踪观察法的运用与案例分析

一、追踪观察法的含义与分类

(一)追踪观察法的含义

　　追踪观察法是指观察并记录个别幼儿或幼儿群体在某个限定区域(如活动区、花园、教室等)一段时间内的活动,通常是用来记录某一名幼儿在某一项活动上花了多少时间或选择了多少项活动。①

　　追踪观察法强调记录幼儿活动的轨迹。在运用追踪观察法对幼儿进行观察时,观察者需要详细地记录幼儿活动的先后顺序、持续时间,以及幼儿在活动中的表现等内容。通过对幼儿活动轨迹的详细观察和记录,观察者可以推断出幼儿的活动偏好、为幼儿设计的活动与提供的材料是否能够满足幼儿的需要,以及幼儿在哪些方面需要帮助等。追踪观察法通常需要观察者在幼儿自由活动时,对目标幼儿持续观察半个小时甚至更长的时间。

(二)追踪观察法的分类

　　根据观察结果呈现方式的不同,可以将追踪观察记录分为两类,分别是描述记录法和图表记录法。

　　描述记录法是指观察者将幼儿在某一时间段内的活动轨迹用描述的方式记录下来。例如,教师想要了解班上某一幼儿的活动偏好,就可以采用描述记录法。将幼儿在自由活动时间从事哪些活动,以及在活动中的表现情况用描述性的语言记录下来。

　　图表记录法是指观察者预先将观察幼儿的场地平面图画出来,然后在观察记录中,将

---

① 莎曼等著;单敏月,王晓平译.观察儿童:实践操作指南[M].上海:华东师范大学出版社,2008:39.

幼儿的活动轨迹用箭头、数字等方式在平面图中进行标识，从而能够更加清楚、直观地看到幼儿进入每个活动区域的先后顺序、次数，以及幼儿在每个区域所停留的时间。由于图表记录法具有直观性和易操作性，所以该方法是观察者在采用追踪观察法对幼儿行动轨迹进行观察时主要使用的一种记录方法。

案例 6－2

追踪观察记录

幼儿姓名：希希	性　别：女	编　号：03
年　龄：4 岁 8 个月	观察日期：6 月 21 日	
观察目标：追踪希希在活动区参加了哪些活动		
开始时间：8:30	结束时间：9:00	
地　点：活动区	观察者：刘婷	

观察记录

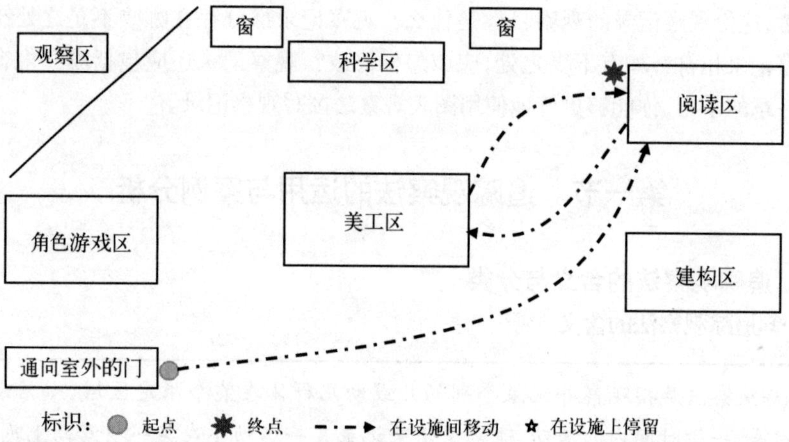

标识：　●　起点　　✸　终点　　–·–▶　在设施间移动　　☆　在设施上停留

分析
　　希希分别参加了阅读区和美工区的活动，其中有两次进入了阅读区，而避开了建构区、科学区、观察区和角色游戏区。

评价
　　在此次区域活动中，希希最偏好阅读区，美工区的材料引发了希希短暂的兴趣，其他区域对希希的吸引力不大。

建议
　　教师可以提供更多类型的绘本供希希阅读；同时鼓励希希多参加其他区域的活动，帮助其均衡发展。

二、追踪观察法的运用

（一）选择目标幼儿作为观察对象

　　追踪观察法的观察对象选取方法与第五章描述观察法中实况详录法的观察对象选取方法较为相似，观察者既可以选取感兴趣的个别幼儿作为观察对象，也可以在自由活动中选取幼儿互动小团体进行观察记录。与实况详录法的不同之处在于，在运用实况详录法对目标幼儿进行观察记录时,观察者可以从已经发生或者正在发生的感兴趣的偶发事件和具有重要意义的事件中选取观察对象。而在运用追踪观察法时,观察者需要在事件发生之前锁定观察对象。比如,观察者想要了解班上某个精细动作发展较好的幼儿在自由活动时间的表现,就可以将这名幼儿作为观察对象,运用追踪观察法对其进行观察记录。除了可以选取个别幼儿作为观察对象,观察者还可以选择自由活动中的互动小团体进行观察。比如,班级里有三名经常在一起玩耍、互动的幼儿,观察者可以通过追踪观察他们在自由活动时的表现,从而了解这个幼儿互动小团体在某个时刻的社会性交往活动及其特征。

观察者在采用追踪观察法对目标幼儿进行观察记录之前,要把幼儿的姓名、性别、编号、年龄和观察日期等基本情况进行详细记录,从而为后期幼儿成长档案的整理,以及幼儿发展状况的分析提供完整的背景信息。此外,撰写观察目标也是观察者在观察之前所必须做的准备工作。观察目标往往是幼儿在某一发展领域的具体表现和能力发展情况,是本次观察中所要关注的内容。

幼儿姓名:小强　　　　　性　　别:男　　　　　编　　号:08
年　　龄:5 岁 10 个月　　观察日期:3 月 21 日
观察目标:(1) 记录小强在每项器材上所花费的时间
　　　　　(2) 观察小强在使用器具时所表现出的粗大动作技能

(二) 记录客观事实

观察者在采用追踪观察法对幼儿在自由活动时间的表现进行观察记录时,首先要对观察的具体时间、地点、观察者等信息进行详细记录。同时,追踪观察是观察者有计划、有目的地对幼儿进行的观察,观察者需要预先选择观察地点,提前将观察地点的环境与设施在纸上用简易的图形画出来,从而为更好地进行追踪观察和记录提供便利。其中,观察地点可以选择室内,如教室、生活区等,也可以选择室外,如操场等。

开始时间:9:30　　　　　结束时间:10:00
地　　点:幼儿园操场　　观 察 者:小林

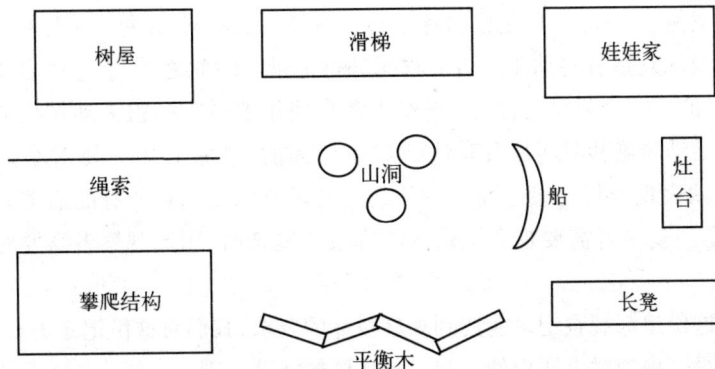

其次,针对幼儿在自由活动中表现出的同一类行为,观察者在记录时应该采用统

一的符号或者代码进行标注。这就要求观察者在对幼儿进行追踪观察之前,提前设计好符号或代码,否则在记录中可能就会因为符号标识的不统一而导致后期整理时出现混乱,也为阅读追踪观察记录的其他人(如同行、家长、研究者等)带来不必要的困扰。

案例 6-3

开始时间:9:30	结束时间:10:00
地　　点:幼儿园操场	观　察　者:小林

观察记录

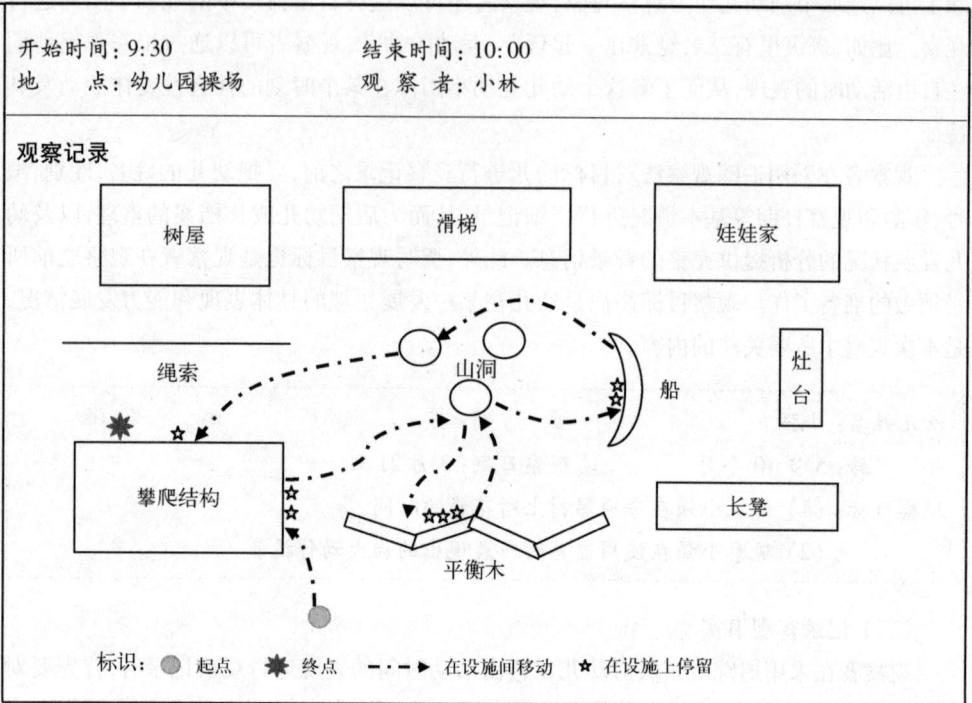

标识: ● 起点　　✹ 终点　　-·-▶ 在设施间移动　　☆ 在设施上停留

在这张图中,观察者追踪记录了小强在自由活动中的活动轨迹。请仔细观察后思考,这份记录有哪些不足之处?

在采用追踪观察法对幼儿进行观察记录时,观察者应该根据先前制定的观察目标对幼儿的活动轨迹和行为表现进行记录,不同的观察目标往往对观察者撰写追踪观察记录有不同的要求。例如,在观察希希区域活动的例子中,观察者的观察目标是"追踪幼儿参加了哪些活动",因此就不需要对参与每项活动的具体时间进行记录。而在小强自由活动的案例中,观察者的观察目标中有一项是"记录小强在每一项器材上所花费的时间",这就要求观察者对幼儿的活动时间进行记录。除此之外,在小强自由活动的案例中,观察者的另一个观察目标是"观察小强在使用器具时的粗大动作技能",所以仅记录小强的活动轨迹和时间是没有达到观察目标的,观察者还需要对小强在每一项器材上的活动表现进行记录。而图中往往没有足够的空间将所有的活动表现都记录下来,特别是当观察者需要观察记录的内容较为复杂时,因此观察者需要对其进行单独记录。

为了使这份追踪观察记录能达到观察目标的要求,我们对这份记录进行了修改,增加了小强在每一项器材上所用的时间以及具体的活动表现。

案例 6-4

开始时间：9：30　　　　　　结束时间：10：00
地　　点：幼儿园操场　　　　观 察 者：小林

观察记录

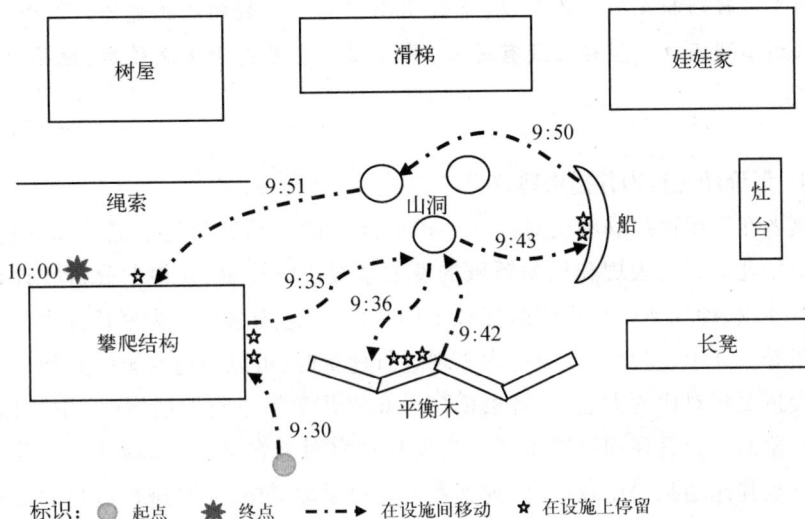

标识： ● 起点　　✸ 终点　　-·-·→ 在设施间移动　　☆ 在设施上停留

注：图中所标时间为离开该区域的时间

攀爬结构：小强刚开始时爬的速度较快，且较平稳，接近顶端时速度明显放慢。爬到顶端之后，小强做了长时间停留，在教师的鼓励下他才慢慢爬下来。从横档上往下移动时，小强都要先小心地用脚试探两三次。

平衡木：在上平衡木时，小强就将两条手臂张开。刚开始时，小强步伐迈得比较小，走得十分平稳，身体基本没有出现晃动。后来，小强将步子迈大，身体开始出现明显的晃动，但基本能够利用手臂调整平衡，从平衡木上共掉下来一次。

船：小强在这里停留了较长时间。小强用手扶着船侧，一条腿迈进船底中心的位置，随后另一条腿也跨进来。在小船上坐下之后，小强张开双臂，左右摆动身体，使小船开始左右摇摆。小船摇摆的幅度由小到大，船身未出现翻倒情况。

山洞：小强三次来到山洞洞口，向里张望之后离开。

绳索、树屋、滑梯、娃娃家、灶台、长凳：均未使用。

（三）分析行为表现

观察者在采用追踪观察法对幼儿的活动轨迹和行为表现进行追踪观察和记录之后，还需要根据观察目标，对幼儿的行为表现和发展状况等内容进行分析。与描述观察法相似，观察者在对追踪观察记录进行分析时，要尽量保持客观的原则和态度，克服对观察对象的主观偏见。

仍以小强的自由活动为例，观察者的观察目标中包括观察小强的动作技能发展和活动持续时间，所以小强的动作发展情况是观察者在分析中所要关注的重点。另外，观察者也可以对观察记录中幼儿较为突出的表现进行分析：

> **分析**
>
> 　　小强在攀爬结构中,表现出较好的身体协调能力,但是在接近顶端的时候,他的手脚动作开始出现不协调,并且表现出明显的犹豫和迟疑,屡次停下来观望其他幼儿的活动。爬下来时,小强每往下移一格都要多次试探,表现得更加不安。在平衡木上的平稳移动和在船上的表现,都说明小强具有良好的平衡能力。此外,小强三次来到山洞洞口张望却又没有进去,其原因可能是由于山洞较黑,他缺乏进入的勇气。

（四）评价幼儿行为并提出建议

　　观察者在采用追踪观察法对幼儿一段时间内的活动进行观察记录和分析之后,还需要对幼儿的行为表现和相关领域的发展情况进行评价,并根据分析和评价结果提出教育建议,即如何调整后续的保教工作,以及在适当情况下为家长提供有针对性的教育指导。其中,在对幼儿的行为表现进行评价时,可以通过与班级其他幼儿在该领域发展情况相对比的方法,或者根据《3—6岁儿童学习与发展指南》中的标准,评价观察对象的行为表现和发展水平。当发现观察对象在某一方面有困难,并且发展水平与班级其他幼儿相比较低时,观察者要及时采取措施,对其进行适当的帮助和指导。仍以小强自由活动时的表现为例,观察者给出以下评价和建议:

> **评价**
>
> 　　与大班其他幼儿相比,小强表现出较好的平衡能力。但是在攀爬结构中的迟疑以及山洞洞口的表现说明小强缺乏足够的勇气和自信。

> **建议**
>
> 　　教师可以对小强的平衡能力提出表扬,并鼓励小强多尝试其他的游戏设备,提升小强的自信心。

　　现在,我们根据追踪观察法的四个步骤(选择目标幼儿作为观察对象、记录客观事实、分析行为表现、评价幼儿行为并提出建议),不断完善对小强自由活动的观察记录,最终的追踪观察记录结果如下:

案例 6-5

追踪观察记录

幼儿姓名:小强	性　别:男	编　号:08
年　龄:5岁10个月	观察日期:3月21日	
观察目标:(1)记录小强在每项器材上所花费的时间		
(2)观察小强在使用器具时所表现出的粗大动作技能		
开始时间:9:30	结束时间:10:00	
地　点:幼儿园操场	观察者:小林	

观察记录

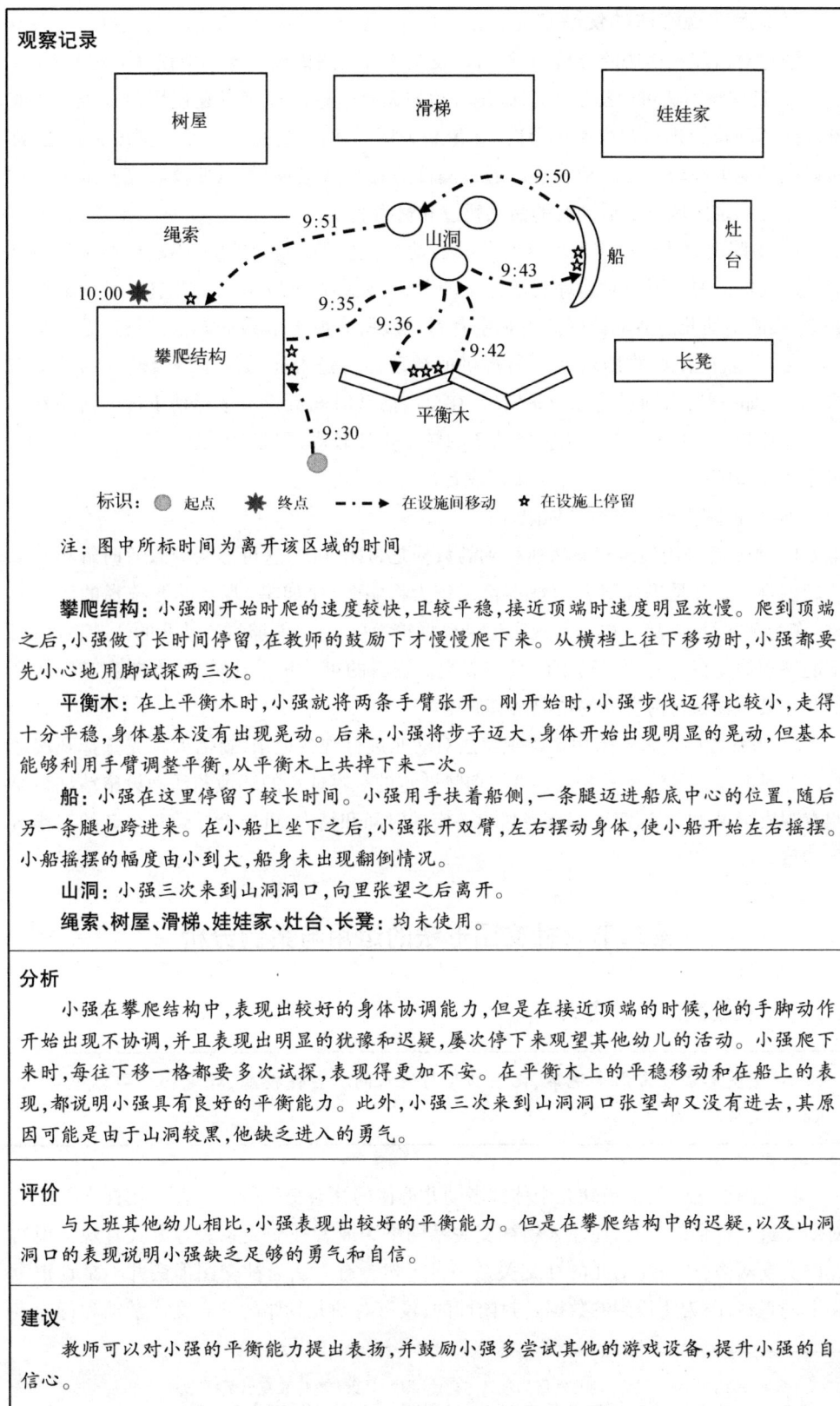

| 树屋 | | 滑梯 | | 娃娃家 |

标识： ● 起点　✹ 终点　-·-▶ 在设施间移动　☆ 在设施上停留

注：图中所标时间为离开该区域的时间

攀爬结构：小强刚开始时爬的速度较快，且较平稳，接近顶端时速度明显放慢。爬到顶端之后，小强做了长时间停留，在教师的鼓励下才慢慢爬下来。从横档上往下移动时，小强都要先小心地用脚试探两三次。

平衡木：在上平衡木时，小强就将两条手臂张开。刚开始时，小强步伐迈得比较小，走得十分平稳，身体基本没有出现晃动。后来，小强将步子迈大，身体开始出现明显的晃动，但基本能够利用手臂调整平衡，从平衡木上共掉下来一次。

船：小强在这里停留了较长时间。小强用手扶着船侧，一条腿迈进船底中心的位置，随后另一条腿也跨进来。在小船上坐下之后，小强张开双臂，左右摆动身体，使小船开始左右摇摆。小船摇摆的幅度由小到大，船身未出现翻倒情况。

山洞：小强三次来到山洞洞口，向里张望之后离开。

绳索、树屋、滑梯、娃娃家、灶台、长凳：均未使用。

分析

小强在攀爬结构中，表现出较好的身体协调能力，但是在接近顶端的时候，他的手脚动作开始出现不协调，并且表现出明显的犹豫和迟疑，屡次停下来观望其他幼儿的活动。小强爬下来时，每往下移一格都要多次试探，表现得更加不安。在平衡木上的平稳移动和在船上的表现，都说明小强具有良好的平衡能力。此外，小强三次来到山洞洞口张望却又没有进去，其原因可能是由于山洞较黑，他缺乏进入的勇气。

评价

与大班其他幼儿相比，小强表现出较好的平衡能力。但是在攀爬结构中的迟疑，以及山洞洞口的表现说明小强缺乏足够的勇气和自信。

建议

教师可以对小强的平衡能力提出表扬，并鼓励小强多尝试其他的游戏设备，提升小强的自信心。

三、追踪观察法的优缺点

通过对追踪观察法的分析,我们可以发现该方法的优点主要集中在以下几个方面:

1. 追踪观察法可以提供关于幼儿活动的完整轨迹。观察者在使用追踪观察法对幼儿的活动行为进行观察和记录时,无论是采用描述记录法,还是采用图表记录法,都可以完整地呈现幼儿的活动轨迹。通过阅读追踪观察记录,可以使读者完整地了解观察对象在一定区域自由活动时的活动轨迹和行为表现。

2. 追踪观察法可以用来评价幼儿园为幼儿提供的活动器材和游戏材料是否能够满足幼儿的需要。通过对追踪观察记录的分析,观察者可以根据幼儿选择某项器材的频率,推断出幼儿的活动偏好。当观察者对班级所有或大多数幼儿都进行追踪观察和记录之后,就能由此推断幼儿园所提供的活动器材是否能够满足班级幼儿的活动需求。[1] 比如,观察者通过追踪观察发现,在自由活动时间班级里选择秋千这一活动器材的幼儿比较多,并且每个幼儿选择秋千的频率也比较高,但是幼儿园内只有一个秋千,可见幼儿园所提供的秋千的数量不能满足幼儿活动的需要。

不过,追踪观察法也有其局限性:

1. 观察者采用追踪观察法所得到的数据是封闭性的,这可能会导致有时解释起来比较困难。尤其是当观察者的观察目标较为粗略时,比如将"观察幼儿选择的活动器材"作为观察目标,那么得到的观察记录也将较为粗略,只能够呈现幼儿的活动轨迹,而不能展现幼儿在每一项活动中的具体表现。资料的可分析性比较低,有时会难以解释幼儿在某一领域行为发展的情况及其原因。

2. 观察者如果想要采用追踪观察法对幼儿进行观察记录,就需要预先选择观察地点。并且图表记录法还需要观察者提前将选定的观察地点的环境和活动设施精细地绘制在观察记录表上,这需要观察者付出一定的时间和精力,可能会导致观察者的工作负担加重。

第二节　社交图形法的运用与案例分析

一、社交图形法的含义

社交图形法经常用来观察、记录幼儿与他人的社会性接触,或是一个群体中幼儿间的关系情况。[2]

社交图形法强调记录幼儿个体或者幼儿群体的社会交往行为。在运用社交图形法对幼儿进行观察记录时,往往采用社交关系网络图或者社交关系表等方式直观呈现幼儿的交友网络,从而使幼儿的社交关系一目了然。有人认为社交图形法并不是真正意义上的观察,因为所得到的数据是封闭性的,没有对幼儿具体的社会交往活动和行为表

① 贝蒂著,郑福明,费广洪译.幼儿发展的观察与评价[M].北京:高等教育出版社,2011:43.
② 侯素雯,林建华.幼儿行为观察与指导这样做[M].上海:华东师范大学出版社,2014:32.

现进行记录。但是,社交图形法所得到的数据可以用于评价幼儿的社会互动关系,同时通过对社交关系网络图或社交关系网络表的分析,也能够看到幼儿在群体中受欢迎或者受冷落的情况。

二、社交图形法的运用

(一)选择目标幼儿作为观察对象

社交图形法的观察对象选取方式与追踪观察法的观察对象选取方式相似。观察者既可以选取感兴趣的个别幼儿作为观察对象,记录这一目标幼儿与他人(如同伴、教师等)的社会性接触,也可以选取幼儿群体,甚至整个班级的幼儿作为观察对象。与追踪观察法的不同之处在于,在采用追踪观察法对个别幼儿进行观察记录时,观察者需要在事件发生之前锁定目标幼儿,并对观察地点进行预设。而在采用社交图形法时,观察者可以从正在发生或者已经发生的事件中锁定观察对象,或者将某一个与他人发生社会性接触情况变化较大的幼儿锁定为观察对象。比如,观察者发现班上某个平时不常与其他幼儿互动、经常独自玩耍的幼儿,在某天的自由活动中主动与其他幼儿进行交流,并一起玩耍,观察者就可以将这名幼儿锁定为观察对象。记录这名幼儿与其他幼儿的社会性接触,并结合后期与该幼儿的交流,探究其行为变化的原因。除此之外,观察者还可以选取某个幼儿群体作为观察对象。

观察者在采用社交图形法对目标幼儿进行观察记录之前,要把观察对象的数量、年龄、观察日期和观察者等基本信息进行详细记录,以便后期的整理与分析。除此之外,观察者还应在观察之前确定观察目标。观察目标的撰写方式与上一节追踪观察法中的撰写方式相同,主要针对本次观察中所要关注的细节,是幼儿在该领域的具体表现和能力发展情况。

> 幼儿数量:大二班全体幼儿　　　年　　龄:5岁9个月—6岁3个月
> 观察日期:5月23日　　　　　　观　察　者:林老师
> 观察目标:(1)分别观察男孩和女孩的交友情况,看其中是否存在交叉
> 　　　　　(2)观察是否有某些幼儿更受欢迎

(二)记录客观事实

观察者在采用社交图形法对目标幼儿进行观察记录时,首先要将观察时间、地点等背景信息进行记录。并且,当观察者将整个班级的幼儿作为观察对象进行观察记录时,与班级日志法相似,观察者需要预先根据班级幼儿的实际人数,对班级所有幼儿进行编码,然后将幼儿的名字按照一定顺序排列在一张表格上,并在表格上对幼儿的性别、年龄等基本信息进行详细标注,为日后的记录和分析工作提供方便。

另外,当观察者想要了解整个班级幼儿的社交关系情况时,需要根据观察目标预先制定观察方案,确定观察方法和具体的观察操作流程,从而保证观察的有效性与可操作性。

表 6-1   班级社交关系观察

地   点：幼儿园大二班教室
观察时间：9：00—10：00

观察记录

采用现场同伴提名法，单独询问班上每一名幼儿，要求他们说出 1—3 位自己最好的朋友。

编号	姓名	性别	朋友1	朋友2	朋友3
01	川川	男			
02	森森	男			
03	成成	男			
04	轩轩	男			
05	东东	男			
06	天天	男			
07	甜甜	女			
08	燕燕	女			
09	阳阳	女			
10	瑶瑶	女			
11	熙熙	女			
12	然然	女			

通过阅读以上案例可以发现，观察者计划采用现场同伴提名法，通过让幼儿说出自己好朋友的方式，对幼儿的社会交往情况进行观察记录。请大家结合自己的实践经验思考，这种现场同伴提名法的不足之处是什么？我们应该如何避免？

联系观察的实际情况，并结合幼儿的认知特点我们会发现，当观察者采用现场同伴提名法让幼儿单独说出自己的好朋友时，有的幼儿会先看向自己周围的小朋友，然后从视野范围内的幼儿中选出几个作为自己的好朋友。那么，如果某位幼儿平时经常与这名幼儿一起玩耍，而此时恰恰不在这名幼儿的视野范围内的话，这位幼儿将很有可能被他忘记，从而造成观察记录结果存在一定偏差。

为了避免因某些幼儿不在场而可能导致的观察误差，观察者可以采用照片提名法进行观察记录。也就是说，在观察之前观察者要给班级每一位幼儿进行拍照，并把这些照片以相同的尺寸打印或冲洗出来，然后在询问幼儿时，将班上所有幼儿的照片都摆放在这名幼儿的面前，让幼儿选出自己喜欢的几位好朋友的照片放在预先准备的盒子里。这种照片提名的方法，能够有效避免因某位幼儿不在场而导致的观察记录误差。

表6－2 班级幼儿社交关系

地　　点：幼儿园大二班教室
观察时间：9：00—10：00

观察记录

　　采用照片提名法，单独询问班上每一名幼儿的社交关系情况。在询问时将班级所有幼儿的照片摆放在被试幼儿面前，请他们挑选出1—3位自己最好朋友的照片放入盒子中。

编号	姓名	性别	朋友1	朋友2	朋友3
01	川川	男	成成	轩轩	
02	森森	男	川川	成成	东东
03	成成	男	川川	森森	东东
04	轩轩	男	川川	成成	甜甜
05	东东	男	森森	成成	
06	天天	男	轩轩	东东	
07	甜甜	女	阳阳	熙熙	然然
08	燕燕	女	甜甜	阳阳	瑶瑶
09	阳阳	女	甜甜	然然	
10	瑶瑶	女	阳阳		
11	熙熙	女	甜甜	然然	
12	然然	女	甜甜	阳阳	

　　根据上述记录结果，观察者可以将班级幼儿社交关系表绘制成班级幼儿社交关系图，从而使得幼儿之间的社交关系情况更加直观。在绘制班级幼儿社交关系图时，观察者应首先将被选择次数最多的，最受班级幼儿欢迎的小朋友放在社交关系图的中心位置，将被选择次数较少的幼儿放在社交关系图的边缘。然后在减少线条交叉的原则下，将其他幼儿按照被选择次数的多少安放在社交关系图中。需要注意的是，观察者在绘制社交关系图之前，应该预先设计好符号标识，以保持记录中标识的统一性。观察者在初步完成班级幼儿社交关系图的绘制之后，要仔细将所绘制的社交关系图与观察所得的社交关系表进行核对，主要核对每个幼儿被选择的次数，以及幼儿间的相互选择关系，以确保班级幼儿社交关系图的准确性。

地　　点：幼儿园大二班教室
观察时间：9：00—10：00

观察记录

　　采用照片提名法，单独询问班上每一名幼儿的社交关系情况，在询问时将班级所有幼儿的照片摆放在被试幼儿面前，请他们挑选出1—3位自己最好朋友的照片放入盒子中。

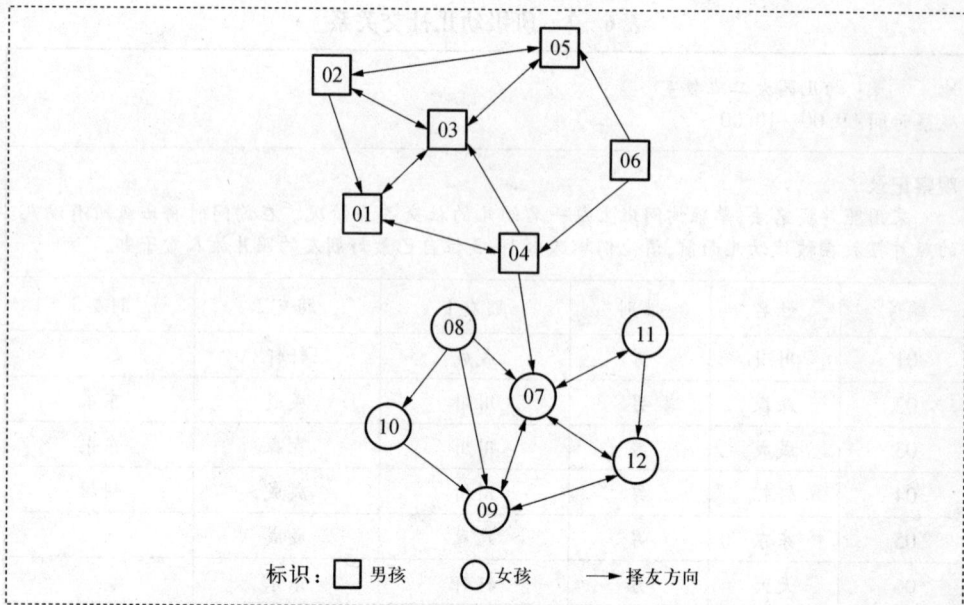

标识：□ 男孩　　○ 女孩　　──→ 择友方向

（三）分析行为表现

观察者在采用社交图形法对单个幼儿的社会性接触情况或者一个群体中幼儿间的友谊情况进行观察记录之后，还需要根据观察目标对幼儿的社会交往状况进行分析。在分析的过程中，观察者要尽量保持客观和中立，避免受到主观判断的影响。

在对单个幼儿的社会性接触情况进行分析时，观察者要考虑到一些特殊情况。比如，一个平时热情活泼、乐于与人交往的幼儿可能在观察者进行观察的这段时间内恰好专注于某个独立游戏活动，并没有表现出社会性接触行为。在这种情况下，观察者不能简单地判定这个幼儿不与他人进行社会性接触，更不能根据平时的经验判定这个幼儿的社会性接触较多，而应该在多次观察之后再进行分析判断。

在对群体幼儿间的友谊情况进行分析时，观察者通过绘制班级幼儿社交关系表或者班级幼儿社交关系图，可以直观地了解班级里幼儿之间的关系，分析不同性别幼儿之间的交往，并且可以在一定程度上判断最受欢迎的、比较不受欢迎的和受冷落的幼儿。同时，观察者应该考虑到幼儿之间，尤其是年幼幼儿之间的友谊具有较强的不稳定性，他们之间建立友谊和友谊破裂都十分迅速。[①] 也就是说，观察者不能根据某一次的观察结果判断幼儿永久性的社交关系状况。

分析

班级中的幼儿，除了轩轩选择了甜甜这一异性朋友以外，其他的男孩与女孩都分别选择了同性朋友，男孩和女孩在友谊交往中很少存在交叉。在本次观察中，成成、甜甜和阳阳在班级中最受幼儿的欢迎，而天天和燕燕没有被其他幼儿选择。另外，观察发现，班级中有九对幼儿相互选择了对方作为自己的好朋友。

---

① 施燕.学前儿童行为观察[M].上海：华东师范大学出版社,2011：96.

(四) 评价幼儿行为并提出建议

观察者在运用社交图形法对单个幼儿的社会性接触情况或者一个群体中幼儿间的友谊情况进行观察记录和分析之后,还需要根据观察目标,以及实际观察记录结果对观察对象的社会交往情况进行评价。观察者在评价幼儿的行为时要尽量具体,并联系幼儿在本次观察记录中以及平时观察中的具体表现,对幼儿做出客观、非绝对性的评价,这样评价才有意义。[1] 此外,观察者还需要根据分析和评价结果,为今后要做的进一步观察或者活动提出建议,以便更好地促进幼儿社会交往能力的提高。

评价

从总体上看,无论男孩还是女孩都倾向于选择同性别的幼儿做朋友,并且平时比较热情、经常主动关心别人的幼儿更容易受到其他幼儿的欢迎。成成、甜甜和阳阳都是班级里比较活跃的幼儿,他们经常与其他幼儿交流,主动帮助其他幼儿解决困难。而没有被提名的天天和燕燕个性都较为内向,平时喜欢独自游戏。

建议

教师可以在平时的游戏活动中,增加异性幼儿之间互动的机会,鼓励异性幼儿结伴玩耍。此外,还需要培养幼儿乐于助人的精神,鼓励幼儿之间互帮互助,共同解决遇到的困难。

现在,我们根据社交图形法的四个步骤(选择目标幼儿作为观察对象、记录客观事实、分析行为表现、评价幼儿行为并提出建议),不断完善对班级幼儿社会关系的观察记录,最终的观察记录结果如下:

班级幼儿社交关系观察记录 　　　　　　　　　**案例 6－6**

幼儿数量:大二班全体幼儿 　　　　　年　　龄:5 岁 9 个月—6 岁 3 个月
观察日期:5 月 23 日 　　　　　　　　观 察 者:林老师
观察目标:(1) 分别观察男孩和女孩的交友情况,看其中是否存在交叉
　　　　　(2) 观察是否某些幼儿更受欢迎
地　　点:幼儿园大二班教室
观察时间:9:00—10:00

观察记录

采用照片提名法,单独询问班上每一名幼儿的社交关系情况,在询问时将班级所有幼儿的照片摆放在被试幼儿面前,请他们挑选出 1—3 位自己最好朋友的照片放入盒子中。

编号	姓名	性别	朋友1	朋友2	朋友3
01	川川	男	成成	轩轩	
02	森森	男	川川	成成	东东
03	成成	男	川川	森森	东东

---

[1] Dorothy H. Cohen 等著,阳琬译. 儿童行为的观察与记录[M]. 台北: 桂冠图书股份有限公司,1999: 4.

编号	姓名	性别	朋友1	朋友2	朋友3
04	轩轩	男	川川	成成	甜甜
05	东东	男	森森	成成	
06	天天	男	轩轩	东东	
07	甜甜	女	阳阳	熙熙	然然
08	燕燕	女	甜甜	阳阳	瑶瑶
09	阳阳	女	甜甜	然然	
10	瑶瑶	女	阳阳		
11	熙熙	女	甜甜	然然	
12	然然	女	甜甜	阳阳	

由此整理的班级幼儿社交关系图如下所示：

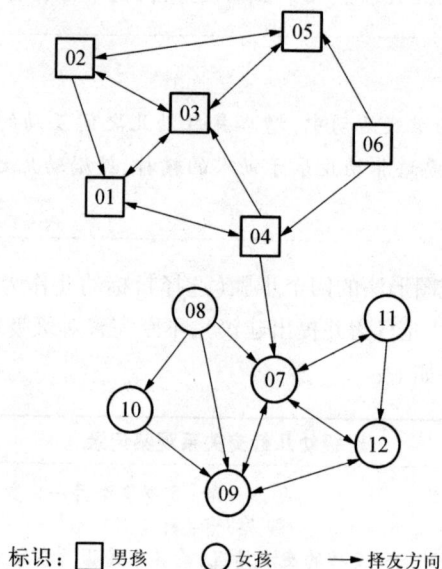

标识：□ 男孩   ○ 女孩   ——→ 择友方向

分析

　　班级中的幼儿，除了轩轩选择了甜甜这一异性朋友以外，其他的男孩与女孩都选择了同性朋友，男孩和女孩在友谊交往中很少存在交叉。在本次观察中，成成、甜甜和阳阳在班级中最受幼儿的欢迎，而天天和燕燕没有被其他幼儿选择。另外，观察发现，班级中有九对幼儿相互选择了对方作为自己的好朋友。

评价

　　从总体上看，无论男孩还是女孩都倾向于选择同性别的幼儿做朋友，并且平时比较热情、经常主动关心别人的幼儿更容易受到其他幼儿的欢迎。成成、甜甜和阳阳都是班级里比较活跃的幼儿，他们经常与其他幼儿交流，主动帮助其他幼儿解决困难。而没有被提名的天天和燕燕个性都较为内向，平时喜欢独自游戏。

建议

　　教师可以在平时的游戏活动中，增加异性幼儿之间互动的机会，鼓励异性幼儿结伴玩耍。此外，还需要培养幼儿乐于助人的精神，鼓励幼儿之间互帮互助，共同解决遇到的困难。

三、社交图形法的优缺点

通过对社交图形法的分析,我们可以发现社交图形法的优点主要集中在以下几个方面:

1. 社交图形法使用较为方便,是一种观察者可以直接使用的观察方法。由于社交图形法操作较为简单,尤其当观察者将观察对象锁定为某一幼儿时,观察者只需要记录这一目标幼儿在观察期间与他人的社会接触情况,所以观察者在使用之前可以不用经过专门的培训和准备工作,幼儿园教师使用这一方法可以在一定程度上减小教师的工作压力。

2. 当观察较大的幼儿群体时,社交图形法是一种十分有效的观察方法。比如,观察者的观察对象是整个班级,那么可以集中在某一段时间之内,运用现场同伴提名法或者照片提名法调查幼儿之间的友谊情况。由于这种方法较为简单,观察记录的速度较快,观察者可以在短时间内了解较多幼儿群体之间的社交关系情况,并根据观察结果,提出有效的工作建议。

但是,社交图形法也有其局限性:

1. 观察者有时不能根据需要随时使用社交图形法,而需要预先制定观察方案,并做好相关观察材料的准备。比如,当观察者想要采用照片提名法了解整个班级幼儿之间的友谊情况时,观察者首先要对每个幼儿进行拍照,然后要将照片以相同的尺寸冲洗或打印出来,并在询问幼儿之前将照片一一摆放在幼儿的面前。这种方法不仅费时、费力,而且费用较高。

2. 观察者使用社交图形法所得到的观察结果依赖于某一具体时间内在场幼儿的观点。比如,观察者采用照片提名法了解班级幼儿之间的友谊情况时,幼儿可能会因为照片的失真,以及照片中幼儿的着装、发饰和面部表情等因素而分散注意力,从而导致结果不准确。另外,由于幼儿对"好朋友"这个角色的理解有限,有时候幼儿选择朋友的方式很独特。比如,被调查幼儿可能会选择一个刚刚跟自己玩过娃娃家游戏的幼儿做好朋友,而没有选择经常一起做手工、画画的幼儿。这些因素都可能会导致观察结果产生偏差。

3. 观察者要经过深思熟虑之后才能对数据做出合理解释。比如,观察者采用现场同伴提名法了解班级幼儿之间的友谊情况,但是有几名幼儿在观察期间并没有来幼儿园。那么其他幼儿在选择好朋友的时候,可能会将这几名幼儿遗忘,或者认为这几名幼儿不在选择的范围之内,从而导致没有幼儿选择这几名幼儿作为好朋友。观察者不能由此判定这几名没有在园的幼儿为"不受欢迎"的幼儿,而应该考虑到这几名幼儿的平时表现,给予客观、全面、真实的评价。

在这一章的开始部分,我们阅读了黄老师对小班益智区幼儿的社会互动所做的观察记录。通过这一章的学习,我们可以发现这份观察记录有许多不足之处:比如,这篇观察记录缺乏对观察目标的描述;在观察记录部分,观察者只是用图表画出了幼儿间的社会性接触方向,并没有对具体的互动内容进行记录;在分析部分,观察者的结论过于绝对化和简单化,没有根据幼儿的具体表现进行分析;除此之外,这份观察记录还缺乏相应的评价和建议。针对上述不足,我们对这份观察记录进行了如下修改:

案例 6-7	幼儿姓名：玲玲、真真、婷婷、宁宁　　　　　　性　别：女

年　　龄：3 岁 9 个月—4 岁 1 个月

观察日期：5 月 27 日

开始时间：9:00　　　　　　　　　　　　　结束时间：9:15

地　　点：幼儿园小二班的益智区

观察目标：观察益智区四个幼儿之间的社会性接触情况

观 察 者：黄老师

观察记录

　　四名幼儿在益智区玩拼图。真真无法将嵌套拼图都填放到相应的位置，对另外三名幼儿说："你们能不能帮帮我？"玲玲首先站起来走到真真身边，帮助真真填放拼图。1 分钟后，宁宁也走到真真身边帮助真真。拼图完成后，玲玲又拿来另外一幅新的拼图，对其他三名幼儿说："我们一起来拼这个吧。"宁宁和真真表示同意后，与玲玲一起玩这幅新的拼图。婷婷则始终专注于自己手里的拼图，没有给予任何回应，并且始终没有加入另外三名幼儿的活动。

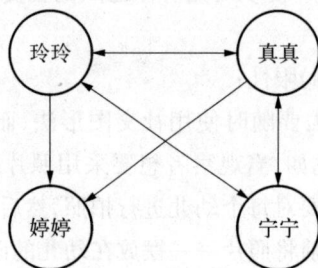

标识：——▶社会性接触方向

分析

　　面对真真的求助，玲玲和宁宁对她进行了帮助，并且她们在共同完成一幅拼图之后，又完成了另一幅拼图。而婷婷对真真的求助和玲玲的邀请均没有给予回应。

评价

　　真真在遇到困难的时候，懂得向同伴求助；玲玲和宁宁能够热情地帮助他人，并且玲玲喜欢与同伴合作，能够积极发起同伴互动；婷婷比较喜欢独自游戏。

建议

　　教师需要鼓励幼儿之间互相帮助，共同解决遇到的困难和问题。注意鼓励婷婷积极与同伴交流，引导婷婷多参加合作性游戏。

本章小结

　　与描述观察法相似，图表观察法是观察者在自然状态下，对目标幼儿的行为表现进行观察和记录，然后对记录的事实资料进行分析的方法。图表观察法具体包括追踪观察法和社交图形法两种方法。每种方法都有其特殊性：追踪观察法注重对目标幼儿在限定区域中一段时间内活动的追踪，以此再现幼儿的活动轨迹和行为表现；社交图形法注重对个别幼儿与他人的社会性接触，或者幼儿群体之间友谊情况的观察和记录。

图表观察法的优点是运用图形或者表格的形式展现观察对象的活动过程,具有简洁、形象、直观的特点。同时,图表观察法的缺点就是观察者需要事先准备观察材料和观察方案,而且运用图表观察法随时随地对目标幼儿正在发生的行为进行记录比较困难。追踪观察法和社交图形法各有其优劣和侧重,观察者应该根据实际需要和观察目标,选择合适的方法对幼儿进行观察和记录。

思考题

1. 图表观察法具体包括哪些观察方法?

2. 追踪观察法的运用具体包括哪些过程?

3. 社交图形法有哪些优、缺点?

4. 教师如何利用图表观察法的观察结果促进教学质量的提高?

进一步阅读的文献

1. 金冬青.爱与尊重,让她绽放灿烂光芒——一个发育迟缓幼儿的跟踪观察与指导[J].好家长,2008(Z1):70-72.

2. 王紫玉.教育无痕,润物无声——小班幼儿丽丽交往能力培养例谈[J].考试周刊,2015(83):195-195.

3. 张珊珊,白艳.区域活动中幼儿操作行为的表现特征研究[J].儿童与健康,2017(01):2.

第七章 取样观察法

学习目标

1. 了解两种取样观察法的含义。

2. 掌握两种取样观察法的具体运用过程,理解观察记录的构成要素。

3. 学会熟练运用两种取样观察法,对幼儿的目标行为进行观察和记录,并能够正确分析幼儿行为,提高对幼儿行为的理解与分析能力。

4. 能够将观察成果与幼儿园教育实践相结合,提高保教能力。

内容脉络

```
                        ┌──────────────┐
                        │   取样观察法   │
                        └──────────────┘
        ┌──────────────────────┐    ┌──────────────────────┐
        │   取样观察法的分类      │    │  两种取样观察法的运用    │
        │   ● 时间取样法         │    │   ● 观察对象           │
        │   ● 事件取样法         │    │   ● 客观记录事实       │
        └──────────────────────┘    │   ● 分析               │
                                     │   ● 评价与建议         │
                                     └──────────────────────┘
    ┌──────────────────────┐        ┌──────────────────────┐
    │   两种取样观察法的定义   │        │  两种取样观察法的优缺点  │
    └──────────────────────┘        └──────────────────────┘
              ┌──────────────────────┐
              │   两种方法的比较与思考   │
              └──────────────────────┘
```

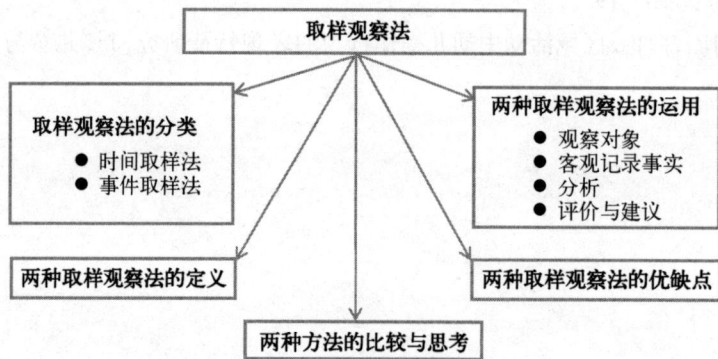

　　喜娃幼儿园的张老师发现,园里的老师们平时在做幼儿观察记录时几乎全部使用描述观察法,对于其他观察方法使用得非常少,这严重制约了老师们的专业发展。另外,描述观察法获得的是关于幼儿行为的大量文字描述,主观性相对较强,难以将其量化。因此,她希望能有机会学习一些新的观察方法,以使用于平时的幼儿观察与研究中,提升自己的专业水平。

　　的确,随着幼儿园教师专业水平的不断提升,他们不再满足于仅使用描述观察法对幼儿行为进行观察记录,而是希望掌握更为量化、客观、有技术含量的观察方法。其中取样观察法就是这样一种方法。相信通过这一章的学习,你能够掌握使用取样观察法对幼儿行为进行观察与分析。

第一节 时间取样法的运用与案例分析

一、时间取样法的含义

时间取样法是指以一定的时间间隔为取样标准,观察记录预先确定的行为是否出现以及出现次数和持续时间的一种观察方法。[①]

时间取样法通常用来观察和记录某一特定幼儿或者某个幼儿团体出现频率较高的行为,并且这种行为应该是容易被观察者观察到的。例如,观察者可以采用时间取样法观察记录幼儿的欢笑行为或者哭泣行为,也可以观察记录幼儿的亲社会行为或者攻击性行为等。这些行为出现频率相对较高,并且易于观测。观察者可以根据时间取样法得到的资料,统计幼儿出现某一目标行为的次数和频率,为进一步分析提供方便。但是,如果观察者想要了解幼儿矛盾解决等不易观察到的行为,就不太适合采用时间取样法。所以,观察者在选择观察方法时,要根据目标行为的特点选取合适的方法进行观察记录。

二、时间取样法的运用

(一) 选择目标幼儿作为观察对象

人的行为是多种多样的,同一名幼儿在同一时间段内可能会出现不同的行为表现,甚至同一名幼儿的同一种行为表现也可以从不同的角度进行分析和解读。所以观察者在采用时间取样法对目标幼儿的行为表现进行观察和记录之前,首先要确定观察目标,然后根据观察目标选择观察对象。

与实况详录法相似,时间取样法的观察对象选择范围较广。观察者既可以采用时间取样法来观察某一特定幼儿的行为表现,也可以采用这一方法来观察由多名幼儿组成的幼儿团体的行为表现。在具体操作时,观察者可根据观察目标,确定观察对象的数量。比如,观察者的观察目标是了解班级中某一名幼儿的学习绘画的坚持性,那么观察对象就可以锁定为这一名幼儿。而如果观察者的观察目标是了解全班幼儿学习绘画的坚持性,那么观察对象就可以相应地扩展为整个班级的幼儿。同时,观察者在确定观察对象及其数量时,要尽可能使观察对象的行为代表研究目标的一般形态,也就是说,观察者所选定的观察对象要具有一定的代表性,而不是情况特殊的个案(个案观察除外)。

观察者在采用时间取样法对目标幼儿进行观察记录之前,要把幼儿的姓名、性别、编号、年龄和观察日期等基本情况进行详细记录,为今后整理班级幼儿成长资料提供方便,也为观察记录的分析提供背景信息。

[①] 施燕.学前儿童行为观察[M].上海:华东师范大学出版社,2011:50.

```
幼儿姓名：依依              性    别：女              编    号：07
年    龄：4 岁 10 个月       观察日期：12 月 23 日
开始时间：9：00             结束时间：9：10
地    点：积木区
观察目标：观察依依在游戏中的社会参与性
观  察  者：张玲
```

（二）记录客观事实

观察者在采用时间取样法对目标幼儿的行为进行观察记录时，为了保证观察的有效性和准确性，观察者需要预先对所要观察的目标行为进行分类。在确定行为类别的过程中，观察者要遵循相互排斥原则和详尽性原则。相互排斥原则简单来说，就是一种行为一旦从属于某一类别之中，那么它与其他的类别必然是完全排斥的，而如果出现了同一种行为既可以划分到类别 A 中，又可以划分到类别 B 中，那么这种分类方式就是不合理的。详尽性原则指的是所划分的类别要全面，所有的类别加起来要能够形成一个整体，不会出现观察到的行为无从归属的情况。这两个原则在第一章第五节亦有相关解释。比如，帕顿根据儿童在游戏中行为的社会参与性，将幼儿游戏状态划分成六大类别：无所事事、旁观、单独游戏、平行游戏、联合游戏和合作游戏。这样的分类就符合上述两个原则。

其次，观察者在确定了目标行为的类别之后，要对各行为类别下操作性定义。操作性定义就是将必须观察或者测查的行为做出清楚、详尽的说明和规定，确定观测指标。清楚、详尽的操作性定义可以让从事同一个观察计划的不同观察者能够使用同一个行为标准对幼儿的目标行为进行观察，从而提高观察的信度和效度。[①] 同时，明确的操作性定义也可以让阅读观察记录的人了解行为标准，从而为资料的再分析提供方便。帕顿对游戏的划分与操作性定义见第一章第五节。

然后，在采用时间取样法进行观察记录之前，观察者还要根据观察目标和自身需要，确定观察时长、间隔时间和观察次数。其中，观察时长是指每次观察所要持续的时间。时距的长度取决于目标行为发生的频率、行为的持续时间和行为的复杂程度。在观察中，时距的长度应该接近于每一个单一行为发生的最小时间。间隔时间是指时距与时距之间间隔的时间。间隔时间的长度取决于观察时距的长度、观察对象的数目，以及所要记录的细节的多少。如果观察的时长较长，观察的对象较多，而且观察者所要观察记录的细节较多的话，间隔时间就要相应增长；反之，间隔时间可以相应缩短，甚至不设置间隔时间。观察次数的多少主要是取决于观察多久才能获得有代表性的数据。一般来说，当观察者对观察行为比较陌生或者所观察的目标行为变化较大时，观察次数需要适当增多；反之，当观察者对观察行为比较了解或者所观察的目标行为变化较小时，观察次数可以适当减少。[②]

① 杨丽珠. 取样观察法——观察法（一）[J]. 山东教育,1999(15).
② 蔡春美. 幼儿行为观察与记录[M]. 上海：华东师范大学出版社,2015：72.

此外,观察者在采用时间取样法对目标幼儿的行为进行观察记录时,还要预先根据观察目标和实际需求,制定系统的观察记录表。在观察记录表中,观察者除了要对观察地点、观察开始与结束时间和观察者的基本信息进行记录之外,还要对行为类别、各时长中目标行为出现的次数和目标行为持续的时间等进行记录。观察者所制定的观察记录表需要具有简单、清楚和直观的特点,从而保证在观察中能够比较方便、快速地对幼儿目标行为进行记录。另外,观察者在制定观察记录表时,还要考虑到自己的时间和能力。如果预计的时间太长,观察次数太多,而间隔时间又相对较短的话,一方面可能会导致自己过于疲惫,另一方面可能也会影响观察结果的准确性。

表 7－1　时间取样法观察记录

	无所事事	旁观	独自游戏	平行游戏	联合游戏	合作游戏
9:00—9:01					目标行为出现 1 次,持续 50 秒	
9:01—9:02				目标行为出现 1 次,持续 60 秒		
9:02—9:03			目标行为出现 1 次,持续 30 秒		目标行为出现 1 次,持续 30 秒	
9:03—9:04					目标行为出现 1 次,持续 30 秒	目标行为出现 1 次,持续 30 秒
9:04—9:05				目标行为出现 2 次,分别持续 30、20 秒		
9:05—9:06				目标行为出现 1 次,持续 40 秒	目标行为出现 1 次,持续 20 秒	
9:06—9:07					目标行为出现 2 次,分别持续 30、20 秒	
9:07—9:08						目标行为出现 1 次,持续 40 秒

	无所事事	旁观	独自游戏	平行游戏	联合游戏	合作游戏
9:08—9:09					目标行为出现 2 次，分别持续 20、30 秒	
9:09—9:10					目标行为出现 2 次，分别持续 20、30 秒	
合计（分秒）	0 秒	0 秒	30 秒	2 分 30 秒	4 分 40 秒	1 分 10 秒

为了使观察者能够更加快速、方便地对所观察到的幼儿目标行为类别、出现次数和持续时间进行记录，观察者可以在记录中采用统一的编码、符号和标识进行标注。这就要求观察者在采用时间取样法对目标幼儿进行观察记录之前，预先设计好各部分的编码和标识，并对其做出简单的说明和记录。[1]

表 7 - 2　时间取样法观察记录

	无所事事	旁观	独自游戏	平行游戏	联合游戏	合作游戏
9:00—9:01					1（50 s）	
9:01—9:02				1（60 s）		
9:02—9:03			1（30 s）		1（30 s）	
9:03—9:04					1（30 s）	1（30 s）
9:04—9:05				2（30 s, 20 s）		
9:05—9:06				1（40 s）	1（20 s）	
9:06—9:07					2（30 s, 20 s）	

---

①　林磊，程曦. 儿童心理研究中的时间取样观察法[J]. 心理发展与教育，1992(2)：32 - 36.

续 表

	无所事事	旁观	独自游戏	平行游戏	联合游戏	合作游戏
9:07—9:08						1 (40 s)
9:08—9:09						2 (20 s,30 s)
9:09—9:10						2 (20 s,30 s)
合计 （分秒）	0 s	0 s	30 s	2 min 30 s	4 min 40 s	1 min 10 s
标识： 1 表示该时距内目标行为出现 1 次 50 s 表示该目标行为持续 50 秒						

另外,观察者可以在观察记录表中加入"备注",用于记录与前面事件无关,但是对结果有影响的事件。由于时间取样法只记录目标行为产生的次数和持续的时间等,而不记录具体的行为表现和行为产生的背景,为了使观察记录更加丰富和翔实,观察者可以将时间取样法与描述观察法相结合。同样,关于目标行为的具体描述,观察者可以在"备注"部分进行记录。

（三）分析行为表现

与描述观察法和图表观察法相同,观察者在采用时间取样法对幼儿的目标行为进行详细的观察和记录之后,还需要根据观察目标,对幼儿的行为表现和发展状况进行分析。由于时间取样法可以在短时间内收集大量的资料,观察者可以通过对观察记录的分析,了解幼儿目标行为出现的频率、持续的时间和幼儿行为表现中存在的问题等。

仍以"依依玩游戏"为例,观察者可以通过时间取样法的记录结果,分析依依在区域游戏中各个游戏类别分别占用的时间和行为出现的次数,从而推断依依主要的游戏类型。同时,观察者也可以根据观察到的具体情景和细节,对依依的游戏社会参与性水平进行分析：

分析

依依"联合游戏"的时间最多,共 4 分 40 秒;其次是"平行游戏",2 分 30 秒;"独自游戏"与"合作游戏"较少分别是 30 秒和 1 分 10 秒;而"无所事事"和"旁观游戏"并没有出现。可见,依依在区域活动中以"联合游戏"和"平行游戏"为主。

在建筑区游戏过程中,依依与同伴希希一起搭建了一座"楼房"。在这个过程中,两人有交谈,也有互借材料的行为出现,但是彼此间分工、合作并不清晰。仅有偶尔几个时间段依依表现出与同伴希希合作的意愿,但这种合作行为只持续了几秒,并没有长时间地维持下去。

（四）评价幼儿行为并提出建议

观察者在采用时间取样法对幼儿的目标行为进行分析之后,还需要对幼儿的行为表现进行评价,并为日后的教学工作提出更具针对性的措施和建议。与描述分析法相似,在对幼儿的行为表现进行评价时,观察者可以依据儿童发展理论及相关知识,对目标幼儿现阶段的发展状况与发展常规模式进行对比,并根据目标幼儿的具体问题,提供适当的帮助。仍以"依依玩游戏"为例,观察者得出以下评价和建议:

> **评价**
>
> 中班幼儿依依初步具备与同伴合作分工、共同游戏的意识,这从她几次表现出希望与同伴合作的意愿中便可看出。但也因缺乏一定的合作技能,才使依依几次"合作"都不了了之。
>
> ---
>
> **建议**
>
> 在游戏过程中我们发现,依依缺乏合作游戏的技能。对此,教师可以通过开展一些主题教学活动,帮助幼儿获得合作的技巧,并让幼儿在合作游戏中获得积极体验。

现在,我们根据时间取样法的四个步骤(选择目标儿童作为观察对象、记录客观事实、分析行为表现、评价幼儿行为并提出建议),不断完善"依依玩游戏"的观察记录,最终的时间取样法观察记录如下:

表7-3　时间取样法观察记录

幼儿姓名:依依　　　　　　性　别:女　　　　　　编　号:07
年　龄:4岁10个月　　　　观察日期:12月23日
开始时间:9:00　　　　　　结束时间:9:10
地　点:积木区
观察目标:观察依依在游戏中的社会参与性
观察者:张玲
幼儿在游戏中行为的社会参与性分类: A 无所事事　　B 旁观　　C 单独游戏　　D 平行游戏　　E 联合游戏　　F 合作游戏
操作性定义: **无所事事:**幼儿未做任何游戏活动,也没与他人交往,只是随意观望,或走来走去、东张西望。 **旁观:**基本上观看别的幼儿游戏,有时凑上来与正在游戏的幼儿说话、提问题、出主意,但自己不直接参与游戏。 **单独游戏:**幼儿独自一人游戏,只专注于自己的活动,根本不注意别人在干什么。 **平行游戏:**幼儿能在一处玩,但各自玩各自的游戏,既不影响他人,也不受他人影响,互不干涉。 **联合游戏:**幼儿能在一起玩同样的或类似的游戏,互相追随,但没有组织和分工,每人做自己想做的事情。 **合作游戏:**幼儿为某种目的组织在一起游戏,有领导、有组织、有分工,每个幼儿承担一定的角色任务,并互相帮助。

续　表

	无所事事	旁观	独自游戏	平行游戏	联合游戏	合作游戏
9:00—9:01					1 (50 s)	
9:01—9:02				1 (60 s)		
9:02—9:03			1 (30 s)		1 (30 s)	
9:03—9:04					1 (30 s)	1 (30 s)
9:04—9:05				2 (30 s,20 s)		
9:05—9:06				1 (40 s)	1 (20 s)	
9:06—9:07					2 (30 s,20 s)	
9:07—9:08						1 (40 s)
9:08—9:09					2 (20 s,30 s)	
9:09—9:10					2 (20 s,30 s)	
合计 (分秒)	0 s	0 s	30 s	2 min 30 s	4 min 40 s	1 min 10 s

标识:
　1 表示该时距内目标行为出现 1 次;
　50 s 表示该目标行为持续 50 秒。

分析
　　依依"联合游戏"的时间最多,共 4 分 40 秒;其次是"平行游戏",2 分 30 秒;"独自游戏"与"合作游戏"较少分别是 30 秒和 1 分 10 秒;而"无所事事"和"旁观游戏"并没有出现。可见,依依在区域活动中以"联合游戏"和"平行游戏"为主。
　　在建筑区游戏过程中,依依与同伴希希一起搭建了一座"楼房"。在这个过程中,两人有交谈,也有互借材料的行为出现,但是彼此间分工、合作并不清晰。仅有偶尔几个时间段依依表现出与同伴希希合作的意愿,但这种合作行为只持续了几秒,并没有长时间地维持下去。

评价
　　中班幼儿依依初步具备与同伴合作分工、共同游戏的意识,这从她几次表现出希望与同伴合作的意愿中便可看出。但也因缺乏一定的合作技能,才使依依几次"合作"都不了了之。

建议
　　在游戏过程中我们发现,依依缺乏合作游戏的技能。对此,教师可以通过开展一些主题教学活动,帮助幼儿获得合作的技巧,并让幼儿在合作游戏中获得积极体验。

　　(注:上述观察记录仅以时长为 10 分钟的一次观察所得数据为例,在实际的观察中,可以进行多次观察,并综合多次观察的数据撰写观察报告。)

三、时间取样法的优缺点

通过对时间取样法的分析,我们可以发现时间取样法的优点主要集中在以下几个方面:

1. 观察者在采用时间取样法对目标幼儿的行为表现进行观察的过程中,只需要根据观察目标和自身需要,按照预先设计的观察时长、间隔时间和观察次数,以及制定的观察记录表对幼儿进行观察即可,不需要干涉观察对象的活动,也不需要事先与观察对象建立联系,这在一定程度上为观察提供了方便。

2. 时间取样法比较省时、省力、高效和客观。观察者可以利用观察记录表同时收集多个幼儿或多种行为的数据,从而能够在短时间内收集大量的资料,获得有代表性的行为样本。此外,由于所观察的各类型行为有明确的操作性定义,所以采用时间取样法所得到的观察资料客观性较强。

3. 观察者采用时间取样法进行观察记录,有利于获得观察对象的目标行为发生的频率,以及目标行为的时间间隔等信息,从而为后期的统计分析提供资料。[①] 同时,通过对频率、时间间隔等信息的统计,也有利于观察者掌握观察对象的目标行为情况,并深入认识所要研究的问题。

不过,与其他观察法一样,时间取样法也有其局限性:

1. 时间取样法仅适用于观察发生频率较高,并且易于观测的行为。由于时间取样法是对目标幼儿在一段时间内的行为表现进行观察,并且观察的内容仅限于确定的目标行为,这就导致采用这种方法只能观察幼儿某种经常发生的外显行为,而不能对偶然发生的或者内隐性的行为进行观察。

2. 受观察时长的限制,观察者只能对幼儿的目标行为进行零碎的记录,无法保存幼儿完整的行为系统。尤其当观察者的观察时长设计得不合适的时候,可能一个目标行为能够延续两个甚至更多的时长,从而造成观察者所记录的目标行为频率和持续时间产生偏差,影响观察结果的准确性。

3. 由于时间取样法在观察时仅关注幼儿所表现的特定目标行为,而没有对行为或事件发生的情境、背景资料、行为发生顺序、行为原因和行为结果等信息进行记录和介绍,所以很难确定多种行为之间的关系。对行为的分析可能也会脱离发生的背景,可能导致出现偏差。

4. 观察者只是对幼儿目标行为发生的频率和时间长度进行了记录,而没有对幼儿的实际行为表现进行详细、具体的描述,由此导致阅读观察记录的人无法了解所记录行为的程度。而且部分观察者关注的目标行为集中在某一种行为类型,尤其当这种行为类型是问题行为时,可能容易使观察者或阅读观察记录的人形成对观察对象的偏见。

---

① 贝蒂著;郑福明,费广洪译.幼儿发展的观察与评价[M].北京:高等教育出版社,2011:44.

第二节　事件取样法的运用与案例分析

一、事件取样法的含义与分类

（一）事件取样法的含义

事件取样法是指以特定的行为或事件的发生为取样标准，对目标行为进行观察记录的一种方法。①

观察者在采用事件取样法进行观察记录时，通常是在自然情境中等待目标行为的出现。当所要观察的行为出现后立即进行记录，同时也可以记录行为发生的背景和原因、行为的变化过程和行为的结果等内容。与时间取样法不同之处在于，事件取样法的核心是"事件"，观察者只需要选择某一特定的事件进行观察和记录即可。只要目标事件出现，便可进行记录，对观察时间不做规定，观察所得到的资料具有连续性和自然性。而时间取样法的核心是"时间"，观察者采用时间取样法所记录的幼儿行为，除了要符合观察目标外，还必须发生在特定的时间段内才能被记录。

（二）事件取样法的分类

根据记录方法的不同，可以将事件取样法分为两类，分别是符号系统记录法和叙事描述记录法。

符号系统记录法是指，观察者在观察之前预先设计好一系列的符号，代表不同类别的目标行为，在观察记录中，观察者只关注目标行为，并采用相应的符号对事件或行为进行记录，而目标行为以外的事件或行为则不予以关注记录的方法。比如，观察者想要采用符号系统记录法记录幼儿注意力分散的行为表现，那么就需要提前将幼儿的注意力分散的行为表现进行分类，并用相应的符号在事先设计好的观察表中进行记录，而幼儿在观察记录中出现的其他行为因素及细节则不进行记录。

表7-4　事件取样法观察记录

幼儿姓名：尘尘	性　别：男	编　号：03
年　龄：4岁3个月	观察日期：4月15日	
开始时间：8:45	结束时间：10:20	
地　点：幼儿园中班教室		
观察目标：观察尘尘注意力分散的表现及其结果		
观察者：李扬		

幼儿注意力分散的表现：			
1. 玩手、衣服等	2. 远离座位	3. 东张西望	
4. 站起来	5. 转头	6. 与他人聊天	7. 其他

---

① 施燕. 学前儿童行为观察[M]. 上海：华东师范大学出版社，2011：61.

幼儿注意力分散的结果：
1. 转为干扰他人　　　2. 回归课堂　　　　3. 持续注意力分散

情境	开始时间	结束时间	有无干扰	注意力分散表现	注意力分散结果
	8：49	8：50	N	WS	HG
QY	8：54	8：55	N	PX	HG
	8：57	8：59	Y	PX	CX
	9：19	9：20	N	YK	HG
	9：23	9：24	N	ZQ + YK	GT
JT	9：27	9：29	N	ZT + YL	HG
	9：49	9：50	N	ZT + YL	GT
	9：50	9：53	Y	ZT + YL	GT

标识：
情境：
QY = 区域活动　　JT = 集体教学

有无干扰：
Y = 有干扰　　　　N = 无干扰

幼儿注意力分散表现：
WS = 玩手、衣服等　　　PX = 远离座位　　　YK = 东张西望
ZQ = 站起来　　　　　　ZT = 转头　　　　　YL = 与他人聊天　　　QT = 其他

幼儿注意力分散的结果：
GT = 转为干扰他人　　　　HG = 回归课堂　　　　CX = 持续注意力分散

　　叙事描述记录法是指观察者用文字描述的方式,记录观察对象的目标行为,以及事件发生的前因后果的方法。其特点是十分具体和翔实,有利于他人(如同行、家长、研究者等)了解事件发生的原委和背景,也有利于观察者对目标幼儿的行为进行深入分析。比如,观察者在运用叙事描述记录法对幼儿的同伴互动行为进行观察记录时,可以将目标幼儿的具体同伴互动表现进行记录,包括目标幼儿与周围幼儿的语言交流、肢体接触等。

表7-5　事件取样法观察记录

幼儿姓名：晨晨	性　别：女	编　　号：07
年　龄：3岁9个月	观察日期：3月23日	
观察目标：观察晨晨在区域活动中的同伴互动行为		
开始时间：9：00	结束时间：9：20	
地　　点：图书角	观　察　者：张玲	

续 表

序号	时间	互动对象	互动过程
1	8:58—9:03	男孩 A	A 进入图书角,试图与晨晨说话并与她一起看书。A 边看边说书中的内容,晨晨隔个三五句做出一句回应。期间,晨晨伴有咳嗽并一直在流鼻涕。一本书看完后,A 把书放回图书架,之后晨晨与 A 没有语言交流。
2	9:04—9:05	男孩 A	晨晨又独自一人拿起一本书来看,A 没有与晨晨一起看书,而是玩起了墙上贴的布偶。晨晨随即放下书,也像 A 一样玩布偶,但仍然没有和 A 说话。
3	9:14	女孩 B、C	女孩 B 和 C 来到图书角前拍了一下晨晨的肩膀,打了声招呼就立即跑开了。晨晨对着 B、C 跑走的方向小声地叫着她们的名字,B、C 没有听见,但是晨晨并没有再大声地叫,而是返回图书角中央,但没有继续看书了。
4	9:17	女孩 D	女孩 D 站在图书角旁观望,晨晨没有主动和其说话,30 秒后 D 说:"咱俩一起玩可以吗?"晨晨微笑着说:"可以啊,咱们一起看书吧。"D 脱了鞋子进入图书角,拿起了一本书看。晨晨仍是独自一人在玩墙上的布偶,D 放下书和晨晨一起玩布偶,晨晨说:"她俩是好朋友。"D 说:"换个布偶吧。"晨晨说:"好吧,你换一个大鲨鱼吧。"
5	9:21	女孩 D、E	女孩 E 进入图书角,E 把墙上贴的布偶都撕下来了,D 阻止其行为并说:"你让开,不要撕了。"但是晨晨只是把撕下来的布偶又重新贴上去,没有与 E 进行语言交流。
6	9:22	女孩 D	音乐响起,幼儿纷纷收拾起自己的玩具,晨晨也开始整理图书角的书。D 帮助晨晨一起整理并主动问晨晨哪本书应该放在哪个位置,D 抱起一摞书开始摆放。晨晨只是默默地整理图书,并未与 D 有语言交流。

　　由于符号系统记录法和叙事描述记录法之间具有互补作用,因此,观察者在采用事件取样法对目标事件进行观察记录时,可以将两种方法结合起来,同时用来记录事件的经过。

二、事件取样法的运用

(一)选择目标幼儿作为观察对象

　　与时间取样法相似,观察者在运用事件取样法对幼儿进行观察记录之前,首先要对自己的观察动机和目的有清楚的认识和了解,也就是说要首先确定观察目标。比如,某教师通过平时的观察发现,最近在区域活动的时候,角色游戏区的幼儿经常会发生争吵的行为。那么,为了了解角色游戏区幼儿争吵的原因,缓解争吵的状况,观察者可以采用事件取样法,观察和记录角色游戏区幼儿的争吵行为。

事件取样法的观察对象选取方式与时间取样法相同,既可以选取某一特定幼儿作为观察对象,也可以选取由多名幼儿组成的幼儿团体作为观察对象。观察者要根据观察目标选取观察对象。比如,观察者发现,班级中的某一名幼儿经常表现出攻击行为,观察者的观察目标是要更加全面地了解该名幼儿的攻击行为特征、原因及其影响,那么观察对象就可以锁定为这一名幼儿。如果观察者发现班级中的多名幼儿经常发生争吵行为,观察目标是要了解他们出现争吵行为的原因,以便制定相应的解决措施,那么观察对象就是由多名幼儿组成的幼儿团体。

观察者在采用事件取样法对某一特定幼儿或幼儿团体进行观察记录之前,要把幼儿的姓名、性别、编号、年龄和观察日期等基本情况进行详细记录,从而为今后整理班级各名幼儿的成长档案以及分析各名幼儿的发展水平等提供方便。

幼儿姓名:玮玮　　　　　　性　别:男　　　　　　编　号:01

年　龄:4岁6个月　　　　观察日期:5月12日

开始时间:9:30　　　　　结束时间:10:00

观察目标:观察玮玮及同伴在集体教学活动中的同伴互动行为

背　景:即将要放寒假过春节了,教师组织了一次集体教学活动——"绘制花灯"。

观　察　者:李青

(二)记录客观事实

观察者在确定了观察目标和观察对象之后,应对目标行为进行明确的界定,其中包括对目标行为进行分类,以及对各行为类别进行操作性定义。与时间取样法相似,观察者在采用事件取样法对目标行为进行分类时,同样要遵循相互排斥原则和详尽性原则。需要注意的是,观察者在对目标行为类别进行划分时,可以根据行为发生的原因或观察目标进行分类。

幼儿同伴互动行为类别:

1. 寻求帮助　　2. 提出建议　　3. 表达情感　　4. 争夺物品　　5. 其他

同伴互动行为操作性定义:

1. 寻求帮助:在集体活动时,向同伴借用物品,或向同伴发出求助信号。

2. 提出建议:在集体活动时,向同伴提出自己的建议和想法,给予同伴帮助。

3. 表达情感:在集体活动时,通过语言、动作、表情来表达对同伴的鼓励、赞美。

4. 争夺物品:在集体活动中,与同伴出现争吵,与同伴夺取物品等行为。

5. 其他:不能归属于上述四种同伴互动类别的同伴互动行为。

同伴互动行为引发的结果:

1. 接受及回应　　2. 忽视　　3. 拒绝　　4. 协商

其次,为了保证取样事件的代表性,观察者必须事先充分了解所要观察的目标行为的特点,包括目标行为经常发生的时间、地点和情境等,这样观察者才能在目标行为发生的时候,立即辨认出这些行为,并迅速进行观察记录。例如,观察者想要采用事件取样法对目标幼儿的攻击行为进行观察记录,那么观察者可能就要重点关注该幼儿在与其他幼儿互动时的表现,而当幼儿独自活动时则不需要重点关注,因为当幼儿独自活动时几乎不可能出现攻击行为。除此之外,观察者还需要提前考虑观察实施的适当性和可行性,充分了解观察地点的特点,为观察的实施提供便利。

然后,观察者要事先决定记录目标行为的哪些方面,从而在观察时有所侧重,并保证记录的完整性。一般来说,事件取样法的观察记录包括以下五个方面的内容,分别是事件持续时间(也可以将事件开始时间和结束时间分别记录)、事件发生背景、事件发生经过(包括目标幼儿的行为,及其与他人的互动)、事件导致的结果,以及事件产生的影响等。由于事件取样法在记录中可以综合运用符号系统记录法和叙事描述记录法,并且不受观察时长的限制,所以除了以上五点基本内容,观察者还可以根据自己的兴趣,记录和描述事件发生的细节,从而积累更为丰富的素材,使后期对观察记录的分析和评价更具全面性和客观性。

最后,观察者在采用事件取样法对幼儿的目标行为进行观察记录时,要事先根据观察目标和计划观察的内容,制定观察记录表。观察记录表的设计应该尽可能简便,从而使观察者在观察记录的过程中能够一目了然。比如,观察者想要综合运用符号系统记录法和叙事描述记录法进行观察记录,为了能够快速记录,经常会使用符号或代码来表示某类行为,代码的设定可以根据英文字母,也可以是某类行为首字母的缩写。需要注意的是,观察者要将代码的类别在观察记录表中清楚地标识出来,便于遗忘的时候及时查看。同时,观察记录表中要留有足够的空间,方便观察者使用文字对事件发生的具体细节进行记录。

表7-6 事件取样法观察记录

姓名	年龄	性别	互动时间	发生背景	互动原因	说什么/做什么	结果	影响
玮玮	4岁6月	男	18 s	"绘制花灯"集体活动刚开始	画笔数量不够	BZ(能把画笔给我用一下吗)		去寻求老师的帮助
壮壮	4岁3月	男	18 s			JJ(我在用)		继续做自己的事情
玮玮	4岁6月	男	20 s			JS(嗯,可以,加油)		加快自己的速度

续 表

姓名	年龄	性别	互动时间	发生背景	互动原因	说什么/做什么	结果	影响
壮壮	4岁3月	男	20 s	在花灯上用不同颜色画了几个圆	壮壮拿起给玮玮看	BZ(你看我这样画可以吗)		面带微笑
玮玮	4岁6月	男	25 s				JS(点头,说"可以的")	自己手里的还没开始画
菲菲	4岁2月	女	25 s	菲菲用画笔不小心在花灯上戳出一个洞	拿起手中的花灯问玮玮	BZ(你看这里戳出了一个洞,可以吗)		
玮玮	4岁6月	男	28 s		看到菲菲突然哭起来	GQ(菲菲,你怎么了?别哭,有事告诉我)		
菲菲	4岁2月	女	28 s	菲菲试着继续画,但因为力气太大,又戳出了一个洞			HS(不理睬玮玮的话,继续号响大哭)	老师过来帮助解决
玮玮	4岁6月	男	19 s	玮玮在画花灯	玮玮用画笔点了一下花灯后就停下了,不知道该画什么	BZ(询问壮壮,我能看看你的吗)		去寻求老师的帮助
壮壮	4岁3月	男	19 s				HS(没有理睬玮玮,在忙着涂色)	
玮玮	4岁6月	男	18 s			JY(你写上你的名字或者标记)		
壮壮	4岁3月	男	18 s	壮壮将自己的花灯涂好颜色	告诉老师,自己的作品完成了		XS(我写数字也可以吧)	

续　表

姓名	年龄	性别	互动时间	发生背景	互动原因	说什么/做什么	结果	影响
玮玮	4岁6月	男	15 s			GQ(看到壮壮的作品,玮玮脸上流露出赞同的表情,并伴随点头)		看到有人已经做好,自己也抓紧开始涂颜色
壮壮	4岁3月	男	15 s	壮壮画好了自己的花灯	给玮玮展示		JS(继续向别人介绍自己的花灯)	

标识:
同伴互动类别:
　　BZ=寻求帮助　　　JY=提出建议　　GQ=表达情感　　ZD=争夺物品　　　QT=其他
同伴互动行为结果:
　　JS=接受与回应　　　HS=忽视　　　JJ=拒绝　　　XS=协商

(三) 分析行为表现

采用事件取样法对幼儿的行为表现进行详细的观察和记录之后,还需要在观察记录的基础上,根据观察目标对幼儿的行为表现进行分析。在分析观察记录时,观察者务必要保持客观的态度。为了避免观察者因为个人情绪、对幼儿的印象等因素造成分析结果出现偏差,在对资料进行初步分析之后,观察者要再次以第三者的角度审视观察资料,以保证资料分析的客观性。

此外,观察者在对观察记录中幼儿的目标行为进行分析时,要考虑到行为发生的背景。幼儿的某些目标行为是由于特定的背景造成的,如果没有了这一特定的背景,目标行为可能不会发生。观察者在分析幼儿的目标行为时,如果脱离了事件发生的背景,可能会造成分析结果有失偏颇,还有可能会对幼儿产生不利的影响。

仍以"绘制花灯"为例,观察者可以通过查看事件取样法的记录结果,分析玮玮在集体教学活动中的同伴互动情况,包括主动发起互动的次数,以及对他人发起互动的回应情况等。同时,观察者也可以将玮玮的同伴互动情况与班级的其他幼儿进行对比,了解玮玮的社会性发展水平。

分析

　　玮玮在同伴互动中,处于发起者地位,经常向同伴发起互动。在30分钟的集体教学活动"绘制花灯"中,玮玮分别与壮壮和菲菲发生互动——与壮壮发生了5次互动,与菲菲发生了2次互动,其中由玮玮主动发起的互动有5次。壮壮和菲菲分别向玮玮发起1次互动,都得到了玮玮的接受和回应。同时,玮玮很愿意表达对同伴的肯定和鼓励,看到同伴的作品,会通过动作、语言、表情等来表达对同伴的赞美和鼓励。其他同伴也很乐于向玮玮寻求帮助,并能得到回应和解决办法。

玮玮和菲菲在绘制花灯的过程中都遇到了困难,由于他们的绘画经验不足,尤其是较少在竖立的薄纸上绘画,所以会因为力气把控不好而戳破纸,或者因颜料太多使纸太湿而破掉。但当玮玮尝试几次均戳破花灯后,在求助同伴没得到回应时,会主动请求老师的帮助。与菲菲遇到困难时用哭来解决相比,玮玮有较好的问题解决能力。

(四) 评价幼儿行为并提出建议

观察者在采用事件取样法对幼儿的目标行为进行分析之后,还需要根据幼儿发展理论或者相关专业知识,对幼儿的行为表现进行评价。需要注意的是,观察者在对幼儿进行评价时,要尽量避免完全按照个人观点武断地作出结论。另外,观察者只有在对幼儿的目标行为进行累计几次或者持续一段时间的观察之后,才能收集到相对充分的观察资料。依据这些资料才能对幼儿做出相对全面的评价,从而能够对幼儿产生目标行为的原因有更为深刻的认识与理解。在此基础上,观察者才能为日后更好地开展教学工作提出行之有效的对策建议。① 仍以"绘制花灯"为例,观察者得出以下评价和建议:

评价

玮玮在同伴互动中经常是主动发起者,有较好的问题解决能力,并能提出恰当的意见。壮壮绘画经验丰富,动手操作能力发展较好,能够在短时间内画好花灯,并乐于征求他人的赞美。与玮玮相比,菲菲遇到困难,没有良好的解决办法,以哭来解决问题。

建议

教师在选择教学材料时,要注意考虑幼儿的年龄特点,并重点讲解如何把控力度和使用颜料才不会戳破花灯。

同时,不断鼓励菲菲,增强她解决问题的能力。引导壮壮在面对同伴寻求帮助时,积极主动回应,为同伴提出建议,帮助同伴解决困难,懂得同伴互助,增强其合作水平。

现在,我们根据事件取样法的四个步骤(选择目标儿童作为观察对象、记录客观事实、分析行为表现、评价幼儿行为并提出建议),不断完善"绘制花灯"的观察记录,最终的事件取样法观察记录如下:

表7-7 事件取样法观察记录

幼儿姓名:玮玮	性 别:男	编 号:01
年 龄:4岁6个月	观察日期:5月12日	
开始时间:9:30	结束时间:10:00	
观察目标:观察玮玮及同伴在集体教学活动中的同伴互动行为		
背 景:即将要放寒假过春节了,教师组织了一次集体教学活动——"绘制花灯"。		
观 察 者:李青		

---

① 莎曼等著;单敏月,王晓平译.观察儿童:实践操作指南[M].上海:华东师范大学出版社,2008:60.

幼儿同伴互动行为类别：
1. 寻求帮助　　2. 提出建议　　3. 表达情感　　4. 争夺物品　　5. 其他

同伴互动行为操作性定义：
1. 寻求帮助：在集体活动时，向同伴借用物品，或向同伴发出求助信号。
2. 提出建议：在集体活动时，向同伴提出自己的建议和想法，给予同伴帮助。
3. 表达情感：在集体活动时，通过语言、动作、表情来表达对同伴的鼓励、赞美。
4. 争夺物品：在集体活动中，与同伴出现争吵，与同伴夺取物品等行为。
5. 其他：不能归属于上述四种同伴互动类别的同伴互动行为。

同伴互动行为引发的结果：
1. 接受及回应　　2. 忽视　　3. 拒绝　　4. 协商

姓名	年龄	性别	互动时间	发生背景	互动原因	说什么/做什么	结果	影响
玮玮	4岁6月	男	18 s	"绘制花灯"集体活动刚开始	画笔数量不够	BZ(能把画笔给我用一下吗)		去寻求老师的帮助
壮壮	4岁3月	男	18 s				JJ(我在用)	继续做自己的事情
玮玮	4岁6月	男	20 s				JS(嗯,可以,加油)	加快自己的速度
壮壮	4岁3月	男	20 s	在花灯上用不同颜色画了几个圆	壮壮拿起给玮玮看	BZ(你看我这样画可以吗)		面带微笑
玮玮	4岁6月	男	25 s				JS(点头,说"可以的")	自己手里的还没开始画
菲菲	4岁2月	女	25 s	菲菲用画笔不小心在花灯上戳出一个洞	拿起手中的花灯问玮玮	BZ(你看这里戳出了一个洞,可以吗)		
玮玮	4岁6月	男	28 s		看到菲菲突然哭起来	GQ(菲菲,你怎么了?别哭,有事告诉我)		
菲菲	4岁2月	女	28 s	菲菲试着继续画,但因为力气太大,又戳出了一个洞			HS(不理睬玮玮的话,继续号啕大哭)	老师过来帮助解决

续表

姓名	年龄	性别	互动时间	发生背景	互动原因	说什么/做什么	结果	影响
玮玮	4岁6月	男	19 s	玮玮在画花灯	玮玮用画笔点了一下花灯后就停下了，不知道该画什么	BZ（询问壮壮，我能看看你的吗）		去寻求老师的帮助
壮壮	4岁3月	男	19 s				HS（没有理睬玮玮，在忙着涂色）	
玮玮	4岁6月	男	18 s			JY（你写上你的名字或者标记）		
壮壮	4岁3月	男	18 s	壮壮将自己的花灯涂好颜色	告诉老师，自己的作品完成了	XS（我写数字也可以吧）		
玮玮	4岁6月	男	15 s			GQ（看到壮壮的作品，玮玮脸上流露出赞同的表情，并伴随点头）		看到有人已经做好，自己也抓紧开始涂颜色
壮壮	4岁3月	男	15 s	壮壮画好了自己的花灯	给玮玮展示		JS（继续向别人介绍自己的花灯）	

标识：

同伴互动类别：

BZ = 寻求帮助　　JY = 提出建议　GQ = 表达情感　ZD = 争夺物品　　QT = 其他

同伴互动行为结果：

JS = 接受与回应　　HS = 忽视　　JJ = 拒绝　　XS = 协商

分析

　　玮玮在同伴互动中，处于发起者地位，经常向同伴发起互动。在30分钟的集体教学活动"绘制花灯"中，玮玮分别与壮壮和菲菲发生互动——与壮壮发生了5次互动，与菲菲发生了2次互动，其中由玮玮主动发起的互动有5次。壮壮和菲菲分别向玮玮发起1次互动，都得到了玮玮的接受和回应。同时，玮玮很愿意表达对同伴的肯定和鼓励，看到同伴的作品，会通过动作、语言、表情等来表达对同伴的赞美和鼓励。其他同伴也很乐于向玮玮寻求帮助，并能得到回应和解决办法。

　　玮玮和菲菲在绘制花灯的过程中都遇到了困难，由于他们的绘画经验不足，尤其是较少在竖

续　表

立的薄纸上绘画,所以会因为力气把控不好而戳破纸,或者因颜料太多使纸太湿而破掉。但当玮玮尝试几次均戳破花灯后,在求助同伴没得到回应时,会主动请求老师的帮助。与菲菲遇到困难时用哭来解决相比,玮玮有较好的问题解决能力。

评价
玮玮在同伴互动中经常是主动发起者,有较好的问题解决能力,并能提出恰当的意见。壮壮绘画经验丰富、动手操作能力发展较好,能够在短时间内画好"花灯",并乐于征求他人的赞美。与玮玮相比,菲菲遇到困难,没有良好的解决办法,以哭来解决问题。

建议
教师在选择教学材料时,要注意考虑幼儿的年龄特点,并重点讲解如何把控力度和使用颜料才不会戳破花灯。 　　同时,不断鼓励菲菲,增强她解决问题的能力。引导壮壮在面对同伴寻求帮助时,积极主动回应,为同伴提出建议,帮助同伴解决困难,懂得同伴互助,增强其合作水平。

三、事件取样法的优缺点

通过对事件取样法的分析,我们可以发现该方法的优点主要集中在以下几个方面:

1. 与时间取样法相比,事件取样法更具有实用性。时间取样法仅适用于观察发生频率较高的事件,而事件取样法则可以研究大部分行为和事件,不受事件发生频率的限制。[1] 观察者可以选择幼儿的任何一种行为事件进行观察,比如亲社会行为、争吵行为等,只要观察到幼儿发生了目标行为,就都可以进行观察记录。

2. 事件取样法具有省时、高效、完整的特点。在事件取样法中,观察者可以根据预先确定的目标行为类别和各行为类别的操作性定义进行记录,并且有十分明确的观察目标,因而观察效率较高。此外,观察者还能综合运用符号系统记录法和叙事描述记录法进行事件取样法的观察记录,因此可以使观察记录既具备符号系统记录法的高效性,又具备叙事描述记录法的完整性和翔实性。

3. 与时间取样法相比,事件取样法既可以获得代表性的样本,又可以获得行为事件发生全过程的资料,有助于观察者分析目标行为事件发生的原因及其结果。事件取样法是观察者在自然情境下观察并记录幼儿行为事件发生的全过程,因此对目标行为和事件发生的背景、起因、经过和结果都有较为详细的记录,收集到的资料具有连续性的特点,从而有助于他人阅读观察记录,了解幼儿的具体行为,也有助于观察者后期分析行为事件的因果关系。

不过,事件取样法也有其局限性:

1. 采用事件取样法,难以得到有关事件的背景信息。事件取样法固然可以从行为事件一出现就开始记录,直至行为事件结束,可以记录行为事件的全过程,但是一些与这一行为事件有关的,时间或者空间上间隔较远的内容就无法进行记录了。比如,观察者的观察目标是某一幼儿的哭泣行为,观察者可能记录下了幼儿因为丢失东西而哭泣

---

① 侯素雯,林建华.幼儿行为观察与指导这样做[M].上海:华东师范大学出版社,2014:27.

这一事件发生的全过程,但是对于为何幼儿丢东西会哭的深层次原因却无法分析。所以事件取样法仍然脱离了事件与过去情境的联系,而过去的情境可能是导致事件发生的真正原因。

2. 事件取样法所获得的资料量化不够直接,还需要进一步转化。时间取样法能够获得目标行为发生的频率,以及目标行为的时间间隔等直接的量化信息。与之相比,事件取样法经常存在文字描述性的记录,观察者在分析时,需要将这些描述性的文字转化为量化的数据,这在一定程度上加重了观察者的工作负担。

3. 事件取样法的测量稳定性较低。观察者在使用事件取样法进行观察时,只要行为事件发生就进行记录,而发生的这些行为事件在不同的情境下,可能具有完全不同的性质和意义。比如,幼儿出现言语攻击行为,可能目标幼儿是真的在对其他幼儿进行言语攻击,也可能是在模仿某一动画片或电影中人物的语言。因此,观察者在运用事件取样法进行观察记录时,应特别注意对事件发生的背景进行记录和描述,在分析时需要结合事件发生的具体背景。

本章小结

取样观察法是观察者在自然状态下,对目标幼儿或幼儿团体的行为表现进行观察和记录,然后对记录的事实进行分析的观察记录方法。取样观察法具体包括时间取样法和事件取样法两种方法。两种方法各有其特殊性:时间取样法注重以一定的时间间隔为取样标准,主要对预先确定的行为是否出现以及出现次数和持续时间进行观察记录。事件取样法则注重以特定的行为或事件的发生为取样标准,对目标行为进行观察记录。取样观察法共同的优点是在观察记录过程中比较省时、省力和高效,观察者不需要对幼儿行为表现的细节做详细的描述,而且便于后期进行量化分析。同时,取样观察法共同的缺点是观察者需要事先将目标行为划分类别和下操作性定义,并且需要预先制作观察记录表,灵活性较差。时间取样法和事件取样法各有优劣,观察者可以根据观察目标和具体问题,选择适当的观察方法。

思考题

1. 取样观察法具体包括哪些观察方法?
2. 时间取样法的运用具体包括哪些过程?
3. 事件取样法有哪些优、缺点?

进一步阅读的文献

1. 张秀春.时间取样观察法的优缺点及其适用性问题[J].辽宁师范大学学报(社会科学版),2004,27(2):52-54.

2. 但菲,梁美玉,薛瞧瞧.教师对幼儿情绪表达事件的态度及其意义[J].学前教育研究,2014(12):3-7.

3. 邓进红,秦元东.幼儿同伴嬉戏行为的年龄特点与性别差异[J].学前教育研究,2013(1):19-23.

4. 黄瑶,莫文.中班幼儿结构游戏中求助行为的现状与分析——以某幼儿园为例[J].教育观察,2021,10(12):22-24+33.

第八章 评价观察法

学习目标

1. 熟悉四种评价观察法的含义。

2. 了解四种评价观察法的具体运用过程。

3. 学会运用四种评价观察法,能够编制简单的观察记录表,并对幼儿行为进行记录与解析,提高对幼儿行为的理解与分析能力。

4. 能够将观察结果应用于保教实践,提高保教能力。

内容脉络

```
                    ┌─────────────────┐
                    │    评价观察法     │
                    └─────────────────┘
        ┌──────────────────┐      ┌──────────────────┐
        │  评价观察法的分类  │      │ 四种评价观察法的运用 │
        │  ● 行为检核表法   │      │  ● 界定目标行为    │
        │  ● 等级评定法     │      │  ● 设计观察记录表格 │
        │  ● 频次记录法     │      │  ● 进行观察记录    │
        │  ● 持续时间记录法  │      │  ● 分析           │
        └──────────────────┘      └──────────────────┘
     ┌────────────────────┐    ┌────────────────────┐
     │  四种评价观察法的定义  │    │ 四种评价观察法的优缺点 │
     └────────────────────┘    └────────────────────┘
              ┌──────────────────────┐
              │   四种方法的比较与思考   │
              └──────────────────────┘
```

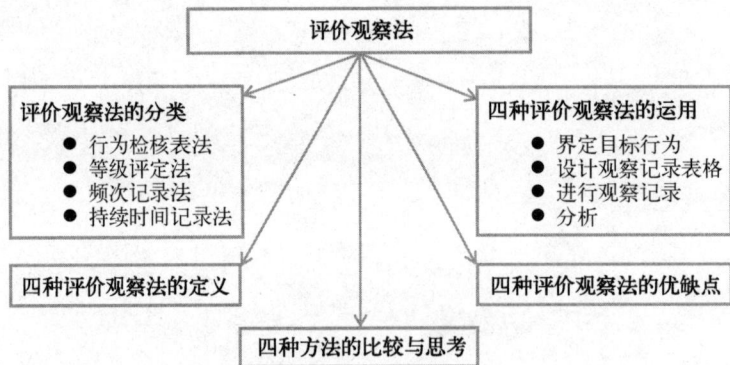

　　李老师今年第一次担任主班教师,平常的工作让她忙得不可开交。近期的一次教研会议上,年级组长要求老师们深入了解班上的幼儿,多做一些观察记录,增强对幼儿教育指导的针对性。李老师很苦恼,完成日常的教育教学任务已经很忙了,哪里还有时间去做观察记录呢? 要是整天拿着本子记这个、记那个,会不会影响教育教学呢? 更别提把每个孩子都记录到了。回教室的路上,同行的王老师看见李老师愁眉不展,就关心地询问,了解了前因后果之后,王老师笑着让李老师不要着急,她知道一些简便易行的观察方法可以方便李老师做记录。回到教室后,王老师拿出自己的一沓观察记录资料,李老师一看,上面是一些表格,表格中罗列着幼儿的种种行为表现。观察者只需要在对应的格子上进行打分或做出标记即可,使用起来既方便又节约时间。接着,王老师向李老师详细地介绍评价观察法。

评价观察法是一种量化的观察方法,它使用起来简单、方便,能够直接反映出幼儿在日常生活中的行为表现。观察者可以通过使用评价观察法,将幼儿的行为与发展常规模式进行比较,全面了解幼儿身心发展的特点,从而进一步指导教学实践。

第一节　行为检核表法的运用与案例分析

一、行为检核表法的含义

行为检核表法又称为清单法、检测表单法等,是指观察者依据一定的观察目的,事先拟定所需要观察的项目,并将它们排列成清单式的表格,然后通过观察,根据检核表内容逐一检视幼儿行为出现与否的一种观察与记录方法。

行为检核表法具有较高的实用性和便捷性,它不受制于情境,可以随时随地对幼儿的行为进行观察记录,是观察者经常使用的一种方法。一般来说,行为检核表法的记录方式是二选一,也就是使用"有"或"无"、"是"或"否"来进行记录。例如,下表是一份中班幼儿自我服务劳动技能检核表,表中罗列出了4—5岁幼儿应掌握的自我服务劳动技能,由观察者进行观察并记录。如果幼儿的行为符合项目的描述,就在表格中相应的栏目内打钩,最后计算总分以评价幼儿语言能力的发展状况。

表8-1　4—5岁幼儿自我服务劳动技能检核

幼儿姓名：　　　性　　别：　　　年　　龄：　　　　　　编　　号：		
观察时间：　　　观察地点：　　　观察者：		
项　　目　　　　　　　　　　劳动内容	是	否
入园环节　1. 放好书包及个人物品		
2. 积极主动地选择活动内容,参与晨间活动		
盥洗环节　1. 自主如厕,正确洗手,自己用毛巾擦干手		
2. 能自己洗干净脸		
午睡环节　1. 安静进入睡眠室,把鞋摆放整齐		
2. 自己穿脱衣服和鞋袜,把衣服叠放整齐		
3. 自己叠被子		
进餐环节　1. 不洒饭菜,不挑食,不浪费粮食		
2. 餐后自己清理桌面,并将食物残渣倒入垃圾桶		
3. 餐后自己放碗,轻拿椅子到指定位置就座		
离园环节　1. 检查自己的衣服是否湿水		
2. 整理自己的书包、衣物		

通过上述例子我们可以发现,行为检核表法只是记录所要观察的行为是否出现,并没有对行为的具体表现进行描述。所以,行为检核表法是一种能够检测目标行为是否出现的观察方法,具有较强的封闭性。同时,行为检核表法的选择性高,观察者可以根据自己的观察目标和需要,事先对所要观察的各行为项目进行界定,熟悉并理解各项目,然后根据所列出的行为项目检核幼儿是否存在这些行为。另外,虽然观察者在观察

前已经对行为项目作出了界定,但是某些项目仍需要观察者结合日常观察做出判断。例如,"爱惜与他人共同完成的作品"这样的项目描述就需要观察者对这一行为进行明确的界定,轻拿轻放作品就可以算作"是",还是小心保存作品才能算"是",这需要观察者结合幼儿的日常行为做出判断。

此外,行为检核表法除了可以记录单个幼儿的行为表现,也可以记录幼儿群体某方面的表现。比如,下面列出的斯密兰斯基社会性主题角色游戏量表可以帮助观察者记录幼儿进行社会性主题角色游戏的表现,从而了解班级幼儿社会性游戏能力发展的大致水平。同时也可以查看每个幼儿的具体情况,从而进一步指导教育教学工作。

表 8 - 2　斯密兰斯基社会性主题角色游戏量[①]

幼儿编号	角色扮演	想象的转换			社会互动	语言沟通		持续性	备注
		材料	动作	情境		无交际	假装的角色沟通		
1	√		√	√	√			√	
2		√	√				√	√	
3		√	√				√	√	
4		√	√	√					
5	√		√	√		√		√	

二、行为检核表法的运用

(一)制作行为检核表

使用行为检核表法的关键环节是观察者需要在使用前制定比较周密而详细的计划。而计划的核心则是对所观察的行为进行具体的界定,形成一份可参照的行为检核表。因为观察者使用行为检核表法是为了检核目标行为是否出现,所以事先有逻辑、清晰地列出所需要观察的行为是十分必要的步骤。在制作行为检核表时,可以按照以下几个步骤进行:

1. 确定观察目标,列出目标行为

确定观察目标是进行观察的首要程序。观察者需要确定自己的观察目标是什么,期望了解幼儿哪方面的行为表现,然后围绕观察目标确定观察维度。

> 　　王老师想了解班上幼儿的社会性游戏发展状况。综合考虑之后,王老师采用了行为检核表法来对幼儿的社会性游戏行为进行观察记录。
> 　　首先,她结合自己的日常教学经验,确定了观察维度:
> 　　1. 是否愿意看别人玩游戏。
> 　　2. 是否用自己的玩具或材料独自玩游戏。

---

① 刘焱.幼儿园游戏与指导[M].北京:高等教育出版社,2012:288.

> 3. 是否用和他人相似的玩具或材料进行平行游戏。
>
> 4. 是否在小组游戏中与其他幼儿玩耍。
>
> 5. 是否能与其他幼儿交朋友。
>
> 6. 是否能用积极的方式参与到正在进行的游戏中。
>
> 7. 是否能用积极的方式在游戏中扮演自己的角色。
>
> 8. 是否能用积极的方式解决游戏过程中出现的冲突。

确定观察维度之后,需要将每一维度逐一分解为可观察到的具体行为。比如,上述案例中的第八条是"是否能用积极的方式解决游戏过程中出现的冲突",在小组游戏中,幼儿之间的冲突主要源于游戏进程、角色转换和玩具,而幼儿需要学会如何用积极的方式妥善处理与同伴之间的冲突。为了便于观察和记录,王老师结合日常的教学经验,将积极解决冲突的方式划分为以下六种:

		是	否
是否能用积极的方式解决游戏过程中出现的冲突			
解决冲突的方式	忽视		
	转移注意		
	说理		
	协商		
	合作		
	让步		

上述案例中,王老师从自身的经验出发,考虑行为发生的前因后果和一些假设情景来细化行为指标。

此外,观察者也可以参考《3—6岁儿童学习与发展指南》或者国外幼儿行为发展常模等来制定行为指标。比如,《3—6岁儿童学习与发展指南》中对3—4岁、4—5岁、5—6岁三个年龄段分别列出了此年龄段幼儿在健康、语言、社会、科学和艺术五大领域中应该达到的水平,为观察者提供了借鉴。观察者可以据此来设计相应的行为检核表来了解幼儿在各个领域的发展状况。如下表就是根据《3—6岁儿童学习与发展指南》的社会领域中4—5岁幼儿的行为表现制作的观察表。

表8-3 4—5岁幼儿社会适应状况观察

行 为 表 现		是	否
喜欢并适应群体生活	愿意并主动参加群体活动		
	愿意与家长一起参加社区的群体活动		
遵守基本的行为规范	感受规则的意义,并能基本遵守规则		
	不私自拿不属于自己的东西		

行 为 表 现		是	否
遵守基本的行为规范	知道说谎是不对的		
	知道接受了的任务要努力完成		
	在提醒下,能节约粮食、水电等		
具有初步的归属感	喜欢自己所在的幼儿园和班级,积极参加集体活动		
	能说出自己家所在地的省、市、县(区)名称,知道当地有代表性的物产或景观		
	知道自己是中国人		
	奏国歌、升国旗时能自觉站好		

2. 组织整理行为指标,制作行为检核表

将目标行为进行指标细化后,需要按照逻辑将细化后的行为指标进行组织整理。观察者可以按照自身习惯、观察计划、幼儿活动时的场地顺序、活动开始的时间顺序或者行为的难易程度等多种原则对项目进行排列。上述案例中的王老师采取了按照行为类别进行排列的方式。

项 目		是	否
1. 是否愿意看别人玩游戏			
2. 是否用自己的玩具或材料独自玩游戏			
3. 是否用和他人相似的玩具或材料进行平行游戏			
4. 是否在小组游戏中与其他幼儿玩耍			
5. 是否能与其他幼儿交朋友			
6. 是否能用积极的方式参与到正在进行的游戏中			
积极参与到正在进行的游戏的方式	(1) 观察小组游戏,了解他们在玩什么		
	(2) 选择与小组游戏相同的游戏内容		
	(3) 为游戏的进行做些事情		
	(4) 表现出对游戏很感兴趣,在做游戏的同伴周围走动		
	(5) 再次询问是否可以参加游戏		
7. 是否能用积极的方式在游戏中扮演自己的角色			
积极扮演角色的方式	(1) 保持和他人交谈		
	(2) 在说话时和对方保持眼神接触		
	(3) 在听他人说话时,能专注并看着对方		
	(4) 为了让他人理解,能调整谈话内容		

续 表

项 目		是	否
8. 是否能用积极的方式解决游戏过程中出现的冲突			
积极解决冲突的方式	(1) 忽视		
	(2) 转移注意		
	(3) 说理		
	(4) 协商		
	(5) 合作		
	(6) 让步		

目前,行为检核表的主体部分已经完成,接下来需要根据观察目标进一步完善行为检核记录表。由于仅记录目标行为是否出现,行为检核表的记录较为简单,如果观察者还希望记录其他内容,可以在表格中增设相关内容。例如,如果观察者的观察目标是了解幼儿动作发展的状况及幼儿第一次掌握该动作的时间,观察者可以在检核表中添加一列表格以记录该信息,具体例子如下:

表8-4 3—4岁幼儿动作能力检核

项 目		是	否	如果为"是"则记第一次出现的时间
具有一定的平衡能力,动作协调、灵敏	能沿地面直线行走或在较窄的低矮物体上走一段距离			
	能双脚灵活交替上下楼梯			
	能身体平稳地双脚连续向前跳			
	分散跑时能躲避他人的碰撞			
	能双手向上抛球			
具有一定的力量和耐力	能双手抓杠悬空吊起10秒左右			
	能单手将沙包向前投掷2米左右			
	能单脚连续向前跳2米左右			
	能快跑15米左右			
	能行走1公里左右(途中可适当停歇)			
手的动作灵活协调	能用笔涂涂画画			
	能熟练地用勺子吃饭			
	能用剪刀沿直线剪,边线基本吻合			

3. 完善观察记录表

至此,观察的重点内容行为检核表中的活动式检核项目基本编制完成。但是,一般而言,行为检核表还包括一部分静态、稳定的描述项目,包括幼儿的姓名、性别、年龄、编号、观察时间、观察地点、观察者、被观察者的家庭情况等。

由于上述案例中,王老师的观察目标是了解幼儿的社会性游戏行为,而幼儿是否有兄弟姐妹、主要照顾者的情况等因素都可能影响幼儿的社会性游戏行为,所以王老师设计行为检核表时加入了幼儿的手足概况、主要照料者等因素,以便观察者更加全面地了解幼儿社会性游戏行为表现及其原因。

幼儿姓名： 观察时间：	性　别： 观察地点：	年　龄： 观察者：	编　号：	
项　目		是	否	
手足概况	兄			
	弟			
	姐			
	妹			
主要照顾者	父			
	母			
	(外)祖父母			
	保姆或其他			

这份行为检核表的观察目标是了解幼儿的社会性游戏状况,每位幼儿一份。为了明晰上述情况,王老师在行为检核表下方加入了以下说明:

> 说明:
> (1)该行为检核表用于对幼儿社会性游戏的观察。
> (2)每位幼儿一份表格,逐条检查并评定。

王老师最终设计出的完整的幼儿社会性游戏行为检核表如下:

表8-5　幼儿社会性游戏行为检核

幼儿姓名： 观察时间：	性　别： 观察地点：	年　龄： 观察者：	编　号：	
项　目		是	否	
手足概况	兄			
	弟			
	姐			
	妹			
主要照顾者	父			
	母			

续　表

项　目		是	否
主要照顾者	（外）祖父母		
	保姆或其他		
1. 是否愿意看别人玩游戏			
2. 是否用自己的玩具或材料独自玩游戏			
3. 是否用和他人相似的玩具或材料进行平行游戏			
4. 是否在小组游戏中与其他幼儿玩耍			
5. 是否能与其他幼儿交朋友			
6. 是否能用积极的方式参与到正在进行的游戏中			
积极参与到正在进行的游戏的方式	（1）观察小组游戏，了解他们在玩什么		
	（2）选择与小组游戏相同的游戏内容		
	（3）为游戏的进行做些事情		
	（4）表现出对游戏很感兴趣，在做游戏的同伴周围走动		
	（5）再次询问是否可以参加游戏		
7. 是否能用积极的方式在游戏中扮演自己的角色			
积极扮演角色的方式	（1）保持和他人交谈		
	（2）在说话时和对方保持眼神接触		
	（3）在听他人说话时，能专注并看着对方		
	（4）为了让他人理解，能调整谈话内容		
8. 是否能用积极的方式解决游戏过程中出现的冲突			
积极解决冲突的方式	（1）忽视		
	（2）转移注意		
	（3）说理		
	（4）协商		
	（5）合作		
	（6）让步		

说明：（1）该行为检核表用于对幼儿社会性游戏的观察。
　　　（2）每位幼儿一份表格，逐条检查并评定。

（二）进行观察记录

行为检核表制作完成之后，观察者就可以使用该检核表进行观察记录了。但在观察记录的过程中需要注意以下几个方面的问题：

1. 观察者需要明确观察目标并熟知观察记录表中的行为项目。如果条件允许，尽量在正式观察之前进行预观察，以便对观察记录表和观察计划等内容进行调整与完善。

2. 在正式记录前,观察者应选择适宜的观察地点或情境。比如,对幼儿入园适应行为的观察,观察者可以在任何地点或情境随时进行记录。但是,如果是对幼儿同伴交往行为的观察,则需要在幼儿有机会与同伴进行社会互动时观察。

3. 在进行行为检核时,观察者要尽量保持客观,避免对被观察者形成偏见。

4. 选择统一的记录方式。行为检核表法只是观察记录行为是否出现,所以记录方式一般是在相应的表格中打钩即可。

表8-6 幼儿社会性游戏行为检核

幼儿姓名:莱莱 性 别:男 年 龄:5岁8个月 编 号:18 观察时间:5月16日 观察地点:中二班 观察者:王老师			
项 目		是	否
手足概况	兄	√	
	弟		√
	姐		√
	妹		√
主要照顾者	父	√	
	母	√	
	(外)祖父母		√
	保姆或其他		√
1. 是否愿意看别人玩游戏。			√
2. 是否用自己的玩具或材料独自玩游戏。			√
3. 是否用和他人相似的玩具或材料进行平行游戏。			√
4. 是否在小组游戏中与其他幼儿玩耍。		√	
5. 是否能与其他幼儿交朋友。		√	
6. 是否能用积极的方式参与到正在进行的游戏中。		√	
积极参与到正在进行的游戏的方式	(1) 观察小组游戏,了解他们在玩什么	√	
	(2) 选择一个与小组游戏相同的内容		√
	(3) 为游戏的进行做些事情		√
	(4) 表现出对游戏很感兴趣,在周围走动	√	
	(5) 再次询问是否可以参加游戏	√	
7. 是否能用积极的方式在游戏中扮演自己的角色。		√	
积极扮演角色的方式	(1) 保持和他人交谈	√	
	(2) 在说话时保持眼神接触	√	
	(3) 在听他人说话时,能专注并看着对方	√	
	(4) 为了让他人理解,能调整谈话内容		√

续　表

项　　目	是	否
8. 是否能用积极的方式解决游戏过程中出现的冲突	√	

积极解决冲突的方式	(1) 忽视		√
	(2) 转移注意		√
	(3) 说理		√
	(4) 协商	√	
	(5) 合作	√	
	(6) 让步	√	

说明：(1) 该行为检核表用于对幼儿社会性游戏的观察。
　　　(2) 每位幼儿一份表格,逐条检查并评定。

(三) 分析解释记录结果

记录完成之后,观察者需要对记录的数据资料进行分析。仍以"莱莱的社会性游戏"为例,观察者可以通过行为检核表记录的数据资料分析莱莱在区域游戏环节中进行社会性游戏的情况,并结合莱莱的家庭情况分析其中可能的原因：

分析

在社会性游戏方面,莱莱没有停留在旁观、独自游戏和平行游戏的阶段,他已经能很好地参与其他幼儿的小组游戏活动,与同伴进行合作游戏。为了参与到正在进行的游戏中,莱莱会首先观察小组游戏,了解他们在做什么,然后在周围走动,当小组幼儿需要帮助的时候,莱莱会主动伸出援手。比如,他会帮助在积木区搭建城堡的幼儿寻找合适的积木。在询问能否加入游戏并得到允许之后,莱莱会迅速地投入小组游戏中,保持与其他幼儿的交谈,并且努力让别人听懂自己的话。当小组游戏出现冲突时,莱莱会采用协商、合作和让步的方式来解决冲突。综上,与其他幼儿相比,莱莱的社会性游戏水平较高。

另外,由于行为检核表法的观察结果容易量化,因此观察者也可以采用一些统计方法,对记录的数据资料进行统计分析。

表8-7　中一班幼儿区域活动检核

观察对象：中一班全体幼儿　　　观察日期：4月18—22日
观察目标：观察班级幼儿在区域活动中的兴趣偏好。
开始时间：9:00　　　　　　　　结束时间：9:40
地　　点：中一班　　　　　　　观 察 者：张玲

续　表

区域＼幼儿	拼插区	积木区	画画区	电脑区	益智区	植物区	科学区	感官区	烹饪区	娃娃家	图书区	表演区	备　注
1	√	√	√			√			√	√			
2		√		√	√		√		√			√	
3	√	√	√	√					√	√			
4	√	√	√			√	√	√				√	
5													请假
6		√	√		√		√			√		√	
7	√				√	√		√		√	√		
8	√	√	√		√				√	√		√	
9	√	√	√	√				√				√	
10		√	√		√		√		√	√			
11		√			√	√							不愿参加区域活动

分析

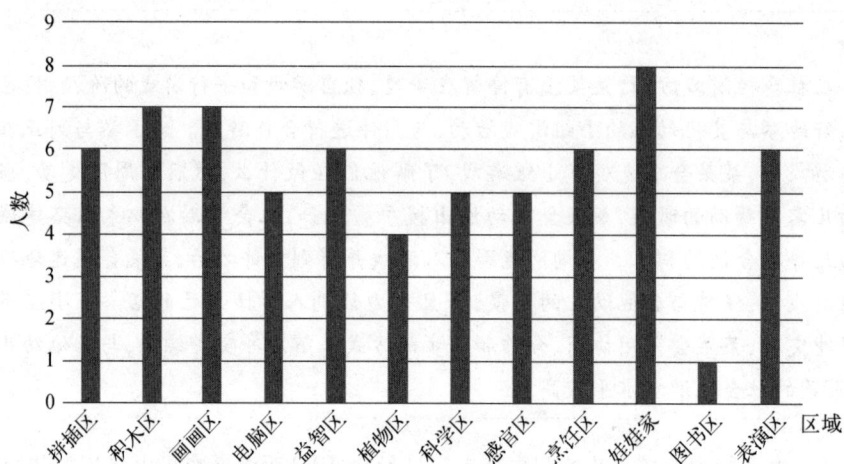

图 8－1　中一班幼儿区域活动直方图

　　根据观察记录的资料，绘制中班幼儿在一周中选择不同区域活动的直方图。由图可知，在区域活动中选择娃娃家的幼儿最多，达到 8 人；选择积木区和画画区的幼儿也比较多，均为 7 人；而选择图书区的幼儿最少，仅有 1 人。可见，班上的幼儿比较喜欢娃娃家、积木区和画画区，而不太喜欢图书区，这可能是由于图书区的阅读材料较为陈旧或不符合幼儿的兴趣偏好所导致。教师应及时更新图书区的阅读材料，并根据幼儿兴趣选择投放幼儿喜欢的图画书等。

　　除了可以对每次观察的数据资料进行统计分析外，观察者还可以多次观察，每隔一段时间把数据资料汇总，再进行统计分析。采用这样的方式，可以通过前后对比发现幼儿行为的变化情况，以便观察者能够对幼儿进行更加全面的了解和分析。

三、行为检核表法的优缺点

通过对行为检核表法的分析,我们可以发现该方法的优点主要集中在以下几个方面:

1. 行为检核表法具有简单、方便、实用的特点,是一种常用的观察方法。在制定了完整的行为检核表之后,观察者能够随时随地、快速有效地记录目标行为是否出现,并对目标行为作出评估。另外,行为检核表法应用广泛,适用于观察幼儿的认知发展、社会性发展和动作技能发展等不同领域的发展状况,并且没有观察时间的限制,观察者在户外活动、区域活动或者集体活动等任意环节都可以使用。

2. 行为检核表法的观察结果便于观察者进行量化处理,并且能够进行多元运用。由于行为检核表法所得到的资料本身量化程度较高,所以在统计分析时不需进行转化就可以直接计算,这在一定程度上节省了观察者的精力和时间。在分析结果的运用上,从横向来看,行为检核表法的观察结果可以用来评估幼儿身心发展等不同方面的发展状况,为幼儿的教育提供指导。从纵向来看,观察者可以在不同时间使用同样的行为检核表对幼儿的行为进行观察记录,将不同时间的观察结果进行比较,了解幼儿行为的发展变化,看到其进步与不足,评价教育干预的效果。

3. 行为检核表法可以与其他方法结合使用。由于行为检核表的适用范围比较广泛,观察者可以把它作为一个初步观察的方法,从中发现和选取有意义的行为,再使用其他方法(如事件取样法、实况详录法等)进行深入、细致的观察,这样可以有效避免耗费观察者的时间和精力。

行为检核表法同样不可避免地存在一些缺点,主要有以下几点:

1. 行为检核表法最主要的缺点是不能对幼儿的行为进行详细记录。观察者只是记录了某种行为是否发生,并没有记录行为发生的前因后果、具体的发生时间和情景、持续时间和程度等信息,这可能会影响观察者对幼儿行为的解读。

2. 行为检核表的编制容易存在不完善的问题。行为检核表法是观察者事先将幼儿可能出现的行为编制成行为检核表进行观察的,但幼儿的行为难以被全部预测到。当幼儿出现了非预测性的行为时,观察者可能会产生困惑,不知道是否应该记录这一行为,从而影响对幼儿行为的观察,也可能造成记录的不准确。

3. 行为检核表法的使用对观察者自身的要求比较高。观察者要熟悉并清晰地界定检核表中所有的行为项目,才能确保记录的有效性。但是对于行为的判定极容易带有主观色彩,可能造成记录结果的信度方面出现问题。而在观察整群幼儿时,则需要兼顾每个幼儿,但一个人的精力毕竟有限,因此可能造成观察记录的遗漏,直接影响观察结果。

第二节　等级评定法的运用与案例分析

一、等级评定法的含义与分类

(一)等级评定法的含义

等级评定法是指观察者在对幼儿进行观察后,对其行为表现所达到的水平进行评定,并对其行为质量的高低进行量化判断的一种方法。

等级评定法与行为检核表法不同,行为检核表法只记录行为是否出现,而等级评定法能够帮助观察者进一步了解行为发生的程度、频率等,使观察者能够快速、方便地概括出观察对象的特点。等级评定法一般是观察者在观察之后,根据回忆进行记录,它不是一种直接的观察方法,严格地说,更像是一种评估方法。

(二) 等级评定法的分类

等级评定法在具体使用的时候,根据量表的不同设计方式,分为几种不同的类型。主要包括数字等级量表、图形量表、标准化量表、累计点数量表和强迫选择量表等。

1. 数字等级量表

数字等级量表是使用定义好的序列数字来表示被观察者某一行为的不同程度或类型,观察者根据观察结果选择与幼儿行为最匹配的数字进行记录。数字等级量表常常采用三点、五点或七点计分的方式。比如三点量表是用从1到3或者0到2这几个数字来表示行为的三种等级,五点量表就是用1到5或者0到4这几个数字来表示行为的五种等级。下面列出的Rutter儿童行为问卷的部分内容就运用了三点计分的方式。

表8-8 Rutter儿童行为问卷(节选)①

请根据孩子最近一年的行为表现,按0、1、2进行三级评分。其中0表示从来没有,1表示轻微或有时有,2表示严重或经常出现。

行 为 问 题	等 级		
9. 非常不安,难以长期静坐	0	1	2
10. 动作多,乱动,坐立不安	0	1	2
11. 经常破坏自己或别人的东西	0	1	2
12. 经常与别的儿童打架,或争吵	0	1	2
13. 别的孩子不喜欢他	0	1	2

2. 图形量表

图形量表是用一条横线来表示一个行为的程度,在横线上从左到右,依次表示行为表现由高至低或由低至高的不同程度,与数轴有些类似(见下图)。图形量表最大的优点在于其直观性,观察者可以根据幼儿的实际表现,选择与幼儿行为表现相符的描述。

总是	常常	偶尔	很少	从不

图形量表还有另外一种形式,称为语义区分量表。它使用两个语义相反的形容词作为横线的两端,中间分成几个等级,要求观察者根据幼儿的行为做出判断。下表是一份幼儿情绪评定量表,使用了七点计分:

① 汪向东,王希林,马弘等. 心理卫生评定量表手册(增订版)[C]. 中国心理卫生杂志社,1999:125.

表 8 - 9　幼儿情绪评定量

	(1)	(2)	(3)	(4)	(5)	(6)	(7)	
1. 温和	-	-	-	-	-	-	-	易怒
2. 平静	-	-	-	-	-	-	-	不安
3. 快乐	-	-	-	-	-	-	-	忧郁
4. 无畏	-	-	-	-	-	-	-	恐惧
5. 兴奋	-	-	-	-	-	-	-	低落

3. 标准化量表

标准化量表是观察者根据量表呈现的标准,判断幼儿的行为表现属于哪一类型。有关幼儿各方面的发展有许多编制完善的标准化量表,观察者可以根据观察目标选择相应的量表对幼儿某方面的发展情况进行评价。下表是幼儿言语表达能力的评价表,教师可以按照"优秀、良好、中等、差"四个等级对幼儿的言语表达能力进行评价。

表 8 - 10　幼儿言语发展水平评价①

项　目	优秀	良好	中等	差
别人说话时能注意听,并做出适宜的回应。				
能够大方地与他人交流。				
能够运用多种方式表达自己的想法与需要。				
说出的话可以被他人理解。				
能够主动邀请他人(如,我们一起玩过家家的游戏吧?)				
能够对他人的行为做出简单的评价。				

4. 累计点数量表

累计点数量表是观察者先对幼儿的行为进行评分,然后将各项分数相加得到总分(如果是负向描述则相减),以此来评定幼儿的行为。量表中每个项目的计分可以采用0、1计分的方式,也可以采用李克特量表的计分方式。在计算得分时,应先分别核查 A 行行为和 B 行行为的得分,由于 A 行是正向描述,而 B 行是负向描述,所以总分就是 A 行总分减去 B 行总分。

表 8 - 11　幼儿情绪累计点数量

A 行	B 行
——能一直保持温和状态	——总是容易情绪激动、发怒
——能安静合作地参与游戏活动	——总是不安,需要教师单独陪伴
——能积极愉快地参与幼儿园生活	——总是心情低落,对任何事提不起兴趣
——敢于尝试各种活动	——总是害怕尝试新活动
……	……

---

① 张珊珊.幼儿游戏行为的观察与记录[J].福建教育,2014(Z6): 51-54.

5. 强迫选择量表

观察者运用强迫选择量表时,不管题项中是否具有完全符合幼儿行为的选项,都需要在一系列描述性短语中选择最符合被观察者行为表现的一项描述。这就需要量表给出的一系列描述应尽可能包括不同程度的情况,即给出几种对幼儿不同的描述。观察者需要在这些描述中选出与幼儿行为表现最接近的一项,并且只能选择一项。比如:

请您评定幼儿收拾玩具的行为:

A. 拒绝收拾玩具;

B. 在教师的要求下,收拾好玩具;

C. 自觉收拾好自己的玩具;

D. 不但收拾好自己的玩具,还帮其他小朋友收拾玩具。

二、等级评定法的运用

(一)选取适宜的等级评定量表

使用等级评定法时,首先需要根据观察目标选取适合的等级评定量表。在相关领域的研究中有一些成型的量表,它们经过研究者们多次的使用和修订,不断得到改进和完善。观察者在使用等级评定法时,应该尽量查找并采用一些通用的、具有一定权威性的量表,这样既可以帮助观察者获得大量有效的观察信息,又可以减少前期准备工作,缓解观察者的工作压力。在这里,我们查找并选取了一些应用比较广泛的量表,希望能为观察者提供一些参考和帮助。

1. 儿童观察记录

儿童观察记录(Child Observation Record,简称 COR)是美国高瞻课程(High/Scope Curriculum)中使用的幼儿发展评价工具,在国外的研究和实践中被广泛运用。COR 最新修订版包含 9 个维度和 36 个条目,涵盖幼儿发展的各个方面。

表 8－12　COR 最新修订版的 9 个维度和 36 个条目

维　度	条　目
维度一:学习品质	1. 主动性和计划性 2. 使用材料解决问题 3. 反思
维度二:社会性和情感发展	4. 情感 5. 与成人建立关系 6. 与其他幼儿建立关系 7. 集体 8. 冲突解决
维度三:身体发展和健康	9. 大肌肉运动技能 10. 小肌肉运动技能 11. 自我照顾和健康行为

续　表

维　度	条　目
维度四：语言、读写和交流	12. 言语 13. 倾听与理解 14. 语音意识 15. 字母知识 16. 阅读 17. 图书乐趣与知识 18. 书写
维度五：数学	19. 数字与计数 20. 几何：形状和空间知觉 21. 测量 22. 模式 23. 数据分析
维度六：创造性艺术	24. 美术 25. 音乐 26. 律动 27. 假装游戏
维度七：科学和技术	28. 观察和分类 29. 实验、预测和得出结论 30. 自然和物质世界 31. 工具和技术
维度八：社会学习	32. 自我和他人的认知 33. 地理 34. 历史
维度九：英语语言学习	35. 英语听力和理解 36. 英语口语

上面列出了 COR 的所有观察项目,COR 对每个观察项目都有从低(水平 0)到高(水平 7)8 个层次的发展水平等级。它对每一等级的行为表现都有细致的说明,以便观察者通过观察幼儿的行为准确地判断幼儿的发展水平,让观察和评价更易于操作。由于 COR 是通过对真实生活情景中的幼儿进行观察的工具,所以幼儿教师、家长、研究者等都可以使用这一工具对幼儿的发展状况进行观察。在使用 COR 前,观察者需要在教学过程或日常生活中通过观察、交谈等多种方式深入了解幼儿,然后在幼儿与环境、同伴、成人的互动过程中对其发展情况进行观察评价。

2. Achenbach 儿童行为量表

儿童行为量表(Child Behavior Checklist,简称 CBCL)是在众多儿童行为量表中使用较多、内容较全面的一种。该量表是由美国心理学家阿亨巴赫(Achenbach)及其同事在儿童精神科临床实践中研究设计而成,1970 年首先在美国使用,此后不断进行修订。于 1983 年出版了适用于 4—16 岁儿童评估的家长使用手册,1986 年及 1987 年又分别出版了教师用表及儿童用表使用手册。1988 年的版本又添加了适用于 2—3 岁儿童的行为量表。①

CBCL 量表由 113 个项目组成,分别从情绪、行为、性格、思维、注意力等多个方面评估幼儿的心理特征和行为表现。量表题项具有数量多、涉及面广、筛查灵敏度高、假阳性低等特点。自问世以来,CBCL 在荷兰、加拿大、法国、澳大利亚、以色列及泰国等国家得到广泛的应用,被公认为效度较好、适用性较强的量表。许多大型研究使用的儿童行为评定量表也以它为蓝本。

3. Conners 儿童行为问卷

Conners 儿童行为问卷至今已有 40 余年的应用历史,广泛用于筛查儿童行为问题(特别是多动症)。该量表适用于 3—16 岁的儿童行为问题评价,包括父母问卷和教师问卷,这里主要介绍教师问卷。②

教师问卷原本由 39 个项目组成,1978 年修订为 28 个项目,比原版更加简明扼要。这 28 个项目分别从品行行为、多动、不注意及被动和多动指数四个维度评价儿童的行为问题。采用四级计分法,计分及计算方法较为简单。

表 8-13　Conners 儿童行为问卷(教师用)(节选)

项　　目	程　　度			
	无	稍有	相当多	很多
1. 扭动不停				
2. 在不应出声的场合制造噪音				
3. 提出要求必须立即得到满足				
4. 动作粗鲁(唐突无礼)				
5. 暴怒及不能预料的行为				
6. 对批评过分敏感				
7. 容易分心或注意力不集中				
8. 妨害其他儿童				
9. 白日梦				
10. 噘嘴和生气				

4. 布拉肯基本概念量表

布拉肯基本概念量表(Bracken Basic Concept Scale-Revised,简称 BBCS - R)是由布鲁斯·安·布莱肯(Bruce Bracken)于 1998 年研究设计,主要用于评估 2—7 岁儿童的基本概念发展。许多研究表明,儿童幼小衔接阶段的成功能够在小学阶段产生持续的积极影响,所以做好入学准备是学前儿童未来发展的起点。在这种背景下,良好的入学准备状态预示着儿童在未来的学业和生活中获得成功的可能性更大,而 BBCS - R 作为

---

① 杨晓岚,李传江,郭力平. 国外大型儿童发展纵向研究评估工具的分析与启示[J]. 外国教育研究,2015 (11): 94 - 106.

② 汪向东,王希林,马弘,等. 心理卫生评定量表手册(增订版)[C]. 中国心理卫生杂志社,1999.

儿童入学准备评估的工具日益受到学界的广泛关注。

BBCS－R包括11项儿童重要认知概念,这些认知概念在不同文化和语言中都具有一致性,量表图片色彩丰富清晰。观察者可以采用独立测查的方式,操作方便、灵活,具有较好的信度,是一个能够有效预测儿童学业表现的入学准备评估工具。

5. 幼儿自我控制教师评定量表

幼儿自我控制教师评定量表是由辽宁师范大学杨丽珠教授及其团队研究设计的,以团队十多年来有关幼儿自我控制的研究为基础。量表适用于评定3—5岁幼儿的自我控制水平,属于他评量表。[1]

该量表由32个项目组成,分别从自觉性、坚持性、冲动抑制性和自我延迟满足四个维度评估幼儿的自我控制水平。采用5点评分,1代表从不这样,5代表总是这样,各维度得分越高,代表相应的自我控制水平越高。心理测量学指标表明该量表有较高的信度、效度和区分度,可以有效评价中国幼儿的自我控制水平。

(二)设计等级评定量表

由于观察目的或研究目的不同,有时在已有量表中难以选到合适的量表,这时就需要自行设计、编制适合自身观察需要的量表。在行为检核表法中提到的一些编制检核表的方法,同样适用于等级评定法中量表的编制,在此不再重复。但等级评定法与行为检核表法仍存在一定差异,在编制过程中观察者还需要注意以下几点:

1. 确定等级标准

等级评定法需要确定的是行为出现的频率和程度,因此确定等级标准是运用等级评定法的关键所在。一般而言,等级评定法有四个或以上的等级,观察者可以依据观察目标,从行为发生的频率(总是、经常、偶尔、极少、从不)或是行为发生的程度(优、良、中、差)等方面来制定等级标准。在确定了使用何种等级标准之后,还需进一步界定各等级的具体标准。如在下表中,幼儿的行为被分为优、良、中、差和极差五个等级,以中班为例,什么样的表现才算是"优"?观察者可以参照《3—6岁儿童发展指南》中4—5岁幼儿的年龄特点作为常模来进行判断。

表8－14　幼儿生活习惯与生活能力等级评定量

填表说明:请根据幼儿平时的习惯或表现,选择出最适合幼儿实际情况的选项。

幼儿姓名:　　　性　　别:　　　年　　龄:　　　编　　号: 观察时间:　　　观察地点:　　　观察者:					
行　为　表　现	优	良	中	差	极差
与同龄幼儿相比,此幼儿的自我保护能力					
与同龄幼儿相比,此幼儿的生活自理能力					
与同龄幼儿相比,此幼儿的卫生习惯					
……					

---

[1]　戴晓阳.常用心理评估量表手册[M].北京:人民军医出版社,2010:325－331.

2. 注意量表中的语言运用

在量表中,不恰当的行为描述会影响评定的整体效果。所以,首先需要确保量表题目对行为的描述是准确的,并且尽量使用简洁的语言进行描述。如幼儿饮食行为等级评定表中的行为描述"安静等待吃饭"、"掌握正确的就餐姿势"、"自觉快速吃完饭"等,让人一目了然,语句简单又十分明了。除此之外,在量表中要尽量避免使用模糊的词汇,如"平均"、"很"、"还可以"等,应多用中性词,对行为的形容避免涉及价值判断,影响观察者的评定。

表 8－15　幼儿同伴互动行为等级评定

观察目标:了解幼儿在同伴互动中的行为表现。

| 观察对象: | 性　别: | 年　龄: | | 编　号: |
| 观察时间: | 观察地点: | 观察者: | | |

维　度	项　目	选项			
		从不	很少	偶尔	经常
友好型互动	能够安慰那些受伤或难过的幼儿				
	会帮助其他幼儿				
	在装扮游戏中很有创造力				
	能够帮忙解决同伴间发生的冲突				
	能够与大家分享故事				
	鼓励其他幼儿加入自己的游戏				
	能够有礼貌地指导别人的行为				
	在游戏中情绪愉快				
不友好型互动	与同伴打架或争论				
	抢别人手上的东西				
	干扰他人的游戏				
	与他人产生身体上的攻击性行为				
	在口头上攻击他人				
	破坏他人的东西				
	在玩游戏的时候,不按照顺序轮流玩				
	在闲谈过程中会泄露他人的秘密				
	大哭大闹,乱发脾气				
	不赞同其他幼儿的想法或做法				
	不与其他幼儿分享自己的玩具				
	不接受其他幼儿提出的游戏想法				

续 表

维 度	项 目	选 项			
		从不	很少	偶尔	经常
不发生互动	被其他幼儿忽视				
	徘徊于其他幼儿的游戏之外				
	退出游戏				
	需要帮忙才能重新开始游戏				
	漫无目的地游走				
	看起来不高兴				
	拒绝别人的邀请				
	在游戏过程中半知半解				
	需要老师的指导				
同时存在于多个维度中	被别人拒绝				
	游戏活动变换很灵活,跟随群体活动(别人玩什么就跟着玩什么)				
	很难从一个活动转换到另一个活动中去				

(三)使用等级评定法的注意事项

等级评定法本质上是观察者对观察对象的一种主观判定,在使用时观察者需要尽量避免主观偏见的干扰。为了使评价结果更加客观,观察者可以采取以下几点措施:

1. 多次观察。一次、两次的观察可能会使观察的偶然性和片面性程度较高,观察者难以做出准确的判定。多次观察可以使观察者更加全面深入地了解观察对象,增强观察结果的客观性和可靠性,有利于观察者做出更加准确的等级评定。

2. 多人观察。为了避免观察者的主观偏见所带来的影响,最好有两个或以上的观察者一起对幼儿的行为做出评定。多人评定的情况下,如果出现观察结果分歧较大的情况,可以通过重新评定或是评定者之间进行商讨等方式以达成一致。与单人评定相比,多人评定的结果更加准确,大大减少了主观偏见对等级评定的影响。

3. 提高观察者自身的专业性。观察者在对幼儿行为进行评定时,要尽量避免主观偏见,做出客观准确的评定。不要出现评分整体过高或过低,或趋向平均的状况。同时,评定时应当依靠回忆幼儿的真实行为表现,而非观察者自身的联想与猜测,如"他父母这样,所以他应该是这样"或者"可能是这样的",而应该是"我看到他这样,所以他是这样的"这一类的判定。

三、等级评定法的优缺点

了解了等级评定法的含义和具体使用方法之后,我们可以概括出它的一些优点:

1. 等级评定法具有简单、方便的特点。与行为检核表法相似,等级评定法是由观察者事先准备好对幼儿行为的一系列描述,在观察记录时,只需要做简单的标记,有效避免了记录文字的麻烦,便于填写。另外,由于采用固定的等级进行记录,在后续分析时可以直接采取量化的方法,对观察者来说,操作更加方便。其中,对结果进行量化分析已在上一节行为检核表法中以案例形式进行了讲述,在这一节不再赘述。

2. 等级评定法的使用范围较为广泛。它适用于对幼儿各个方面的行为表现进行观察记录,在幼儿园一日生活的各个环节以及家庭的日常生活中所体现的幼儿认知、动作、社交等各方面的发展状况,都可以使用这种方法进行评估。

3. 等级评定法可以帮助观察者发现幼儿的个别差异。等级评定法的运用需要观察者在观察之后,对每个幼儿的行为表现进行等级评定。在评定的过程中,观察者可以掌握每一位幼儿的情况。在分析观察结果时,观察者可以发现幼儿的个别差异,从而能够更好地根据每个幼儿不同的身心发展特征开展教育教学活动,做到因材施教。

同时,等级评定法的缺点也是无法忽视的:

1. 观察者的主观评定容易造成评定结果有失偏颇。等级评定法是观察者对幼儿的行为表现进行主观判断的方法,这种主观判断容易带有观察者本人的主观偏见,从而造成评定结果的不准确。除此以外,在使用等级评定法时,由于需要避免出现过于极端的评定结果,观察者还容易出现评定等级趋于集中的倾向,即趋向于选择位于中间的、不好也不坏的等级。此外,由于等级评定多是在观察之后回忆幼儿的行为并做出评定,观察者有时容易把自己的联想和猜测作为评定的依据,导致评定结果出现偏差。

2. 等级划分不明确,只凭主观感受。等级评定表将行为进行了等级上的划分,但是并没有明确界定哪些行为属于这一等级,多数是凭借观察者的主观感受来进行判断。而不同的观察者对于这些等级的理解是不同的,这样也会影响评定的效果。

3. 等级评定法没有记录行为发生的具体内容。与行为检核表法一样,等级评定法也只是在给出的行为描述后面进行标记,并没有把这个行为发生的具体的情景、原因、经过和结果等细节描绘出来,这可能导致观察者了解到的信息并不全面,以至于难以进行深入的分析。

第三节 频次记录法的运用与案例分析

一、频次记录法的含义

频次是指某一行为在一段时间内发生的次数,它表示的是行为发生的频率。频次记录法是指记录目标行为发生的频率和行为持续时间的方法。

频次记录法是观察者在观察幼儿行为的同时,对行为发生的频次进行记录,观察的原始资料基本无法保存,所以这种观察记录方法也是一种封闭性较强的方法。同时,与评价观察法的前两种方法一样,这种观察方法的选择程度也较高,观察者可以根据自己的观察目标和需要拟定记录表格,对幼儿的特定行为进行观察记录。由于观察时要记录目标行为出现的次数,所以使用这种观察方法也需要事先对目标行为进行界定,以明确观察目标。由于幼儿的行为经常是突发性的或模糊性的,在观察中可能出现一些似是而非的行为,需要观察者自行判断。比如,在观察幼儿的攻击行为时,幼儿做出假装打人的动作,这是否算作一次攻击行为需要观察者自己判断。但是,如果事先对目标行为下明确的操作性定义的话,可以在一定程度上降低观察者的观察记录难度和主观性。

二、频次记录法的运用

(一)确定目标行为并界定

观察者在选择观察方法之前,首先要确定观察目标。频次记录法侧重记录行为发生的频率,所以适用于记录持续时间较短的并且是可观察的外在行为,比如幼儿的攻击行为、咬指甲或者是课堂捣乱行为等。

在采用频次记录法进行观察记录时,观察者只需要使用简单的标记来记录行为发生的次数,这就要求观察者在前期准备中要对目标行为进行清晰的界定,防止在出现模棱两可的现象时观察者难以做出判定。比如,观察者使用频次记录法来记录幼儿吮吸手指的行为,那么首先需要对吮吸手指的行为下操作性定义。如幼儿把任意一根或几根手指放入嘴中,并进行吮吸的动作。而在实际观察中,观察者可能发现目标幼儿出现把手指放在嘴里舔一下再拿开,或者是一直咬着手指的动作,那么观察者可能会对这些行为是否应该记录的问题产生迟疑,这说明对吮吸手指行为下的操作性定义不够清晰。那么,我们可以对吮吸手指行为的定义进行补充修改,比如幼儿只要做出把手指放进嘴里的动作,不管是在吮吸,还是在咬或舔等,都属于吮吸手指行为,都要进行记录。

(二)制作频次记录表

在确定了观察目标和界定了行为的操作性定义之后,观察者需要制作频次记录表。一般而言,当单一目标行为出现的频率较高时,观察者一次仅记录一种目标行为能够较为准确地统计频次。仍以吮吸手指的行为为例,这一行为在沫沫小朋友身上出现的频率比较高,老师为了了解沫沫出现这一行为的具体情况,就采用频次记录法进行观察记录,并设计了频次记录表:

表 8 - 16 吮吸手指行为频次记录

幼儿姓名:沫沫   性 别:男   年   龄:4 岁 1 个月   编   号:02
观察目标:观察并记录沫沫吮吸手指行为的频次。
观察时间:自由游戏时间 观察地点:幼儿园中班教室   观 察 者:杨乐

吮吸手指的操作性定义:幼儿把手指放进嘴里,进行吮吸、咬或舔等。

观察日期	观察开始时间	观察结束时间	次数划记	观察时长	频率 (次/10 min)

从上表可以看出,观察记录表包括幼儿的姓名、性别、年龄、观察时间、观察地点、观察目标、观察者等背景信息,还包括观察日期、观察开始时间、结束时间、目标行为发生的次数等需要观察记录的具体信息。同时为了进行对比,观察者还可以加上行为发生频率一栏。所以,在设计频次记录表时,基本的观察资料不可或缺。此外,观察者还可以结合自身实际的观察需求补充一些记录内容,如行为发生频率、备注等项目。

吮吸手指行为频次记录表展示了单一行为的频次记录方式。此外,频次记录表还可以同时记录多种行为表现。如果各种行为发生的频次不是很高,同时观察者的素质较高、经验较丰富的话,就可以同时记录多种行为的发生频次,设计频次记录表时也要遵循上述要求。

表8-17 亲社会行为频次记录

幼儿姓名:康康   性 别:男   年 龄:5岁3个月   编   号:03
观察目标:观察并记录康康亲社会行为的频次
观察时间:区域游戏时间   观察地点:幼儿园大班教室   观 察 者:陈鑫

幼儿亲社会行为类别:
1. 助人   2. 分享   3. 合作   4. 安慰   5. 公德行为

亲社会行为及其类别的操作性定义:
1. 亲社会行为:幼儿在社会交往中所表现出的一切有助于社会和谐的行为。
2. 助人:幼儿在他人需要帮助时给予帮助,如帮小朋友扣纽扣,扶起摔倒的小朋友等。
3. 分享:幼儿与同伴一起玩自己的玩具、分享食物等。
4. 合作:幼儿与同伴协同完成某一活动,如合作游戏等。
5. 安慰:在他人遭受心理或生理的伤害时,幼儿给予他人安慰。
6. 公德行为:该类型无明确的行为对象,是有利于集体的良好行为,如关紧水龙头、清扫垃圾等。
观察日期:

	观察开始时间	观察结束时间	次数划记	次数总计	观察时长	频率(次/10 min)
助人						
分享						
合作						
安慰						
公德行为						

在表格设计完成之后,观察者可以在正式观察记录前先进行练习测试。根据实际情况和观察者的记录习惯,对记录表的不足之处进行必要的修改,同时增加观察者对频次记录表的熟悉程度。

（三）进行正式观察

前期工作准备妥当之后，观察者就可以正式进行观察记录了，在这个过程中，仍有一些需要注意的内容：

1. 频次记录法在进行观察记录时可以采取多种记录方式，如画"正"字或者打"√"等，观察者可以根据观察记录表选择适合的或自己习惯的方式进行记录。但需要注意的是，在多人一起观察的时候，最好统一使用同一种符号进行记录，防止分析时由于记录符号的不同而导致统计结果出现偏差。另外，在记录时要注意保持标记符号的清晰明确，以免造成不必要的统计失误。

2. 多人观察。频次记录法记录的是幼儿行为发生的次数，在实际观察中，可能由于幼儿的动作出现得太快，观察者没能看清具体行为，或者观察者偶尔一次失神，导致记录失误。多人观察可以弥补这些不足，提高观察结果的准确性。

3. 多次观察。在不同情景下，幼儿某一行为发生的频率可能有所不同，幼儿的不同生理、心理状态也会影响目标行为发生的频率。多次观察可以减少观察的偶然性，并且能够为后续分析提供更多的资料。

4. 借助工具帮助观察。有的观察可能需要在户外活动或者集体教学环节时进行，在这种情况下，教师作为观察者可能无法一边观察记录，一边组织幼儿活动，所以可以借助录像机等工具来辅助观察。也就是说，可以在开展活动的同时，使用录像机将幼儿在观察的时间段内的活动都录下来，事后再通过反复观看录像进行仔细观察，补充记录。

5. 可与其他方法结合使用，如持续时间记录法、时间取样法等。频次记录法只是记录了行为发生的次数，内容比较单一，如果和其他记录方法结合使用，可以丰富观察记录的内容。

三、频次记录法的优缺点

通过上述介绍，我们对频次记录法有了深入的了解，也就很容易发现它的一些优点：

1. 频次记录法具有简单、灵活、方便的特点。与行为核检表法和等级评定法一样，频次记录法需要观察者事先对所要观察的目标行为做出清晰的界定。在正式观察记录时，只需要在观察记录表中做出标识来记录行为发生的次数即可，不需要对行为进行描述性记录，操作起来十分方便简单。观察者在观察前需要将目标行为的操作性定义铭记于心，并且在熟悉了观察记录表之后就可以进行观察记录，不需要经过专门培训，使用起来省时省力。

2. 与行为核检表法和等级评定法一样，频次记录法容易获得量化的资料，观察结果很容易进行量化分析。观察者也可以根据自己的需要，采用不同形式呈现数据分析结果，从而使分析结果一目了然，迅速了解幼儿的行为状况。

3. 便于观察者在重复观察中发现幼儿行为的变化。通过对比教育措施实施前后幼儿目标行为发生的频率，观察者可以发现幼儿的目标行为发生的变化，从而检查教育干预措施是否起到了一定的效果。

不过,频次记录法也有其局限性。

1. 频次记录法最主要的缺点是无法记录行为发生的细节,这使得观察者能够得到的原始资料十分有限。由于没有对目标行为发生的具体原因、具体情境,以及行为结果等资料进行详细记录,观察者无法对幼儿的行为表现进行深入的分析。通过与其他观察方法相结合的方式,可以在一定程度上丰富观察记录的细节,得到更为翔实的资料。

2. 一般来说,观察者使用频次记录法一次只能记录一位目标幼儿的某一种高频率行为,观察记录效率偏低。一个人的精力是有限的,当观察者需要观察多名幼儿的同一种行为或是一名幼儿的多种行为时,可能会出现观察记录结果不准确的问题。多人多次观察或许对解决这一问题有所帮助。

第四节　持续时间记录法的运用与案例分析

一、持续时间记录法的含义

持续时间记录法是指观察者针对幼儿的某一目标行为,持续进行一段时间的观察与记录,记录幼儿行为发生的起始时间,以了解幼儿这一目标行为持续的时间。①

持续时间记录法是频次记录法的另一种形态,它记录的是每次行为发生持续的时间。在某些情况下,幼儿行为的持续时间比行为发生的次数更能够体现幼儿发展中存在的问题。比如,幼儿的社会交往行为,可能目标幼儿介入其他幼儿活动的次数很多,但是每次持续的时间都很短,在这种情况下统计社会交往行为发生的次数意义不大,而记录交往持续的时间更能体现出幼儿这一行为发生的情况,从而了解幼儿的社会交往能力。类似的行为还有婴幼儿进食、迟到、离开座位、哭闹等。因此,持续时间记录法也是一种重要的观察法。

与前面提到的几种观察方法一样,持续时间记录法也是一种封闭性的观察方法,无法保留原始的观察资料。使用这种方法时,观察者可以根据自己的需要确定观察目标和目标行为。持续时间记录法记录的是目标行为持续的时间,观察者需要记录行为发生的起始时间和结束时间,所以观察中也可能出现一些需要推论的情形。如确定这一行为是否属于需要记录的行为,从何时起算是行为的开始,何时是行为的结束等等。此外,幼儿本身行为的不确定也增加了推论的必要性。

二、持续时间记录法的运用
(一) 确定目标行为并界定

使用持续时间记录法时,也需要事先对目标行为进行界定。与前几种观察方法注重对行为本身的界定与描述不同,持续时间记录法需要增加的是对行为发生的起始点

---

① 邱华慧等.婴幼儿行为观察与记录[M].台中市:华格那企业,2011:265.

和结束点的界定。比如,记录幼儿进餐这一行为,我们可以将教师发出让幼儿开始用餐指令的时间作为用餐行为的起始时间,将幼儿把餐具收放到指定位置时间作为结束时间,这两个时间点之间的间隔时间就是幼儿的用餐持续时间。界定目标行为的始末时间点主要目的是确定统一的、可以清晰区分的时间点。另外,对目标行为本身下操作性定义也是不可或缺的,这一点在前几种观察方法中已有详细介绍,这里就不再进行赘述。

(二)设计制作观察记录表

在确定了观察目标,并对所要观察的行为进行明确界定之后,下一步就是制作观察记录表。观察者在采用持续时间记录法对幼儿的目标行为进行观察记录时,可能需要使用计时器或钟表等计时工具。这就需要观察者在观察前,预先熟悉计时器的使用方法,以便准确记录行为持续的时间。在条件有限的情况下,也可以选择直接看钟表或手表等方式,但这种方式可能不如使用计时器更加快捷和精确。

持续时间记录法所使用的表格可以参考频次记录法的表格设计,也需要包括一些基本的背景信息,如幼儿姓名、年龄、性别、观察时间、观察地点、观察情景、观察行为和观察者等。同时也要记录幼儿目标行为的主要信息,比如幼儿行为开始的时间、结束的时间、行为持续的时间等。下表是幼儿社会交往行为观察记录表,它为我们展示了一种完整且比较通用的持续时间记录法的表格形式。

表 8-18　幼儿同伴交往行为记录

幼儿姓名:王子涵		性别:男		年龄:5 岁 3 个月
观察行为:幼儿同伴交往		地点:教室		情景:自由游戏时间(共 45 分钟)
观　察　者:张璇		其他:		
观察日期	开始时间	结束时间		总时间
2021-4-11	9:30	9:35		5 分钟
2021-4-11	9:42	9:45		3 分钟
2021-4-11	9:50	9:52		2 分钟
2021-4-11	10:00	10:08		8 分钟
2021-4-11	10:11	10:15		4 分钟

观察上表中的记录结果,我们可以发现王子涵在自由游戏环节,虽然与同伴的交往行为次数比较多,但是每次互动持续的时间都不超过 8 分钟,时间相对较短。通过量化统计分析可以发现,王子涵在 45 分钟的自由游戏时间内,有 22 分钟的时间是在与同伴互动,占总活动时间的 49%,与班里其他幼儿相比,该幼儿同伴交往比较积极。但是他的同伴交往的能力有些不足,每次交往持续的时间不长。

如上述表格所示,使用持续时间记录法只能获得幼儿目标行为持续时间的记录,数据资料比较单一。因此,观察者可以结合自己的需求,选择适合的观察记录法与持续时间记录法结合使用。如下表所示,教师将持续时间记录法与描述观察法相结合,这样既可以获得量化的资料,又能够记录行为发生的详细情况,有利于观察者进一步分析幼儿的行为。

表 8-19　幼儿同伴交往行为记录（改）

幼儿姓名：王子涵		性别：男		年龄：5 岁 3 个月
观察行为：幼儿同伴交往		地点：教室		情景：自由游戏时间（共 45 分钟）
观　察　者：张璇		其他：		
观察日期	开始时间	结束时间	总时间	具体表现
2021-4-11	9:30	9:35	5 分钟	自由游戏时间开始，子涵和豆豆一起到益智区玩磁力棒。子涵一边拿起几个磁力棒随便摆弄，一边问豆豆要搭什么，豆豆埋头自己搭自己的，没有回话。子涵又问一次，豆豆才回答："等我搭好了，你就知道了。"子涵抬头朝豆豆那边张望，看了一会儿，他突然叫道："不是这样的，你应该这么放才像房子！"说着伸手要去拿豆豆手上的磁力棒。豆豆的手往后一躲，说："我自己搭，我就想这么搭。"子涵收回手，又看着豆豆搭了一会儿，站起身走开了。
2021-4-11	9:42	9:45	3 分钟	
2021-4-11	9:50	9:52	2 分钟	
2021-4-11	10:00	10:08	8 分钟	
2021-4-11	10:11	10:15	4 分钟	

（三）使用持续时间记录法的注意事项

前期工作准备妥当之后，观察者就可以使用持续时间观察法进行观察了。在进行正式观察时，有以下需要观察者注意的地方：

若安排多个观察者进行观察，需要事先对观察步骤进行演练，同时试用观察表格，对不合理的地方进行改进等。这些注意事项在之前的章节中已有过详细描述，这里就不再赘述。

观察者在采用持续时间记录法对幼儿进行观察记录时，要尽量避免干扰幼儿的正常活动。因为观察者在观察记录的过程中可能需要使用计时器等工具，为了辅助记录，有时还会用到录像机等。这些工具的出现，可能会分散幼儿的注意力，影响幼儿的正常活动，进而影响观察的信度和效度。因此，观察者在使用比较明显的工具或设备进行观察记录前，需要向幼儿进行说明，使幼儿提前适应这些工具，避免幼儿在正式观察时对仪器设备产生强烈的好奇心，导致观察记录的结果产生偏差。

三、持续时间记录法的优缺点

通过上述介绍，我们能够基本了解持续时间记录法的含义，以及它的一些特性及使用方式。由此，我们可以发现持续时间记录法的一些优点：

1. 持续时间记录法的操作较为简单,资料易于保存。持续时间记录法只需记录行为发生的起始时间和结束时间,记录的内容比较简单,记录方式也十分方便快捷,不需要花费观察者过多的时间和精力。另外,观察得到的资料比较容易保存,可供日后分析和评价幼儿表现时使用。

2. 采用持续时间记录法进行观察记录可以得到量化资料,观察者可以使用不同的方式分析和呈现观察结果。持续时间记录法记录的是目标行为持续的时间,得到的是可以直接进行量化分析的数据,这使得观察者可以自由地选择数据分析的方式和呈现数据结果的形式。比如使用饼状图显示幼儿在自由游戏活动中不同类型的游戏方式,如下图所示:

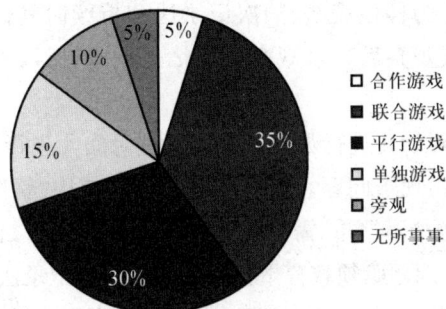

图 8-2 自由游戏中幼儿进行各个类型游戏的时间

3. 持续时间记录法适合记录不需要过多描述的片段行为,用以了解行为在时间上的情况。幼儿某些行为持续时间的长短可以从侧面反映出幼儿对该行为的投入程度。因此,持续时间记录法主要适用于调查参与程度有重要意义的幼儿行为发展水平,比如幼儿的社会交往行为。观察者可以通过持续时间的长短初步判断幼儿的社会交往能力。

由于持续时间记录法是从频次记录法发展而来的,所以两者之间有着许多共性,优缺点都有重叠的地方。持续时间记录法的主要缺点也是所有评价观察法的共同缺点,即由于方法的封闭性导致无法获得详细的原始资料。观察者只能得到行为发生的持续时间这一方面的观察记录资料,无法还原行为具体的细节等内容。但这个缺点可以通过结合使用其他适合的观察方式来进行弥补,如将持续时间记录法与描述观察法相结合,既可以获得量化的数据,又可以获得行为发生过程中的具体描述性资料。

本章小结

评价观察法是观察者在对学前儿童观察的基础上,对其行为或事件做出判断的方法。评价观察法具体包括行为核检表法、等级评定法、频次记录法和持续时间记录法四种方法。

这四种评价观察法有一些共同的特点。首先,四种方法都是采用表格记录的形式来进行观察记录,观察者做出简单的标记即可,操作起来简单方便,不必花费时间做复杂的文字记录。但也正因为如此,这四种方法都只能简单地记录行为是否发生、发生的频率、时间等内容,而无法记录目标行为具体的细节。其次,四种方法在使用前都需要对目标行为进行清晰明确的界定,确定需要观察的目标行为,再制作相应的行为观察表,封闭性较强。所以在观察的时候,一旦幼儿出现预设之外的行为,观察者就需要凭借自身的专业知识和经验做出判断。最后,使用这四种方法得到的观察结果,都可以直接进行量化分析,数据的统计和处理相对来说比较容易,能够帮助观察者更加直观、深入地了解幼儿的行为。

同时,四种评价观察法各有其独特之处。就观察目标而言,行为检核表法关注的是行为是否发生,频次记录法记录的则是行为发生的次数,持续时间记录法主要记录幼儿行为发生持续的时间,而等级评定法则是对幼儿行为的频率和程度等级上的判断。从观察实施方法上来看,行为检核表法、频次记录法和持续时间记录法都是边观察边记录,而等级评定法则需要观察后通过观察者回忆来记录,所以评定带有更多的主观性色彩。

采用行为检核表法对幼儿进行观察记录就像是对幼儿进行一次"体检",可以让观察者发现幼儿哪些地方出现了问题。而等级评定法的使用,就像是进一步对出现问题的地方进行"诊断",问题严不严重,需不需要进一步的"治疗",也就是观察者对幼儿的行为进行判定,确定哪些问题亟须教育干预。而使用频次记录法和持续时间记录法,则有助于对行为问题进行更深的了解。再通过记录对比干预前后行为发生的频次或持续时间长短的差异,了解干预是否起到了积极作用,从而帮助教师调整教育策略。观察者在实际教育教学过程中,应当根据具体的观察目标和需要,选择恰当的方法进行观察记录。

思考题

1. 评价观察法包括哪些方法? 它们有哪些特性,分别适用于何种观察情境?

2. 行为检核表法和等级评定法有什么联系和区别?

3. 频次记录法和持续时间记录法有什么联系和区别?

4. 四种评价观察法分别有哪些优点和缺点? 在实际运用中,如何避免方法本身的缺陷所造成的消极影响?

5. 许老师是中三班的一位主班教师,最近她发现班上的幼儿在自由游戏时经常会出现争抢玩具的现象。因此,她想通过观察具体了解班上幼儿面对冲突所采取的解决策略。请你帮许老师选择一种合适的观察方法,并设计观察方案。

6. 王老师班上有一名爱哭闹的小朋友,她想用频次记录法结合一些别的方法来观察这名小朋友的哭闹行为,你觉得合适吗? 如果合适的话,可以结合什么方法来观察呢? 如果不合适的话,你有什么改进的建议呢?

进一步阅读的文献

1. 李晓巍,刘艳.基于教师和家长评定的3—6岁幼儿发展特点研究[J].教育研究与实验,2015(1):92-96.

2. 黄爽,霍力岩.美国《学前儿童观察记录系统》的内容、特点与启示[J].基础教育,2018,15(05):80-89.

3. 杨晓岚,李传江,郭力平.国外大型儿童发展纵向研究评估工具的分析与启示[J].外国教育研究,2015(11):94-106.

4. 陈铮,秦旭芳.以观察聚焦幼儿发展——发展检核表在科学探究领域中的建构与应用[J].早期教育:教科研版,2014(7):28-32.

第九章 将访谈与观察有机结合

学习目标

1. 理解访谈的含义与类型,以及幼儿访谈的意义。
2. 在了解幼儿特殊性的基础上,理解对幼儿进行访谈的特殊之处。
3. 掌握访谈与观察有机结合的方法,提高以幼儿为本的专业意识和实践能力。

内容脉络

```
                    将访谈与观察有机结合

    访谈的含义、分类                        幼儿访谈的特殊性
    与意义                                  ● 幼儿的特殊性
    ● 访谈的含义                             ● 幼儿访谈的特殊性
    ● 访谈的分类                             ● 如何对幼儿进行访谈
    ● 访谈的意义

                    将访谈与观察有机结合
                    ● 研究者如何将访谈
                      与观察结合
                    ● 幼儿教师如何将访谈
                      与观察结合
```

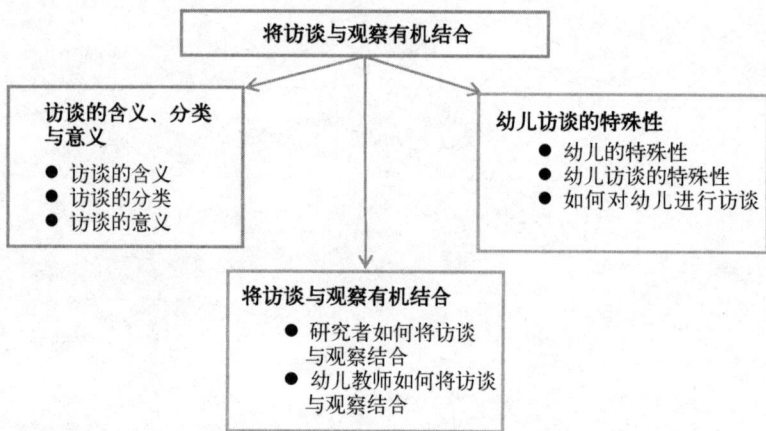

在加餐环节,刘老师拿出一盘切好的苹果,正要开口让小朋友们来自己取时,露露赶紧冲上前,伸手抓了好几瓣苹果,转头就要往回走。刘老师看见了,马上拦住了露露,说:"你怎么能这么贪心呢! 拿这么多,其他小朋友就没得吃啦! 快放回去!"刘老师语气严厉,露露一下就被呵斥住了,低着头把苹果放回了盘子里。随后,刘老师把这件事告诉了黄老师。黄老师纳闷:平时露露是一个安静乖巧的孩子,怎么会这样? 为此,黄老师决定去问一问露露,露露细声细语地说道:"我是想帮我的好朋友们拿的。"

刘老师凭借观察判定露露贪吃,而黄老师经过询问发现,露露表面的贪吃行为实则是关爱同伴的表现。可见,观察到的外显行为有时候也难以真实反映幼儿的情况。这时,简单的询问和对话是十分必要的,这种对话也可以被理解为一种访谈。通过访谈,教师能够深入了解幼儿外显行为背后的心理需求和思维特点。那么,什么是访谈? 幼

儿访谈具有哪些特殊性？如何将访谈与观察相结合？接下来本章将详细介绍这些内容。

第一节　访谈的含义、分类与意义

一、访谈的含义

（一）访谈的含义

"访谈"是一种研究性交谈，访谈法是研究者通过口头谈话的方式从被研究者那里收集（或者说"建构"）第一手资料的研究方法。由于社会科学研究涉及人的理念、意义建构和语言表达，因此"访谈"便成为社会科学研究中一种重要的研究方法。[①]

第一章指出观察是人的感觉器官在接受环境中的刺激后产生的反应，这种反应不只是行为方面的，也包括思索、判断，即观察是"刺激→感官→判断"的过程。而访谈是通过向被观察者提出开放式或封闭性的问题，观察者不仅听到了被观察者的回答，同时可以"听"到他们的心理活动，了解其所思所想及行为背后的原因。例如第一章所举的例子：快吃午饭时，保育员把馒头放在桌子上，乐乐看到后，立即伸手去拿馒头，但是又很快把手缩了回来。仅凭对外显行为的观察，观察者难以得知乐乐这一系列动作所反映的内在意识和动机，而如果观察者与乐乐进行语言交谈，便能清楚了解他这样做的原因。

（二）访谈与谈话

对于前面所举的乐乐吃馒头的例子你可能会有疑问，同乐乐进行简单的交谈是否能称之为"访谈"呢？对此专家们的观点也不尽相同。例如陈向明将访谈与日常谈话作了比较明确的区别，她认为前者是具有特定目的和一定规则的研究性交谈，后者是一种目的性较弱、形式比较松散的谈话方式。而在尼尔森的《一周又一周——儿童发展记录（第三版）》中并没有对访谈与谈话作区分，该书将对幼儿的访谈解释为对幼儿提问题、与幼儿谈话。考虑到观察者通过与幼儿自然地、非正式地交谈能收集到很多幼儿内心的真实想法，因此本章不对访谈与谈话作区分，同时会将谈话作为一种重要的访谈方法进行介绍。

二、访谈的分类

（一）几种基本的访谈类型

1. 根据研究者对访谈的控制程度划分

（1）结构性访谈

结构性访谈也称为封闭式访谈，访谈者按照事先设计好的访谈提纲依次向被访者

---

① 陈向明.质的研究方法与社会科学研究[M].北京：教育科学出版社，2000：165.

提问并要求被访者回答,访谈者只需根据受访者的回答,在提纲上相应位置做记录即可。这种访谈按照预先拟定的计划进行,选择访谈对象的标准和方法、所提的问题、提问的顺序以及记录方式等都已经标准化。常用于正式的、较大范围的调查,它与问卷较为相似。问卷是指研究者将所要研究的内容设计成一系列的问题,通过现场发放问卷或邮寄的方式请填答者照式填答。我们可以将结构性访谈理解为一种有声的调查问卷。

（2）非结构性访谈

非结构性访谈也称为开放式访谈,事先无须制定完整的访谈提纲,也不规定标准的访谈程序,而是由研究者按一个访谈主题或粗线条的访谈提纲与被访者交谈。它相对自由、随意,且具有弹性,能根据研究者的需要灵活地转换话题,变换提问方式,追问重要线索,这种方式的访谈收集的资料非常丰富和深入。

（3）半结构性访谈

半结构性访谈也称为半开放式访谈,它介于结构性访谈和非结构性访谈之间。访谈者会事先根据想要了解的内容来拟定访谈提纲,对访谈结构有一定的控制,但访谈问题一般为开放式问题,没有既定答案。这给被访者留有很大表达自己的观点和意见的空间,且访谈者事先拟定的访谈提纲可以根据访谈的进程随时进行调整。半结构性访谈兼有结构性访谈和非结构性访谈的优点,它可以避免结构性访谈难以将访谈深入的缺点,也可以避免非结构性访谈费时费力的劣势。下面的例子是访谈者想了解"孩子对环境保护的认识"的情况而拟定的一个访谈提纲,在访谈过程中访谈者可以根据幼儿的回答对访谈顺序进行调整。

访谈提纲：孩子对环境保护的认识

1. 平时爸爸妈妈会和你聊环境保护吗？都聊些什么呢？
2. 我们为什么要保护环境呢？
3. 哪些是保护环境的行为？
4. 哪些是破坏环境的行为？
……

---

2. 根据调查对象的数量划分

（1）个别访谈

个别访谈指访谈者对每一个被访者逐一进行单独访谈。访谈者与被访者直接接触,有更多交流机会,这有利于被访者详细、真实地表达自己的看法,使得访谈的内容更深入,访谈者可以获得真实可靠、丰富翔实的材料。个别访谈是结构性访谈中最常见的形式。

（2）集体访谈

集体访谈也称为团体访谈，指访谈者同时对多人进行访谈，通过群体成员相互之间的互动，对访谈的问题进行交流。这种访谈方式可以集思广益，被访者之间互相启发、互相探讨，从而在短时间内收集较为广泛和全面的信息。

3. 根据访谈者与受访者的接触方式划分

（1）直接访谈

直接访谈指访谈者与受访者进行面对面交谈。直接访谈不仅可以听到对方的回答，还可以看到对方的表情和动作，对对方的情绪、精神状态及各种非言语行为有整体的感受和把握。

（2）间接访谈

间接访谈指访谈者与受访者事先约好时间，通过电话、网络聊天等方式对对方进行访谈。间接访谈实施起来较为方便，但是在间接访谈中，访谈者无法看到对方的非言语行为，不利于对受访者的外显行为和内在心理状态进行整体的把握。

（二）常用于幼儿的访谈方法

1. 非正式谈话

非正式谈话在幼儿生活中无处不在。观察者可以在幼儿做完游戏后、看完绘本后、吃点心时间等与其进行非正式谈话。通过自然交谈收集幼儿的所思所想，观察者往往能从与幼儿的谈话中发现值得深入探究的问题。以下是一位教师与幼儿的非正式谈话，从中你有哪些有趣的发现呢？

案例 9-1

早上，凡凡（小班）在美工区专注地画画。当我第一眼看到他的画时，我的想法是：上半部分画得不错，下面乱七八糟的线条是怎么回事？是不想画了乱涂吗？当然，我没有直接说出我的想法，而是就心中的疑问询问凡凡原因。

我："凡凡，你画的是什么？"

凡凡："老师，这个是太阳，这是彩虹（大树上方的三条线），这是房子，很远很远的房子（作品的右上角），这个房子是不是很小啊？这是花、大树、小草（每一竖条），这是蜗牛（大树左边一圈一圈的图形），这是蝴蝶。"

我指着树干问道："这树上一圈一圈的是什么？"

凡凡："是树的花纹。"

我："那这是什么？"我指着下半部分纵横交错的线条问道。

凡凡："这是大海，这里有一个监控。"那个插在大海旁边的棍子似的物体原来是监控。

我："为什么把它（监控）画在这里呢？"

凡凡："因为如果有人掉进海里了，通过监控就能看到！"①

① 谢晶晶.读懂你的世界[J].早期教育：教师版,2015(7)：44.

从这段非正式谈话中我们可以看出,虽然凡凡还只是小班幼儿,但他不仅能掌握"近物大,远物小"的视觉信号,而且善于把它在图画中表现出来,这说明他的知觉能力发展良好。此外,凡凡对现实生活有着敏锐的观察力和好奇心,将生活中发现的监控仪器放进了自己的图画中,再造想象能力强。

父母也可以和幼儿进行非正式谈话,了解孩子行为背后的原因。下面的案例中,妈妈艾米和儿子之间的非正式谈话发生在儿子闯祸之后,妈妈并没有急于惩罚孩子。而是通过向儿子提问"发生了什么",从孩子的角度了解事情经过,避免冤枉孩子;通过提问"感觉如何",帮助孩子表达自己的情绪;最后提问"现在发生了这样的事情,我们有什么办法呢",帮助孩子主动解决问题。

案例 9-2

一天妈妈艾米接到了儿子所在的幼儿园老师的电话,让她尽量抽空来幼儿园一趟。艾米跑去幼儿园,看到儿子独自坐在图书角,低着头一言不发。原来,儿子小立在自由活动时,看到老师放在教室台上的手表,突发奇想用随身携带的磁铁把手表牢牢吸住了,结果导致老师的手表指针不灵。同一上午,他还把班级喂养的小鱼偷偷捞了出来。艾米了解了事情的经过,回家后和儿子展开了一场对话。

妈妈:"现在你可以告诉妈妈,为什么要用磁铁吸老师的手表吗?"
小立:"我想看一下磁铁的威力。"
妈妈:"为什么要把小鱼捞出来呢?"
小立:"我想看看小鱼是不是真的离不开水。"
知道小立这么做是因为好奇心使然后,妈妈又问:"那当老师发现后,你是什么感觉呀?害怕了吗?"
小立:"害怕,老师凶起来很吓人。"
妈妈:"所以你就没有主动向老师承认错误,是吗?"
小立:"我以为别人不会知道是我做的……我怕受惩罚。"
妈妈:"妈妈理解你。其实妈妈像你这么大的时候也会犯错误,不过有的错误我们可以避免。如果你想研究磁铁的威力,事先可以问一下老师或者妈妈可以这么做吗?这么做的后果会怎样呢?我们可以分析给你听。"
小立若有所思地点点头。
妈妈继续说:"如果我们真的犯了错,就应该勇敢承认错误,至少要道歉。就像今天你把老师的手表吸坏了,老师认为自己不被你尊重,她很伤心。我们是不是应该向她说明原因并承认错误呢?"
小立想了想,非常认真地点了点头。①

2. 临床访谈法

临床访谈法是指通过和访谈对象进行交谈来获取相关资料的方法。皮亚杰首创临床访谈法,通过这一方法可以获取幼儿的真实想法,进一步分析幼儿的思维特点和行为背后的原因。观察者可以在与幼儿的共同活动中运用临床访谈法收集资料。下面的例子是研究者运用皮亚杰的数量守恒实验,了解中班某幼儿的思维特点。

案例 9-3

数量守恒实验由两堆一模一样的扣子组成,每堆六个。实验开始时,两堆扣子排成两排,扣子与扣子之间的间隔相等,让幼儿判断两堆扣子是否一样多。然后将下排的扣子之间的间隔加大或缩小,让幼儿再次判断两堆扣子是否一样多。

---

① 嘉瑶. 孩子闯祸之后[J]. 父母必读,2015(3): 98-101.

> 研究者："小朋友,我们现在来做个游戏好不好? 你看,我这里有两排扣子,请问这两排扣子是一样多吗?"
>
> 幼儿对两排扣子进行点数后回答:"一样多。"
>
> 研究者将下排扣子之间的间隔加大:"你看现在它们还是一样多吗?"
>
> 幼儿:"不一样。下面这个多。"
>
> 研究者:"为什么下面的多?"
>
> 幼儿:"因为这个更长。"
>
> 研究者将下排的扣子摆回与上排相同的间隔,问:"那现在呢?"
>
> 幼儿:"现在是一样多了。"
>
> 研究者将下排的扣子之间的间隔缩小:"那我再变。这次呢?"
>
> 幼儿:"又不一样了。下面的变少了。"
>
> 研究者:"可是你刚刚告诉我它们的数量是一样多啊!"
>
> 幼儿:"这排扣子变短了就不一样了。"
>
> 研究者:"好的,谢谢小朋友。"

从这个访谈记录中我们可以看到,幼儿认为扣子摆放的长度变了,数量就不一样了,这说明他还未形成数量守恒的观念。皮亚杰将谈话、观察和实验有机结合,形成了临床访谈法。这一方法我们会在第三节详细讲解。

三、对幼儿进行访谈的意义

除了在质性研究中访谈法的作用外,对幼儿进行访谈具有以下三点重要意义:

1. 弥补观察法的不足,从幼儿的视角了解其行为背后的原因。幼儿的思维方式和成人有很大差别,从成人的视角推测幼儿行为的动机,有主观臆断之嫌。对于无法直接观察到的幼儿行为背后的意识与动机,可以对幼儿进行访谈来深入了解,而幼儿在访谈中的回答可能会出乎观察者意料。

> 在某档由父子共同参加的综艺节目中,几对父子去不同的地点体验不一样的旅行。在去内蒙古的一期节目中,父子们选好蒙古包后纷纷入住。其中有一对父子在进入自己的蒙古包后,孩子看到桌上有饮料,便立即打开书包,一股脑儿地把饮料往包里塞。父亲看到这个情景,认为家庭环境还算优越的儿子并不缺吃少喝,他这样的表现不仅显得很自私,而且让自己很丢脸。父亲没问孩子这样做的原因,一怒之下教训了儿子一顿,之后冷静下来询问孩子,才知道原来他是怕其他小伙伴没有饮料喝,所以想装进书包,到时和小伙伴们一起分享。知道真相的父亲非常惭愧,也开始反思自己的教育行为。

观察者对幼儿观察时,应切忌主观臆断,避免用成人的思想代替幼儿的想法。当有疑问时观察者可以与幼儿交谈,了解其行为背后的原因。观察者的所见以及与幼儿交谈后的所闻共同构成了真实可靠的事实资料。

2. 通过记录谈话的内容并进行比较,可以发现幼儿的发展。幼儿阶段是个体身心快速发展的时期,教师与父母可以利用各种方式捕捉幼儿成长的片段,其中记录下谈话内容就是一种很好的方式。

欢欢在学前期经常问妈妈关于"死亡"与"衰老"的问题。这让妈妈思考一些问题——孩子知道什么是衰老吗？知道我也会变老吗？她对生命衰老是怎样认识的？带着这些疑问，欢欢妈妈记录下了欢欢在不同年龄阶段的回答，并发现了孩子在认知上的发展和进步。

> 欢欢4岁时我问她："你看爷爷一天天在变老，妈妈也会慢慢变老的是吗？"
>
> 欢欢："爷爷和妈妈都是大人，大人都会变老的，对吗？"
>
> 我："那你看柳树外面的树会变老吗？"
>
> 欢欢："小柳树不会变老，大柳树会。"
>
> 我："那家里的狗狗们呢？"
>
> 欢欢："小狗狗不会，大狗会老。"
>
> 欢欢5岁时我又问她同样的问题。
>
> 欢欢："妈妈，我在长大，我现在5岁了，我会长到你这个年纪对吗？等我越长越大，我也会像爷爷那样对吗？我也会变老，我们每一个人都会变老。"
>
> "那树呢？"我问道。
>
> "树也会老吧，你看咱们家门前的那棵柳树叶子都快掉光了。"欢欢说。

欢欢4岁时还并不知道原来每一个人都要面对衰老的事实。她认为小孩不会老，小树不会老，小狗不会老。可见，她当时对衰老的认识还不具有普遍性。但是，一年后她便发展出了对衰老普遍性的认识，这让我看到了她在生命认知上的成长，并为她感到高兴。

3. 有效的提问不仅可以让观察者了解幼儿行为背后的原因，还可以激发幼儿的思考，促进其思维能力的提高。高水平的观察者在与幼儿互动中会更多使用有效的提问。以下是两位幼儿教师与幼儿之间的对话，比较一下，你看出了哪些区别？

> 教师A："哇，你画的这个房子好漂亮哦！"
>
> 幼儿："这不是房子。"
>
> 教师A："这怎么不是房子呢？你看，这是房顶，这是门。你看三角形的屋顶是不是跟你平时见到的一样？四四方方的四面墙是不是围起来成了一个房子？"
>
> 幼儿："嗯……"
>
> 教师B："你能告诉我你画的什么吗？"
>
> 幼儿："我画的老鼠和猫。"
>
> 教师B："哦，老师不懂为什么老鼠画在上面，而猫画在下面呢？"
>
> 幼儿："因为老鼠在桌子上，猫在桌子下面呀，我还没画桌子呢。"
>
> 教师B："那老鼠旁边一圈一圈的是什么呢？"
>
> 幼儿："这是老鼠滚下来的痕迹。老师，你不知道吗？小老鼠，上灯台，偷油吃，下不来。喵喵喵，猫来了，叽里咕噜滚下来呀！"随即，幼儿站起来模仿滚下来的动作。
>
> ……

对比两段对话，你会发现，教师A与幼儿是一种单向交流，没有考虑到幼儿画的到底是不是房子就直接下结论,从而阻碍了双方进一步对话,使得幼儿没有自由想象和思考的空间。教师 B 则以开放式的问句,引导幼儿说出想法,探知孩子的内心,了解到幼儿画这幅画可能是因为喜欢《小老鼠上灯台》这首童谣。这样的有效提问不但可以了解幼儿行为背后的原因,也是启发幼儿思维能力的催化剂。

第二节　幼儿访谈的特殊性

一、幼儿的特殊性

在对幼儿进行访谈的过程中,你会发现,由于语言表达能力和理解能力等方面的限制,幼儿常常难以很好地回答访谈者的提问,表达欠清晰,有时给出的答案出人意料。所以对幼儿进行访谈需要充分了解幼儿心理发展的特点。

(一)幼儿言语表达的特殊性

幼儿从 1 岁开始进入正式学习语言的阶段,一般在 3 岁左右能熟练掌握本民族的语言,但在语音、词汇、语法及语言表达能力等方面都不成熟,具体包括以下几个方面:

1. 掌握了本民族的全部语音,但会有口吃、发音不准确等现象

随着生理上的成熟、语言知觉的发展,幼儿的发音能力也迅速发展,特别是3—4 岁期间尤为迅速。但在实际发出语音时,幼儿对有些音往往发不正确,言语重复或者口吃在 4 岁左右的幼儿中也经常发生。例如,下面案例中的小胖发音不准确,主要表现在平舌翘舌不分,n、l 不分,同时有口吃的现象。

幼儿姓名:小胖　　　性　　别:男　　　年　　龄:4 岁	案例 9-4

访谈记录
　　主持人:"你是从哪里来的?"
　　小胖:"我是……是……是从外面来的。"
　　主持人:"那么你最早的时候是从哪里来的?"
　　小胖:"我最早的时候从九点半慢……慢……慢……慢到一百点半。"
　　主持人:"什么意思,我不太懂?"
　　小胖:"就是(si)九点半慢……慢……慢……慢地到一百点半。"
　　主持人:"我的意思是你是怎么来到这个世界上的呢?"
　　小胖:"有……有的人说我是乘地铁来的,有的人说我是乘公交车来的,还有的人说我是(si)乘你(li)们这里的车,还有的人说我是乘你(li)们这里的地铁到这里来的。"①

2. 词汇量增加,词义理解逐渐丰富,但与成人相比仍十分有限

幼儿期是个体一生中词汇量增长最快的时期,同时幼儿所掌握的词类范围也日益扩大,不仅掌握了许多和自身经验相关的具体词,也掌握了不少抽象词。随着生活经验的丰富,思维的发展,幼儿对词义的理解也更趋向于丰富和深刻化。但与成人相比,显然是十分有限的。

---

① 据儿童综艺节目《潮童天下》(2015),主持人金炜,东方卫视。部分内容有改动。

3. 语言表达具有情境性

幼儿在叙述时不连贯、不完整,并伴有各种手势和表情。幼儿初期往往想到什么就说什么,缺乏条理性、连贯性。访谈者需要结合当时的情境,对幼儿的手势和表情进行观察,边听边猜才可能弄懂幼儿想表达的意思。

4. 常伴有出声的自言自语现象

出声的自言自语是幼儿内部言语的过渡形式。内部言语是言语的高级形式,它不是用来进行人际交流的言语。幼儿时期的内部言语在发生发展过程中常出现一种介乎外部言语和内部言语的过渡形式,即出声的自言自语。在访谈中,可能出现幼儿的自言自语现象,这或许会让访谈者觉得无法接话,但其实是幼儿将自己的思考全部用出声的语言表达了出来。

案例 9-5	幼儿姓名:涵涵　　　性　别:女　　年　龄:3.5 岁
	访谈记录 　主持人:"涵涵,你有弟弟妹妹吗?" 　涵涵:"没有。" 　主持人:"那你想要弟弟妹妹吗?" 　涵涵:"如果我有了妹妹该怎么办啊?她会和我抢玩具。我要带她去买好吃的,我还会和她一起给洋娃娃穿衣服。哈哈,她不听话我就教训她……"①

从上面的例子中我们可以看出,涵涵并没有跟着主持人的节奏与主持人对话,而是由"那你想要弟弟妹妹吗"这个问题,开始思考自己要是有了妹妹怎么办,并将思考的内容用语言表达了出来,这就是幼儿在访谈中自言自语的现象。

(二)幼儿注意力的特殊性

1. 幼儿的无意注意占优势,有意注意逐渐发展

3—6 岁的幼儿注意力发展的特点是无意注意占优势,刺激强烈、对比鲜明、新颖的事物以及与幼儿的兴趣或需要有密切关系的事物特别容易引起幼儿的无意注意。在对幼儿进行访谈的过程中,幼儿极易被周围无关的事物吸引,从而影响访谈的顺利进行。随着年龄的增长,幼儿的有意注意逐步发展,幼儿也逐渐学习了一些增强注意力的方法,这会有利于访谈的开展。

2. 注意的稳定性差

注意的稳定性是指注意力在同一活动范围内持续时间的长短。持续的时间越长,注意的稳定性就越高,注意的稳定性高对幼儿活动的完成具有重要意义。实验证明,3 岁幼儿能够集中注意 3—5 分钟,4 岁幼儿在 10 分钟左右,5—6 岁幼儿能保持注意 20分钟左右。

因此,在对幼儿进行访谈时要根据其注意力的特征安排访谈地点和访谈时长。比如,应在安静、较为封闭的空间中对幼儿进行访谈,防止无关刺激物吸引幼儿的注意力;访谈时长应尽量缩短,以防止幼儿注意力的转移。

---

① 据儿童综艺节目《潮童天下》(2015),主持人金炜,东方卫视。部分内容有改动。

（三）幼儿思维的特殊性

幼儿思维随年龄发展呈现出不同的特点：0—3 岁的婴幼儿处于直觉行动思维阶段，3—7岁的幼儿处于具体形象思维阶段，进入幼儿园后，幼儿思维主要依赖事物的具体形象或表象以及它们之间的关系来进行。在思考问题时，幼儿总是借助于具体事物或具体事物的表象，不容易掌握抽象的概念。这提示我们，在对幼儿进行访谈时，提问应尽量具有具体形象性。例如，有些问题比较抽象，可以用图片辅助访谈的进行。比如，问幼儿的心情时，可以一边问问题，一边指着右图中对应的图片，以便幼儿能够清楚理解问题并据实回答。

在这个阶段幼儿的思维还具有自我中心的特点，只能从自身的角度理解事物，难以从他人的视角去看待事件。比如，下面案例中的晴晴在与爸爸通电话时，用点头回答爸爸的问题，没有考虑到爸爸是看不到自己的。这是幼儿自我中心思维的一个典型表现。

> 家里的电话响了，妈妈在做饭，就让 3 岁的晴晴帮忙接一下电话。电话是爸爸打过来的："喂，是晴晴吗？"晴晴点了点头，没说话。爸爸没有听到说话声，感觉应该是晴晴，就问："晴晴，妈妈在吗？"晴晴又无声地点了点头。爸爸又问："晴晴，让妈妈接一下电话好吗？"晴晴再一次无声地点了点头，然后去厨房叫妈妈听电话。

除了语言、注意力、思维等认知发展方面，幼儿在社会性、个性、情感情绪等各个方面都有这个年龄阶段独特的特点。访谈者在进行访谈时，要根据幼儿的年龄特点设计访谈提纲，把握访谈过程，分析访谈结果，评价访谈资料的有效性。

二、幼儿访谈的特殊性

幼儿心理发展的特殊性决定了对幼儿进行访谈的特殊性。从访谈前的准备到访谈实施，最后到访谈结束，都需要根据幼儿心理发展的特点进行调整，以便尽可能获得可靠的访谈资料。

（一）访谈前

1. 选择适宜的访谈环境

由于 3—6 岁幼儿的注意以无意注意为主，且稳定性差，所以访谈应尽量选择在安静、简洁、干扰少的环境下进行。同时尽可能选择在幼儿熟悉的环境中进行，如幼儿园的教室、家里的书房等，这可以避免新鲜刺激物对幼儿注意力的吸引，减少幼儿进入陌生环境的紧张感，帮助幼儿快速适应访谈情境。

2. 梳理访谈问题

对幼儿进行访谈前，访谈者应将问题梳理一遍，确定问题易于幼儿理解，不会因为表意不明而导致幼儿回答混乱。比如，前面案例中主持人问小胖："你是从哪儿来的？"这个问题显然表意不明。受访者可以有"你是从哪个地方到这儿来的？"或是："你是谁生的?"等多种理解。主持人其实想问小胖是如何来到这个世界上的,但是由于表述不清,小胖一度以为主持人问自己是如何来到访谈现场的,因此绕了很久,主持人也没得到想要的答案。

(二)实施访谈

1. 引入问题

在访谈的过程中对问题的表述应具体形象,不少访谈者都会用讲故事的方式帮助幼儿进入问题情境。例如,一位教师想了解幼儿对于情绪可控性的认知(包括情绪是否可以掩藏、情绪是否可以调节两个方面的认知),她设计了两个小故事引入问题:

> **情绪掩藏**
>
> 牛牛有很多玻璃弹珠,他笑话丹丹一颗玻璃弹珠也没有,丹丹的脸上看起来在微笑,他不想让牛牛知道自己心里真正的感觉。那么,丹丹心里真正的感觉是什么呢?他觉得高兴、生气,还是真的没有感觉?
>
> **情绪调节**
>
> 丹丹有一只兔子,他现在在看兔子的照片,他觉得很难过,因为他的兔子被狐狸吃掉了。那么,丹丹要怎么做才能觉得不难过呢?他应该把两只眼睛遮起来,或者到外面做点别的事情,还是做什么都不管用?①

情绪掩藏的小故事中,丹丹没有改变自己的情绪体验,而是将情绪隐藏起来,以适应周围环境的需要。情绪调节的小故事中,丹丹寻求各种策略来改变自己情绪的内在体验。什么是情绪体验?什么是情绪调节?幼儿对情绪可控性的认知程度如何?如果不借助故事的形式,幼儿无法理解,访谈者也难以获得满意的结果。但通过这两个故事,便可以有效帮助幼儿更具体地理解和回答问题,这是符合幼儿的思维特征的。

除了利用故事,访谈者也可以借助实物(如图片、玩偶等),将问题形象化、可视化。

2. 耐心倾听幼儿回答

一般来说,访谈适用于已经掌握本民族语言的幼儿。但幼儿在语音、词汇量、语法的掌握上并不成熟,例如或受生理成熟的影响,或受方言环境的影响,有的幼儿 z、zh 和 n、l 不分,吐字不清。访谈者需要耐心倾听幼儿的回答,如有必要可以进行复述来确认。此外,由于幼儿具有自我中心的特点,常常从自己的角度来作答,但访谈者往往无法理解,这需要访谈者及时追问。

> 嘉嘉:"老师,他刚刚把植物区的小白菜拔了。"
>
> 老师:"什么?"
>
> 嘉嘉带着老师来到植物区,指着被拔出来的小白菜说道:"你看。"
>
> 老师:"嘉嘉,这是谁干的?"

---

① 资料改编自 Pons, Francisco; Lawson, Joanne; Harris, Paul L.; de Rosnay, Marc. *Individual differences in children's emotion understanding: Effects of age and language.* Scandinavian Journal of Psychology, 2003, 44(4): 347-353.

嘉嘉:"不是我。"

老师(笑):"我知道不是你,可是这是怎么回事呢?"

嘉嘉:"我给小白菜浇水的时候,他过来把小白菜拔了。"

老师:"是谁做的呢?"

嘉嘉指着在图书角阅读的明明说道:"他在那儿。"

老师:"哦,是明明做的,那你为什么一开始不告诉我呢?"

嘉嘉:"我说了啊!"

老师和嘉嘉的谈话让我们觉得很奇怪,事实上嘉嘉看到明明拔掉了小白菜,他认为老师知道他说的是明明,因此一开始就用"他"来指代明明,以为自己一直在说明明,这实际上就是他自我中心的思维方式的体现。

3. 观察幼儿的非言语行为

幼儿的言语表达具有情境性,他们在回答问题时会带有各种表情、动作,这要求访谈者不仅需要听,还需要认真观察幼儿的非言语行为,并结合两者做出客观的判断。

(三)结束访谈

由于幼儿的注意稳定性差,注意持续的时间短,所以在幼儿进行访谈时要控制访谈时长,适时结束访谈。

三、如何对幼儿进行访谈

(一)提出明确的研究问题

通过对幼儿的观察以及与幼儿的非正式谈话,我们可以发现很多有意思的现象,这引发了观察者继续探究的欲望。带着明确的研究问题,可以帮助观察者确定下一步通过哪种方式来进行深入探究。下面的案例中,小芬老师由于在平时与幼儿接触、对幼儿的观察中发现不同的幼儿对说谎的理解不一样,于是形成了自己的研究问题"幼儿是怎么定义说谎的"。

幼儿是怎么定义说谎的

幼儿教师小芬是一所幼儿园中班的主班老师,这些天她发现了一个有趣的现象。前天菲菲跑过来跟她告状,说凡凡说谎,仔细询问才知道原来凡凡说菲菲是傻子。今天枫枫气冲冲地跑到她跟前说蔼蔼说谎,给他指错了路,害得他绕了半天找不到老师。询问缘由,原来蔼蔼自己也不确定老师在哪儿。

菲菲是将同伴骂人的话当成了谎话,凡凡将别人无意的错误当成了谎话。那么幼儿是怎么定义说谎的呢? 带着这个问题,小芬老师对班里的一些孩子进行了访谈。

(二)确定访谈主题,设计访谈提纲

确定想要探究的问题后,就要开始确定访谈主题,设计具体的访谈提纲。访谈提纲中,问题的排列应该按照一定的逻辑顺序以使访谈逐步深入。另外,进行正式访谈之前,需进行预访谈,以检验设计的问题是否会造成幼儿的误解,并进一步明确所要探究的问题。

案例 9-6	小芬老师根据孩子的思维特点和想要探究的问题设计了简单的访谈提纲,访谈内容包括以下几个问题:

1. 你觉得什么是谎话呢? 谁说过谎,他/她是怎么说谎的?

2. 如果说某人是笨蛋,那是说谎吗? 如果他真的很笨,那是说谎吗? 为什么?

3. 1+1=3 是说谎吗? 为什么?

4. 你猜猜老师多大了? 可是老师实际年龄比这个大(或者小),那你刚刚说谎了吗? 为什么?

5. 我来给你讲个故事。有一个小孩,他不知道光明街在哪儿,一位先生问这个小孩这条街在哪儿,这孩子说:"我认为它在那儿,不过我也不是很清楚。"而这条街并不在他所说的地方。那么他是弄错了还是撒谎了? 为什么?

……

需要注意的是,访谈问题的设置具有灵活性,可以根据幼儿的回答来调整问题顺序,进一步挖掘幼儿答案的隐含意义,并注意引导幼儿回答的方向,防止幼儿偏离主题。

(三) 确定访谈对象,实施访谈

根据研究问题,确定访谈对象的年龄阶段,随机选择幼儿进行访谈。在实施访谈的过程中,应选择一个安静的访谈环境,用纸笔或录音工具记录下访谈内容,以便之后进行分析。小芬老师选择了在早间一系列活动的间歇,对班上部分幼儿进行一对一访谈。访谈过程用录音笔进行录音,之后对访谈内容进行转录。以下摘选了与三名幼儿的访谈内容:

案例 9-7	1. 幼儿姓名:思思 年 龄:5岁1个月 性 别:女

老师:"你觉得什么是谎话呢?"

思思:"就是说不好的话。"

老师:"什么是不好的话呢? 告诉我一个属于谎话的不好的话。"

思思:"嗯……"

老师:"说别人丑八怪是谎话吗?"

思思:"是的。因为这是不好的,是不该说的。"

老师:"我来给你讲个故事。有一次,一个孩子打碎了一只杯子,后来他说自己没有打碎。这是谎话吗?"

思思:"是的。"

老师:"为什么?"

思思:"因为他说他没有打碎杯子。"

老师:"这是不好的话吗?"

思思:"是的。"

老师:"为什么?"

思思:"因为他打碎了杯子。"

2. 幼儿姓名:泽尔   年   龄:5岁5个月   性   别:女

老师:"你觉得什么是谎话呢?"

泽尔:"谎话就是你说谎。"

老师:"什么是说谎?"

泽尔:"就是说不好的话。"

老师："人们什么时候才说谎话呢?"

泽尔："就是说某些不真实的事情的时候。"

老师："谎话和不好的话是一回事吗?"

泽尔："不,不是同样的。"

老师："为什么不一样?"

泽尔："它们之间不像。"

老师："你为什么告诉我说谎话就是说不好的话?"

泽尔："我想这是一回事。"

3. 幼儿姓名:子瑞　　年　　龄:5 岁 9 个月　　性　　别:男

老师："你觉得什么是说谎话呢?"

子瑞："如果你说不真实的话就是谎话。"

老师："1 + 1 = 3 是谎话吗?"

子瑞："是的,那是谎话。"

老师："为什么呢?"

子瑞："因为那不正确。"

老师："说 1 + 1 = 3 的那个孩子知道这是不正确的吗? 还是他出了一个差错呢?"

子瑞："他是出了差错。"

老师："如果他出了差错,那么这是不是说谎呢?"

子瑞："是的,他说了谎话。"

老师："你猜猜我有多大年纪。"

子瑞："二十岁。"

老师："不对,我三十岁了。你刚才对我说的是谎话吗?"

子瑞："我不是故意说错的。"

老师："我知道,不过,它到底是不是谎话呢?"

子瑞："是的,是谎话。因为我没有说对你的年龄。"

老师："它是谎话吗?"

子瑞："是的,因为我说的不真实。"

老师："你是否应该受到惩罚呢?"

子瑞："不。"

老师："这是不是不好的话?"

子瑞："不是,我以后就可以说对了。"[①]

(四) 分析访谈材料,探究原因

对幼儿进行访谈得到的材料,需要观察者进行反复分析与归纳,阅读专业的书籍和文献,找到访谈内容中儿童行为的实质及背后原因。

分析

小芬老师发现班里的孩子对说谎的回答大致可以分为两类,回答内容和前面三个访谈内容基本一致。

第一类:将谎言等同于不该说的话,被大人禁止使用的不适当的话。以思思和泽尔的话为代表,他们清楚地知道谎言存在于不说真话之中,说谎就是用语言的手

---

① 皮亚杰著,刘碧如译.儿童道德判断[M].北京:五洲出版社,1986:1143. 有改动。

段犯了一个道德错误,而说不应该说的话也是犯了语言方面的错误。但幼儿并没有将两者区别开来,而是拓展了"谎言"这个词的意义,使它们互相等同起来。当他在讲述某些不符合事实的话时,这在父母看来是真正的谎言,他可能惊奇地发现,这些话引起了周围人的不快,而自己像是犯了什么错误似的受到责备。一些偶然的时刻,他将在别人口中听到的一些话告诉家长,也会收到同样的反应。这使得他自己得出结论:有些事情是人们可以说的,有些则不能说。不应该说的话,就称之为"谎话"。他们没有对"不应该说的话"和"不符合事实的陈述"进行区分。访谈1中的幼儿思思便是这样,而泽尔则在这种定义和正确的定义之间犹豫不定。

第二类:幼儿分不清有意的说谎和无意的错误之间的差别,而将两者都冠之以"谎话"的名义,子瑞就属于这一类。子瑞对谎话是以纯粹客观的方式进行定义的,没有根据现实的情况,对道德的判断是一个非此即彼的关系。

那为什么会出现这种情况呢?带着这个疑问小芬老师翻阅了关于儿童道德判断的文章和书籍,她的发现与皮亚杰的儿童认知发展阶段论是一致的,这是儿童具体形象思维中思维具有自我中心性的表现。①

(五) 将研究发现与教学实践相结合

在了解幼儿思维发展的这个特点后,小芬老师不再急于纠正孩子们的错误,纠正孩子们爱告状的行为,而是更多地利用绘本故事中的角色来帮助他们分辨什么是真正的说谎行为,什么是不应该说的话,什么是可以原谅的无意的错误。这就是在对幼儿进行访谈的基础上,将研究发现与教学实践相结合的体现。

第三节 将访谈与观察有机结合

访谈和观察不是非此即彼的关系,将访谈与观察有机结合是深入了解幼儿的有效途径。

一、研究者如何将访谈与观察结合

(一) 皮亚杰的临床方法

著名的儿童心理学家皮亚杰一生致力于儿童认知发展研究,并首创了将访谈、观察及实验相结合的临床访谈法。临床访谈法最初称为临床法,它是一种将自然观察、灵活多样的谈话和实物操作实验相结合来研究儿童心理发展的方法。研究者与儿童之间的谈话贯穿整个过程,有人称这种方法为"基于语言的测验"(The Language-based Tests),因此临床法又称为临床访谈法。

临床访谈法通过提问的方式为儿童创造一种特别设计的实验环境,灵活地测定儿

---

① 皮亚杰著,刘碧如译. 儿童道德判断[M]. 北京: 五洲出版社,1986: 1143. 有改动.

童的思维倾向。它不同于测验法,测验法是用同一种标准化的问题问所有被试,连提问的形式也不准稍许变动。它也不同于自由交谈,自由交谈是一种随意、即兴的,没有固定主题的谈话。在应用临床访谈法时,事先要确定一个谈话的主题,让儿童自由叙述对某一问题的思想观点。为了防止儿童的谈话偏离主题,访谈者要做必要的提问,并可根据实际情况,灵活地改变问题的提法,以探查被试的真实想法以及形成这一想法背后的观点信念。访谈者要把谈话的内容完整地记录下来,以便分析和判断。临床访谈法随着皮亚杰的研究与实践不断完善和发展,主要经历了两个阶段:

第一阶段:以观察与谈话为主,实物操作为辅。在皮亚杰的第一部著作《儿童的语言和思维》(1923 年)中,皮亚杰通过自然观察对两名六岁半幼儿在画画、做模型、玩数学游戏等自然活动中的自发言语进行了一个月的观察记录,并按照儿童的语言机能归纳整理,将儿童交谈分为八种类型:重复言语、独白、批评、命令、请求、回答、自我中心、自发的社会化言语。在这一研究中,皮亚杰主要采用了以观察与谈话为主的方法。

另外,皮亚杰在收集幼儿的自发提问中发现,不少问题是询问有关各种运动现象的原因的。为了探究儿童对这一类问题的观点,皮亚杰创作了一种测验情景,反过来去问幼儿。下面是问一个幼儿关于"云彩为什么会动"的回答记录。从中,我们也可以体会以观察和谈话为主的研究是如何进行的。

> 研究者:"你看见云彩在走吗? 为什么它会走?"
>
> 幼儿(5 岁):"我们走的时候,它们也跟着走了。"
>
> 研究者:"你能使它们走吗?"
>
> 幼儿:"每个人都可以,当人走的时候,它也走。"
>
> 研究者:"当我走着,你站着不动,云彩也在走吗?"
>
> 幼儿:"是的。"
>
> 研究者:"在晚上,每个人都睡觉了,云彩还在走吗?"
>
> 幼儿:"是的。"
>
> 研究者:"但是,刚才你对我说,当有人走路的时候云彩才走。"
>
> 幼儿:"它们总是在走的,当猫在走的时候,还有狗也在走,它们使得云彩也跟着走。"[1]

研究者通过与幼儿谈话可以发现,幼儿认为人(甚至猫、狗)能指挥高处的云彩跟着自己走,而云彩也会听从人们的命令,这是幼儿具体形象思维阶段"泛灵论"的表现。随着年龄的增长,儿童会逐渐减少"泛灵论"的解释,而越来越接近客观事件的真实因果联系。如下面是对 7 岁的儿童的个案记录:

> 研究者:"为什么云彩有时走得快,有时走得慢?"
>
> 幼儿(7 岁):"因为风,风吹它们走的。"
>
> 研究者:"风从哪里来的?"

① 　方富熹.介绍皮亚杰的临床法[J].心理学动态.1987(2):57-61.

幼儿："天空里来的。"

研究者："风是怎样被造出来的呢？"

幼儿："不知道。"

研究者："云彩能把风造出来吗？"

幼儿："不能。"

研究者："云彩动的时候能造出风来吗？"

幼儿："不能。"

研究者："当没风时，云彩还能自己动吗？"

幼儿："不能。"

从上面的例子中可以看到，临床访谈法运用的特点是它的灵活性。研究者对每个幼儿所提的基本问题是相同的，但是可以针对每个幼儿各具特色的回答做出灵活的反应。研究者根据儿童的回答再提下一个问题，以便深入了解儿童回答的含义。研究者不能说太多话，不能暗示幼儿或启发答案，而要善于观察和提出假设，推测隐藏在幼儿答案背后的想法、思维方式，分辨幼儿答案的真伪，并通过提问来证实或证伪自己原来的设想。

第二阶段：以实验操作为主，结合观察与谈话。比如，经典的守恒实验、三山实验等，都是以这种方式进行的研究设计。

如图所示，在一个立体山丘模型上错落摆放三座山丘，让儿童从前后左右不同方位观察这座模型，然后给儿童四张分别从前后左右四个方位拍摄的山丘的照片，让其指出和自己站在不同方位的娃娃所看到的山丘情景与哪张一样。结果显示，在前运算阶段的儿童无一例外地认为娃娃和自己所处的角度看到的山丘是一样的。这证明了前运思阶段的幼儿基本不具备从他人的角度来看待事物的能力。

从对三山实验的介绍中我们可以看到，运用临床方法需要有确定的研究主题、周密的实验设计、合理的问题假设和简便易行的实验操作。运用临床访谈法，首先应依据实验方案让儿童操作，在实验过程中，向儿童提问，观察了解儿童反应的思维过程。正如皮亚杰在《思维发展中不变性和可逆性运算的成就》一文中指出的那样："起初，我们全靠谈话法向儿童提问，也只限于口头的。这也许是个开端，虽然取得一定的结果，但严格说来，欠缺精密。新近我们所做的研究，已迥然不同了。我们试图从儿童必须完成的动作开始，引导他进入安排好的实验，向他们出示实物，在提示了问题之后，儿童非做不可，他非实验不可。我们观察了他的行动和用手操作物体以后，就可以提出口头问题，进行谈话了。值得注意的是，此时的谈话附属于前面的那个行动，在我看来，它跟单纯的口头提问相比，乃是一种更有效和更可靠的方法。"皮亚杰通过让儿童摆弄物体，进行操作，可以很好地帮助儿童进入情境中，在此基础上对儿童进行访谈也更符合其心理特征。皮亚杰运用了临床访谈法，其理论逐渐走向成熟，为儿童心理发展研究做出了巨大贡献。

（二）研究者在运用临床方法时需注意的问题

1. 谨慎对待儿童的回答

运用临床访谈法时，儿童可能做出不同类型的回答，研究者应分辨其中随机的回答、虚构的回答和受暗示的回答，并在分析资料时拒绝接受这三类资料。

随机的回答是儿童不经过思考而胡乱作出的回答。出现这种情况可能是儿童对问题不感兴趣或者问题太难，儿童不会回答。而儿童不愿以沉默的态度来回应他人的问题，即使不会，也会随意给出一个答案。

虚构的回答是儿童不仔细思考而发明出一个自己也并不真正相信的答案或者在成人的压力下而作出的回答。虽然幼儿看上去非常坦诚、认真，但是有时他们会为了好玩而"发明"一个答案，或者为了应付成人追问的压力而编造一个答案来搪塞。

受暗示的回答是儿童虽然对回答作出了努力，但是这种努力是为了迎合研究者的意思，说出研究者希望的答案或者受到问题的暗示作出了回答。有时研究者很希望儿童说出自己期待的答案，因此有意无意地对儿童作出了某种暗示。比如，"如果区角中的玩具坏了，我们是不是应该告诉老师"这个问题就向幼儿暗示了"应该告诉老师"这个观点，可以改为："如果区角中的玩具坏了，你应该怎么做呢？"所以，在向幼儿提问时，要谨慎地考虑自己的提问方式，以避免儿童受到某种程度的暗示。

2. 分析时应防止两种偏差

运用临床访谈法的另一个关键步骤是要善于对收集到的儿童的资料进行分析。皮亚杰曾告诫人们要防止两种偏差：一是过于低估，即对儿童的能力估计不足。这是由于研究者对临床方法没掌握熟练，过于死板，没有把儿童的实际能力探查出来。另外，由于胆怯和保守，也会造成低估的倾向。二是过于高估，即高估了儿童的能力，甚至把受暗示的回答或儿童偶然产生的念头，也当作规律性的思维活动。

3. 临床访谈法的局限

临床访谈法有其自身的局限，在运用时应特别注意。

第一，它对研究者的要求较高。由于临床访谈法允许研究者灵活采用不同的提问形式，这就要求研究者有能力提出问题、分析资料进而得出准确的科学性的结论。皮亚杰曾提出要成为一个合格的应用临床访谈法的研究者，必须接受至少一年的实践训练，每天都要应用这一方法。

第二，方法的灵活性必然带来研究结果的不确定性，加之研究者的水平所限，对所得结果的解释有时存在过于低估或高估的倾向。这需要研究者多次重复研究或者通过许多持不同观点的研究者同时使用这一方法检验结果能否互相验证。

第三，临床访谈法所得资料来源于幼儿的口头报告，这给幼儿提出了言语表达能力的要求。而幼儿的语言表达能力有限，往往难以把自己的想法正确表达出来，从而导致研究结果的误差。可喜的是，随着临床访谈法的不断发展和完善，目前它已经发展为将观察、谈话、实验等方法相结合的一套研究技术，通过不同途径获得的资料互相印证，观察者可以得到客观、真实的结果。

二、幼儿教师如何将访谈与观察结合

与研究者相比，幼儿教师虽然难以进行复杂的研究设计，得出高度概括和总结性的理论，但是幼儿教师有机会与幼儿长期亲密接触，通过将访谈和观察有机结合的方法，倾听和观察幼儿的言行，从而收集丰富的材料，进而深入了解幼儿的行为及原因，以更好地为教学实践服务。

幼儿教师在幼儿园的一日活动中，可以观察到大量的关于幼儿各个方面的行为表现。这些行为表现都可以成为教师了解幼儿的材料，教师可以从中进行判断与推论。当然，教师也很可能从自己看到的"事实"中推出错误的结论。这时，将访谈作为一种辅助方法，通过对幼儿进行访谈，必要时对幼儿的父母进行访谈，可以帮助教师得出正确的结论。以下是幼儿园王老师的观察发现和在发现基础上所做的访谈。

案例 9-8

萱萱抗挫折行为的观察

观察对象：萱萱	性　别：女	编　号：03
年　龄：3 岁 2 个月	观察日期：11 月 15 日	
观察时间：午饭前	观察地点：教室	观察者：王老师

观察记录

　　萱萱在穿鞋子。我走过去，对萱萱说："老师给萱萱穿上左边的鞋子，然后萱萱自己穿右边的鞋子，好不好？"萱萱咧开嘴对我点点头。我拿起鞋，先套在她的脚尖上，然后提起鞋后跟。我对萱萱说："老师相信萱萱是可以的，萱萱自己来穿另外一边的鞋子好不好？"萱萱看着我，点点头，她开始尝试自己穿鞋。

　　刚开始，她坐在椅子上穿，但鞋子并没有放端正，她伸出脚，两手扶着椅子，往前够，却把鞋子越踢越远。由于冬天穿的衣服太厚，她几次弯下腰却无法拿到鞋子，就这样试了几次不成功后她开始换其他方法。她坐在了地板上，拿着鞋子，把脚抬高，但鞋子总是往外翻，还是无法把鞋子套在脚上。这时其他小朋友都穿好了衣服鞋子去活动室准备吃午饭，但她手里仍然提着鞋子。最后，她蹲下来，先把鞋子摆好，然后坐在椅子上，将脚慢慢地伸进去，接着她再蹲下来把鞋子后跟提上来。前两次鞋后跟都掉了下来，后来她用两只手指贴着鞋后跟内侧，脚往前顶，两只手指将鞋稳住，然后将鞋后跟往上提，总算把鞋子穿上了。她站起来，吐了一口长长的气，然后去洗手吃午饭了。

分析

　　整个过程萱萱持续了十几分钟，小班的萱萱还不能熟练地穿鞋子衣服，加上衣服比较厚，增加了难度。但这十几分钟的过程中，萱萱一直在尝试各种办法，调整自己的策略，没有放弃努力，也没有表现出急躁的情绪。她相信自己是可以穿上的。

评价

　　萱萱能够积极主动地寻找解决问题的办法，表现出了很强的抗挫折能力。

王老师发现，并不是所有的孩子都表现出和萱萱一样强的抗挫折能力，甜甜画画课每画一点就询问旁边的小朋友自己画得对不对，如果小朋友给予了消极评价，她就会把嘴噘得高高的；小凡在完成舞蹈动作时稍有难度就停滞不前，两眼泪汪汪地站在那里，不断地说自己不会做。这是为什么呢？幼儿的抗挫折能力与什么有关？面对孩子这种情况，家长是怎么做的？带着这些疑问，王老师设计了针对家长的几个访谈问题，选择家长来园接送孩子的时间，分别访谈了几位家长，用录音笔记录访谈的内容并转录成了书面文字。以下是王老师对可可妈妈进行访谈的内容：

访谈对象：可可妈妈　　　　　　　　　　　　　　　　　　　案例 9-9

王老师："您认为对于幼儿来说：什么是挫折？"

可可妈妈："孩子遇到的挫折基本上都是生活上、学习上的，还有和小朋友交往上的小事。我觉得对于孩子来说，遇到不顺心的事情，不按照自己意愿来的事情就是挫折。"

王老师："您认为影响幼儿抗挫折能力的因素有哪些？"

可可妈妈："我觉得这个既跟孩子自身有关，也跟家长和教师的教育有关，跟所处的环境有关。"

王老师："您觉得幼儿自身的哪些因素会影响幼儿的抗挫折能力？能不能举个例子？"

可可妈妈："我家孩子对他感兴趣的事物就会表现出更强的抗挫折能力。例如他玩乐高玩具，为了拼出来，这种方法不行就试那种，特别专心，很能坚持，而且对这件事情有信心，相信自己可以拼出来。但是如果不是他喜欢的事情，他就不愿意去做，比如学跆拳道，他不喜欢，总说动作做不来，需要老师帮助。还有孩子对问题的认识我觉得也很重要，比如当孩子向成人寻求帮助而遭到忽视时，不同的孩子表现就不一样。我的孩子偏敏感，他会觉得很委屈，会认为成人不喜欢自己，不愿帮自己，会生成人的气。但有的孩子知道成人可能没听见或者一时忙不过来，能够客观地理解这个问题，就不会有挫折感。"

王老师："您的孩子在家遇到过什么样的挫折？哪些事情会使他产生一种受挫折感？"

可可妈妈："有啊，虽然家里大人特别是爷爷奶奶会比较宠他，但我和他爸爸会有意识地注意，不会对他百依百顺。比如他要买某样玩具，我们坚持不买，他就会苦恼。"

王老师："当孩子遇到挫折时，您会怎么教育他，帮助他提高抗挫折能力？"

可可妈妈："当他遇到不顺心的事情哭闹时，我和他爸爸会问清楚原因，帮助他平复心情，然后会给他讲道理，让他知道哭没有用，要想办法解决问题才行。孩子还小，我们会多鼓励他，增加他的积极经验。比如他有时候会害羞，不敢主动和小朋友交往，我就会鼓励他，跟他讲爸爸妈妈在认识新朋友的时候也会担心，我们会怎样做。刚开始我们会陪他一起去认识新的小朋友，给他安全感，后来我们就让他自己主动去认识小朋友，让他积累一些成功的经验，这样他会越来越自信，也不会那么害怕了。"

通过观察和访谈，王老师发现幼儿的抗挫折能力一方面与其自身的个体因素有关：幼儿的身体健康水平、已有经验、对问题的认知、自信心、好奇心、安全感等都会影响幼儿的抗挫折能力；另一方面，家长和教师的教育观念和教育行为也会对孩子的抗挫折能力产生很大影响。

王老师决定开展一系列活动，来帮助幼儿提高抗挫折能力。一方面，她组织了集体的谈话活动，教师和幼儿一起说说自己会遇到哪些困难，列举出自己最怕的事，教师以自己为例告诉小朋友自己最怕的是什么，又是如何克服的。然后让小朋友说说自己有没有类似的经历，如何克服了自己认为很怕的事情。让孩子们知道，每个人都会遇到挫折，遇到挫折时应该客观认识挫折，减少对挫折的恐惧。另一方面，王老师在读书区增加了这个主题的绘本，和孩子们一起阅读，分析绘本里面的小动物是如何解决自己遇到的挫折的。最后，设计有一定障碍的游戏，让孩子在游戏中学会主动地克服困难。

本章小结

访谈法是研究者通过口头谈话的方式从被研究者那里收集（或者说"建构"）第一手资料的一种研究方法，它可以和观察法相结合，作为深入了解幼儿行为及其原因的方法。访谈可以分为多种类型,根据对访谈的控制程度分为结构性访谈、非结构性访谈和半结构性访谈;根据访谈对象的数量分为个别访谈、集体访谈;根据与受访者的接触方式分为直接访谈和间接访谈。非正式谈话和临床访谈是常用于幼儿的访谈,选择哪种访谈方法取决于想要研究和了解的内容、幼儿自身的发展情况等。幼儿因其语言、注意、思维等各方面的特殊性使得对其进行访谈也具有特殊性,因此在对幼儿进行访谈的过程中一定要考虑到幼儿自身的特点,多思考该用怎样的方式和语言向儿童提问,才能获得更为客观、准确的资料。研究者和幼儿教师都可以将访谈作为一种辅助方法,并将其与观察有机结合,以便更好地了解幼儿的行为及行为背后的原因,从而指导研究和教学实践。

思考题

1. 访谈可以如何分类? 都有哪些类型?

2. 对幼儿进行访谈有哪些需要特别注意的地方?

3. 如果想了解幼儿对父母生二胎的看法,你会如何设计访谈提纲?

4. 作为一名研究者,运用临床方法将访谈与观察相结合的过程中需注意哪些问题?

进一步阅读的文献

1. 苗曼.“马赛克方法”与幼儿教育改革[J].教育发展研究,2018,38(22):7-15.

2. 李春良,张莉.大班幼儿判断游戏活动的依据——基于儿童视角的研究[J].学前教育研究,2017(05):23-34.

3. 王小英,陈欢.基于儿童视角的幼儿园物质环境质量评价[J].学前教育研究,2016(01):19-29.

4. 郑永爱.幼儿对死亡概念认知特点的研究[J].学前教育研究,2006(7):52-54.

第十章　观察实施的程序及观察中的自我反省

学习目标

1. 熟悉观察实施的一般程序。

2. 了解观察记录的方式、原则和技巧。

3. 能够按照观察实施的程序进行观察,并结合相关理论知识分析资料,撰写观察报告。

4. 了解观察中的自我反省事项,能够在观察中主动反思,提高观察能力。

内容脉络

```
观察实施的程序及观察中的自我反省
```

准备阶段
- 制定观察计划
- 准备观察所需材料
- 进行预观察

实施阶段
- 观察者与幼儿、教师、家长的互动和沟通
- 观察位置的选择
- 观察记录的方式
- 观察记录的原则
- 观察记录的技巧

分析资料并作出判断,撰写观察报告
- 分析
- 解释
- 结论
- 建议

观察中的自我反省
- 观察时尽量减少观察误差
- 记录时区分主观与客观
- 推论时警惕观察者偏见

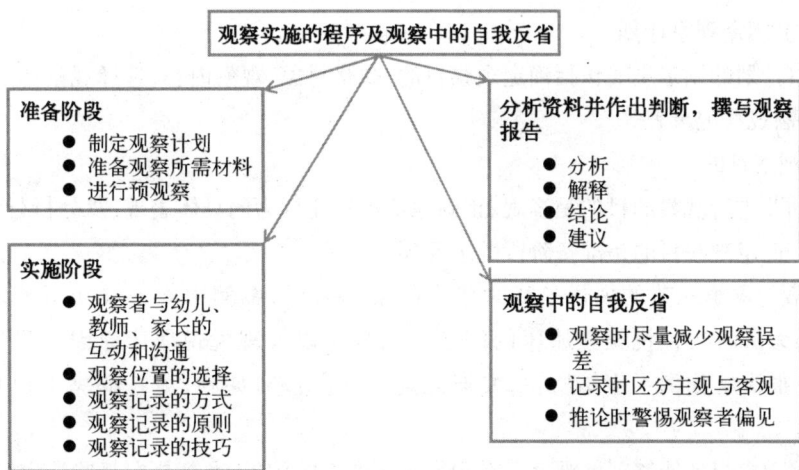

　　孔子周游列国,在半路上十分潦倒,七天没吃饭。他的学生颜回出去弄回了一点米来煮给他吃。等到饭快要煮熟时,孔子看见颜回从锅里抓起一把饭吃了,孔子装作没看见。过了一会儿,饭煮熟了,颜回端着饭给孔子吃。孔子站起来说:"今天,我梦见我死去的父亲,如果饭是干净的话,让我来祭奠他。"颜回说:"不行,我刚才看见有烟灰掉进锅里,觉得扔掉可惜,就把它抓起来吃了,这饭不干净了。"孔子听了感叹说:"我所相信的是眼睛,可是眼睛也不是完全可以信赖的;我所依靠的是心,可是心也不是完全可以依靠的。认识了解一个人真是不容

易呀!"

（原文：孔子穷乎陈、蔡之间，藜羹不糁，七日不尝粒，昼寝。颜回索米，得而爨之，几熟。孔子望见颜回攫其甑中而食之。选间，食熟，谒孔子而进食。孔子佯装为不见之。孔子起曰："今者梦见先君，食洁而后馈。"颜回对曰："不可。向者煤炱入甑中，弃食不祥，回攫而饭之。"孔子叹曰："所信者目也，而目犹不可信；所恃者心也，而心犹不足恃。弟子记之，知人固不易矣。"——《吕氏春秋·审分览·任数》）

这个故事在一定程度上说明了观察法的缺点：观察法有表面性、片面性，甚至偶然性。所以在依据观察法得到的资料进行判断和推理时要比较慎重。本章将介绍观察实施的程序以及观察中的自我反省，从规范观察流程和反省观察记录两个方面，帮助观察者尽量通过观察得到客观、真实的资料和研究结论。

第一节　观察实施的一般程序

一、准备阶段的程序

在日常生活中，我们经常进行观察，例如驻足而看、凝神而听。然而这样的观察没有计划，通常也缺乏明确的目的，只是为了解决问题或满足一时的好奇。作为幼儿教育工作者，在对幼儿进行观察时若不加以计划，常常会手忙脚乱、错失信息。因此，对幼儿进行观察之前必须制定计划，为观察的实施做好准备。

（一）制定观察计划

观察计划的制定主要包括确定观察目的、观察对象、观察内容，选择观察地点、观察时间，编制观察记录表等。

1. 观察目的

对幼儿进行观察的目的是客观、正确地认识幼儿行为的具体表现，及分析行为背后的原因。确定观察目的是准备阶段的重要环节。

以第一章第三节的悦悦午睡时尿床的案例来说，案例中教师最初听从家长的提示，仍无法解决悦悦频繁尿床的问题。当教师以发现悦悦尿床原因为目的进行观察时，很快就找到了症结所在，并据此督促幼儿按时如厕，最终解决了幼儿尿床的问题。

明确观察目的能够帮助观察者在观察时更加有的放矢，尤其是在某些特定情境下，幼儿的行为表现并不是特别凸显时，稍一疏忽便可能失掉宝贵数据，确定观察目的能够提高效率，提升观察质量。明确、细致的观察目的能够使接下来的工作围绕观察目的进行。

在研究和实践中，观察目的一般涉及以下几个方面：第一，为了解幼儿的发展状况、兴趣爱好、行为表现、动机态度、情绪体验等，把握幼儿发展的规律及特点。第二，为了改进教育教学工作，促进幼儿更好发展，如对师幼互动、同伴互动、亲子互动等的观察。第三，为了解幼儿行为、情绪等方面的影响因素。

2. 观察对象

根据观察目的确定观察对象的数量、年龄、性别组成、范围等。幼儿观察一般分为个体活动观察、小组活动观察、集体活动观察。

(1) 个体活动观察

个体活动观察是以单个幼儿作为观察对象,观察并记录其具体活动,包括对其言语,动作,神态,与环境、他人互动过程的观察。可以是对一个幼儿的观察,也可以是对多个幼儿的观察。观察者可了解每个幼儿的具体情况,得到该幼儿在各个方面发展的详细资料,能够结合幼儿的实际情况对其进行有针对性的教育。在需要进行个案分析、解决具体问题、了解幼儿个体差异时,较多采用个体活动观察。观察方法可采用日记描述法、轶事记录法等。在进行个体活动观察时,要注意对观察对象进行全面观察。虽然是将单个幼儿作为观察对象,但要将幼儿的言语、动作、情绪、神态、行为背后的原因等联系起来作为一个整体进行观察。

(2) 小组活动观察

小组活动观察是以小组为单位,将在同一小组中进行活动的多个幼儿作为观察对象,观察他们的言语、行为、情绪及其与环境和他人的互动过程。小组活动观察能够有效了解幼儿的社会性发展、同伴互动、语言、认知等发展水平。在课堂或游戏分组的情况下可采用小组活动观察,记录相关资料,为指导幼儿小组活动提供依据。采用小组活动观察时,观察者着眼于整个团体的活动表现,即幼儿之间的分工、合作、交往、互动,但也不能忽略小组中每个幼儿的表现。

(3) 集体活动观察

集体活动观察是对全班所有幼儿的整体观察,注重的是所有幼儿的综合表现。能够帮助教师总结教学工作中存在的问题,改善教学策略,提高教育教学质量。想要了解某一年龄段幼儿的总体发展情况或教师教学情况时,多采用集体活动观察。对幼儿进行集体活动观察时应注意以下几方面:第一,幼儿的参与程度,幼儿是否对所学内容或所参与的活动感兴趣,有没有积极主动参与,常见表现为举手回答问题,乐于表达。第二,幼儿的思维状态,幼儿是否积极主动进行思考,想法独特、富有创造性。第三,幼儿的情绪状态,幼儿是否具有积极的情绪体验,能够控制自己的情绪。

3. 观察内容

观察内容是根据观察目的具体展开的,观察者要明确观察什么,有目的地进行观察,可以说观察内容是观察目的的具体化。比如,观察目的是了解幼儿言语的发展状况,观察内容可以具体观察幼儿对言语的理解,使用言语的句式(如简单句、复合句、单/双词句的使用),言语表达是否流畅,逻辑是否通顺等多方面的内容。

4. 观察地点

根据观察目的确定观察地点,我们经常选择的观察地点有幼儿园、亲子园、早教机构、家中等。若要观察师幼互动,或将大量幼儿作为观察对象,可选择幼儿园;若要观察亲子互动,可选择亲子园、托育机构、家中、公园等场所。观察地点并不局限于以上场所,只要能满足观察的需要,安全、可行即可。需要注意的是,所选地点需要能够观察到目标行为,幼儿的活动不会受到限制。

5. 观察时间

观察时间应充分考虑幼儿作息、观察地点、工作时间、家长方便等因素,选择合适的时间段进行观察。观察时间不宜过短或次数过少,以避免观察所得资料具有偶然性,长时间且反复的观察更有利于提高结果的准确性和客观性。例如,两位观察者对一名幼儿的注意力分散情况进行观察,其中一名观察者的记录如下:

表 10-1　幼儿注意力分散情况观察记录

幼儿姓名:花花	性　别:女	编　号:03
年　龄:3 岁 6 个月	观察日期:12 月 3 日	
开始时间:9:40	结束时间:9:48	
地　点:幼儿园中二班	观察背景:美术课	
观 察 者:杨同学		

观察记录

持续时长	有无干扰	分散表现	教师回应	结果
1 分 30 秒	无	背儿歌走神,心不在焉	无	回归课堂
2 分	无	心不在焉,四处张望	无	回归课堂
1 分 48 秒	无	心不在焉,四处张望	无	回归课堂
20 秒	无	看别处,抱自己的脚	无	回归课堂

分析

在教师讲课引导阶段,总共约 8 分钟,该幼儿持续注意力分散,主要表现为四处张望、心不在焉,没有听教师讲课。可见该幼儿注意力不集中。

之后该观察者离开了课堂,另一名观察者继续观察完整堂美术课,记录如下:

表 10-2　幼儿注意力分散情况观察记录

幼儿姓名:花花	性　别:女	编　号:03
年　龄:3 岁 6 个月	观察日期:12 月 3 日	
开始时间:9:48	结束时间:10:15	
地　点:幼儿园中二班	观察背景:美术课	
观 察 者:李同学		

观察记录

情境	持续时长	有无干扰	分散表现	教师回应	结果
集体活动	2 分	无	全班背儿歌,背了几句走神了	无	回归课堂
	1 分 30 秒	无	四处张望,不听讲	无	回归课堂
	2 分	无	四处张望,不听讲	无	回归课堂
	20 秒	无	四处张望,不听讲	无	回归课堂

续 表

情境	持续时长	有无干扰	分散表现	教师回应	结果
区域活动：画画	约5秒	他人和她说话	抬头说话	无	回归课堂
	约5秒	教师拍照	笑，看老师拍照	无	回归课堂
	约4秒	旁边小朋友大声说话	看说话的人，笑	无	回归课堂
	约5秒	旁边小朋友大声说话	看说话的人	无	回归课堂
	约3秒	旁边小朋友讨论	参加讨论	无	回归课堂
	约5秒	旁边小朋友大声说话	看说话的人	无	回归课堂

分析

授课阶段的10分钟内，花花在教师讲课、带领大家集体背儿歌的时候很难集中注意，一直心不在焉地四处张望。之后的画画阶段很认真，在15分钟的画画时间中仅有短暂注意力分散行为，尤其画画时，前后左右的小朋友一直在吵闹，她都能安心画画，只在声音特别大的时候抬头看吵闹的小朋友。推测幼儿可能是对教师讲课内容不感兴趣，所以无法集中注意力。而幼儿对之后的画画兴趣浓厚，能够较长时间集中注意力。

由于观察时间长短的不同，两名观察者得出了不同的分析结果。第一名观察者只观察了短短十分钟就得出了结论，这是不科学、不严谨的。对幼儿进行观察时，至少应将整个活动或课程观察完毕。考虑到兴趣、态度、动机、情绪体验等多个因素会影响幼儿的行为表现，所以最好观察幼儿在不同情境或不同类型活动中的行为表现。

6. 观察方法及观察记录表的编制

根据观察目的、观察对象、观察内容选择观察方法，编制观察记录表。观察记录表是观察时的重要工具，好的观察记录表能够帮助观察者详细、有效、清晰地记录数据，是分析数据、撰写观察报告的重要保障。下面是观察记录表至少应包含的观察要素：

表10-3 观察记录表应包含的观察要素

内 容	含 义
who	观察幼儿的角色
what	观察幼儿的表现
when	何时开始、何时结束
where	观察地点
how	如何发生
why	解释说明

（二）准备观察所需材料

1. 计时工具

计时工具包括秒表、手表等。如果采用时间取样法进行观察，计时工具是必备工具。采用其他方法进行观察时，也需记录幼儿行为表现持续的时间。

2. 影音记录工具

在允许的情况下，可使用录像机、录音笔、照相机等设备对幼儿进行记录。这样不仅能够保留真实的原始数据，还可以借此反复观察，减少错误。

3. 其他所需材料

根据实际观察所需还会用到其他材料，比如对幼儿进行测试时用的实验材料（玩具、影音资料、图片等）。

4. 助手培训

有时观察者无法单独完成观察，需有助手协作，那么实际观察之前需要对助手进行培训。让助手明确观察目标和内容，学会操作仪器，掌握相应理论知识和注意事项。

（三）进行预观察

一切准备充分之后观察者就可以进入观察地点开始预观察了，这是进行正式观察之前的观察。预观察可以帮助观察者在计划的实际应用中及时发现问题，弥补不足，更加明确应怎样观察，观察什么内容，检查是否需要修改观察记录表，更改观察方法等等。预观察的数据也是有效的，并且能帮助观察者查漏补缺，为正式观察做好准备。

二、实施阶段的注意事项

正式进入观察地点，依照观察计划对幼儿进行观察与记录。为了使观察能够按照计划顺利进行，需注意以下几个方面：

（一）观察者与幼儿、教师、家长的互动和沟通

幼儿是观察的主要对象，观察者要充分考虑在观察时该如何与幼儿互动。观察者不当的动作、神态、言语都会对幼儿产生或多或少的影响，观察者要抱有对幼儿及观察记录和结果负责的态度，尽量减少具有暗示性或干扰性的动作、神态或语言。

如果观察者不是幼儿教师（比如，研究人员是学前教育专业的学生和实习生等），那么观察的顺利进行离不开幼儿教师的参与和帮助。在观察之前，观察者要与幼儿教师充分沟通，表明自己的观察意图以及需要教师协助自己的具体事情。幼儿教师大都非常了解班上的幼儿，有时能为观察者提供一个较佳的观察时机，还能进一步解释幼儿行为背后的原因。

家长是幼儿背景信息的提供者，亲子关系、教养方式、家庭社会经济地位等因素对幼儿的行为有着重要影响，家长能够提供许多观察者观察不到的宝贵信息。另外，家长还是幼儿在家及其他环境中行为表现的观察者和记录者，是专业观察者的合作伙伴。

（二）观察位置的选择

在非参与式观察中，观察者所在的位置对幼儿有很大的影响，可能导致幼儿分心，注意力不集中，从而影响观察结果。如下面这位观察者在观察记录中写道，自己在观察时对目标幼儿产生了影响：

整个活动持续了 23 分 33 秒,我观察的这个小女孩希玥注意力分散了 18 次,共计 4 分 45 秒。总体来看希玥的注意力还是集中在剪纸上的,但是每次集中注意力的时间比较短。尤其是在活动的前半段,不停出现注意力分散的情况……另外,虽然采取的是非参与式观察,但是因为我刚好坐在希玥抬头就能直接看到的地方,还是对她的活动有一定的干扰。下次进行观察时,我需要调整到比较隐蔽的位置。

这是观察者在预观察时做的记录,发现自身对目标幼儿造成了一定的干扰,决定在下次正式观察时选择较为隐蔽的位置。

下面是一名观察者观察幼儿做操时注意力分散情况的记录,该观察者对幼儿造成了长时间的影响:

大成动作跟不上老师,总是扭后头看观摩的我们。前 3 次,每次时间都很短。后来每次都是一直扭头看我们,看到我们看他,就转回头去,和我们这样持续玩了 5 次以后,才不再对我们的存在表示注意。

采用非参与式观察时,观察者选择的位置是非常重要的。观察者应选择距离幼儿较远或相对隐蔽的位置,以保证不对幼儿的行为造成干扰。但是,不可以让观察对象超出视野范围,以便观察者能清晰观察全部观察对象。位置选好后尽量不要频繁变换。

(三) 观察记录的方式

1. 现场记录

要求观察者迅速记录观察到的现象和数据,对观察者的要求较高。既要细致地进行观察,又要快速准确地进行记录,这有时会使观察者忙不过来,错过一些观察内容。但是现场记录的原始数据真实性较高,观察者可用录音、拍照、录像等方式辅助观察。

2. 事后记录

观察结束后,观察者凭借记忆进行回忆记录。事后记录需在记忆清晰时尽快记录,以免遗忘。但因记忆混淆、模糊、记错等情况的发生,很容易影响记录的准确性。

3. 现场记录和事后记录相结合

这种方法是在观察现场时简明、快速地记录观察到的现象和数据,事后将不完整的部分根据回忆进行补充、完善。这样能够有效保证记录的真实性、准确性和完整性,但要注意的是事后补充应及时,以免记忆消退造成遗忘事实。

(四) 观察记录的原则

对幼儿行为进行观察后,需要对观察到的内容进行记录。观察记录主要有以下原则:系统性原则、详细性原则、真实性与客观性原则。

1. 系统性原则

观察记录是一个系统的整体,需要有序进行,观察到的每一个现象或数据都应认真对待,保证记录真实、客观、科学、严谨、有逻辑。观察者可以通过反思以下几个问题,来检验自己的观察记录是否符合系统性原则:记录资料的顺序是否和事件发生的顺序一致? 是否使用了事先设计好的表格? 填写表格的方式是否正确? 是否记录了日期和开始时间? 是否记录了观察的总时长?

2. 详细性原则

一切与观察目标有关的行为现象出现时,都应进行详细清晰地记录,不能因数据太少或幼儿行为表现较少而忽略不计,也不能重复多次记录。记录时需字迹清晰,防止因匆忙记录、字迹模糊不清而造成事后难以辨认或回忆。观察者可以通过反思以下几个问题来检验自己的观察记录是否符合详细性原则:观察是否围绕目标进行?记录是否存在不明确的地方?是否重复记录某些信息,却自认为增添了许多细节?他人能否识别自己的记录?

3. 客观性原则

观察者在观察中如实记录原始数据和现象,真实客观地进行描述,不伪造数据,不因主观因素影响记录。尤其要避免任意将自己的主观判断和推测添加到记录当中。在对幼儿进行记录时,要尽量避免因偏爱某幼儿、观察的难易程度等因素而忽视真实性与客观性原则。

(五)观察记录的技巧

1. 有足够的耐心

观察对象是0—6岁的幼儿,他们是心智尚不成熟的个体。有时幼儿对观察者的意图并不明白,需要一遍遍向其解释;有时幼儿对提供的材料或进行的活动失去兴趣,注意力转移,需要有耐心地对他们进行引导;有的幼儿喜欢大喊大叫,吵吵闹闹,观察环境较为嘈杂,观察者应尽量避免厌烦情绪。另外,观察者对观察时间和观察次数要有足够的耐心,观察并不是短时间内就能完成的,也不是一两次就能收集到足够的有效数据的,观察者要沉下心来耐心观察。

2. 尊重幼儿的选择

观察应尽量在自然环境下进行,幼儿处于自由、宽松的氛围中才能够展现最真实的自己。幼儿虽然是正在发展中的个体,但他有独立的人格,应得到和成人一样的尊重。幼儿的选择能够体现出他的兴趣爱好、态度动机、情绪情感、发展状况等,尊重幼儿的选择也就是尊重幼儿的发展。因此,观察者应尽量不随意参与幼儿的活动,不误导幼儿。

3. 避免引起幼儿的注意

正如之前提到过的,进行非参与式观察时,观察者观察位置的选择是十分重要的。幼儿的认知能力尚不成熟,无意注意占优势,有意注意逐渐发展,注意力易分散。观察者要避免引起幼儿的注意,以便减少对幼儿行为和情绪的影响。

4. 不任意作判断、假设,不随意给幼儿"贴标签"

观察者要客观记录真实现象和数据,依据理论和相关专业知识科学地进行分析,不能简单根据主观经验作出判断或随意假设。在幼儿园观察时,常会听到老师说诸如"捣蛋鬼"、"调皮鬼"等类型的幼儿,他们更加活泼好动,与其他幼儿不同。这时观察者要注意不要随意给幼儿"贴标签",不要将主观因素融入观察记录中。观察者应公正客观地看待每一个幼儿,如实记录每一个观察对象的行为表现。

三、分析资料并作出判断,撰写观察报告

观察记录后,进入分析资料和撰写观察报告的阶段。这一阶段主要分四部分:分

析、解释、结论、建议。

（一）分析

对观察所得的资料和数据进行分析时，并不只是分析表面现象这么简单，还要考虑造成幼儿此种表现的潜在影响因素。

1. 找出影响幼儿发展的内部与外部因素

影响儿童发展的内部因素包括幼儿的个性特征、幼儿的内在动机、幼儿自身的发展水平等。第一，个性、气质等因素都是影响幼儿行为表现的重要因素。了解幼儿的个性特征有助于对幼儿行为的理解，也能提醒观察者在分析时考虑个体差异性，避免产生以偏概全的错误。第二，了解当事者的内在动机。除了根据观察到的外在行为对幼儿进行分析外，还要考虑动机这一内在的影响因素。有时从幼儿的表情、动作就可以推测出其内心想法，但这毕竟是观察者的主观看法，可通过询问教师或在不影响幼儿活动的情况下直接询问幼儿本人。第三，幼儿自身发展水平。幼儿生理、心理的发展水平是影响他们行为表现的重要内在因素。如脑的发育是幼儿自我调节行为发展的前提，言语机能的发展是幼儿进行社会性交往的前提。幼儿的个体差异要求我们在分析幼儿行为时，应具体案例具体分析。

外部因素主要包括家庭因素、幼儿园因素、社会环境因素等。第一，在家庭因素方面，家庭是影响幼儿行为发展的重要因素之一。家庭教养方式、亲子关系、父母之间的关系以及家庭经济状况等都会对幼儿产生影响。必要时可与家长或幼儿教师进行沟通，以了解幼儿行为背后的原因。第二，在幼儿园因素方面，进入幼儿园后，幼儿大部分时间是在幼儿园中度过的，幼儿教师、同伴、幼儿园环境是其身心发展的重要影响因素。幼儿天生爱模仿，幼儿教师经常会成为幼儿的模仿对象，这就要求幼儿教师以身作则，时刻注意在幼儿面前树立良好的榜样形象。随着幼儿年龄的增长，同伴在幼儿的社会性发展中起到越来越重要的作用，幼儿不仅模仿同伴的言行，同伴互动还能对其社会化和行为塑造起到一定的作用。幼儿园环境包括心理环境和物理环境。和谐、轻松、愉悦的心理环境能给予幼儿积极的情绪体验；物理环境也会影响幼儿的活动范围、活动方式等，进而影响幼儿身心发展。第三，在社会环境因素方面，幼儿的民族文化背景、信仰会影响其行为表现，大众传播媒介（如电视、网络、电子游戏等）也非常容易对幼儿产生影响。

2. 反复回顾，抓住细节

观察需反复进行，分析也是如此。只有对观察记录反复回顾、分析，才能保证观察结果的客观和准确。尤其是影音资料，一两次观看只能分析出大概情况，多次、反复地观看才能抓住细节，从蛛丝马迹中找到原因。

将观察所得的全部资料与数据利用相关软件科学地进行统计、分析，可适当添加图表加以补充说明。注意不可随意更改、删减、添加数据，尽量从多方面分析，及时检查。

（二）解释

解释是对观察记录所描述现象的解读和诠释。解释应详尽，既要让他人读懂产生了什么现象，又要知道为什么会产生这样的现象，避免只是观察者自己明白而他人难以读懂的情况。解释应按照相关的科学理论和实际情况，真实、客观地描述，不加入观察者的私人感情和评价,以免造成误导。具体需注意如下几点:第一,在进行解释之前,深入了解与所观察的幼儿行为相关的文献资料和理论知识。第二,本着"以了解幼儿行为表现为目的"的初衷,不添加不切实际的描述。第三,幼儿行为表现具有个体差异,不能一概而论。第四,幼儿行为表现不是教育理论和教育策略实施的必然结果,勿过早下定论。第五,多进行自我反省,对资料和数据的解读多重把关。

(三)结论

通过分析和解释便可得出结论。结论要说明重点,发现了什么,得到什么结果,总结出何种规律等等。可将结论与观察前的假设进行对比,或与已有的相关研究结果对比,找出一致与不一致的地方,思考本次观察的优缺点和创新之处,是否需要后续的追踪观察等。

(四)建议

根据观察到的现象和观察所得的结论提出建议。提建议应遵循发展适宜性原则,遵循幼儿身心发展的规律,满足幼儿发展需要和兴趣爱好,调整教学策略,改进教学质量,促进幼儿全面和谐的发展。建议还要考虑幼儿所在家庭、幼儿园和社会环境等多方面的实际情况,让建议具有可行性。在给出建议时,可以着重考虑以下几点:

1. 了解并尊重幼儿的发展特点

幼儿的发展是连续性和阶段性的统一,是一个循序渐进、从量变到质变的过程。提出的建议必须遵循幼儿的发展规律,适合幼儿当前的发展阶段,才能科学有效地对幼儿发展进行科学指导。

了解并尊重幼儿的个体差异。幼儿与幼儿之间存在发展水平的差异、学习方式的差异、经验储备的差异、能力倾向的差异等,因此给出的建议应具有针对性,因材施教,尊重幼儿的个性发展。

2. 立足于幼儿的长远发展

观察是为了幼儿的更好发展,因此建议也必须立足于幼儿的长远发展,而不仅仅是为了解决当前的问题现状。观察者对幼儿当前的行为表现进行解读时,要深入探究内在的原因,以促进幼儿今后发展为目的提出建议。

3. 重视家庭教育指导

对幼儿的教育不能只靠教师的一己之力,家庭教育在其中也发挥着重要的基础作用。因此,教师在构思教育建议时也应重视家庭教育的价值。教师可根据观察结果为家长提供有针对性的家庭教育建议,有目的地指导家长开展高质量的家庭教育,从而促成高效的家园合作,共同助力培养德智体美劳全面发展的个体。

第二节　观察中的自我反省

一、观察时尽量减少观察误差

观察中的误差是难以避免的,但通过及时的自我反省可减少误差。影响误差的因素有客观因素和主观因素之分。

（一）客观因素

1. 被观察者的反应性现象

被观察者的反应性现象是指被观察者在知道自己成为观察对象后，会改变自己的行为，做出不正常、不自在的反应，比如有意识地表现得比平时更好。

利兰·奥西安·霍华德（Leland Ossian Howard）曾于1886年在《科学》（*Science*）上发表自己观察到的"螳螂吃夫"现象："把它们放在罐子里的时候，交配后的雄螳螂会尝试着逃跑。可是几分钟之内，它就会被雌螳螂捉住。雌螳螂会先扯下雄螳螂的头吃掉，然后是胫节，而后是大腿……看起来，如果一个雄螳螂最终竟然能从雌螳螂那里逃脱的话，几乎是天赐的好运。"

可是，后来的广泛调查研究发现，这个流传了近百年的"令人震惊"的"事实"，是观察者效应造成的。在自然界中，交配之后螳螂吃夫的现象几乎不存在。而雌螳螂把雄螳螂吃掉的原因更可能是观察者在场而引起雌螳螂紧张，误以为雄螳螂是敌人才造成的。

观察者在场对动物都有着如此的影响，幼儿自然也不例外。事实上，我们几乎没办法不影响我们观察的对象，只不过是程度高低不同而已。在专业观察中，我们可以尽量降低这一影响，具体方法如下：第一，观察者与被观察者友好相处，事先熟悉观察对象、消除其陌生感；第二，持续较长时间进行观察，让被观察者对观察者的在场习以为常；第三，采用单向玻璃或摄像机进行观察，也可以选择一个不起眼的、隐蔽的地方进行观察。

2. 环境

环境方面的因素主要包括观察环境是否能够清楚听到幼儿间的对话，视线是否能够清楚观察到每一个观察对象，灯光是否合适等。此外，还要考虑温度、天气等对观察造成的影响。

3. 仪器设备的干扰

幼儿可能会对仪器设备感兴趣，致使其注意力分散，从而影响幼儿的行为表现。或是设备产生噪音、故障等影响幼儿的情绪，干扰观察。观察前观察者应对仪器设备进行调试，熟练掌握仪器设备的操作方法，以免在观察时造成麻烦。

（二）主观因素

1. 观察者的放任现象

观察者的放任现象是指观察者觉得自己对儿童的反应已经心中有数了，其行为不外乎如此这般，因而在观察中不耐烦，仅凭自己的印象或经验来判断，失去客观性和精确性。这种观察者放任现象在幼儿教师中较为常见。

2. 观察者的期望效应

观察者期望效应是认知偏见的一种，指在观察前观察者对观察对象已经有了先入为主的印象或预期能够得到某些观察结果，于是在接下来的观察中，无意识地以自己的期望来看待被观察者的行为，不当地解释观察结果以达到期望的结论。

今天我让小青去了表演区，因为她喝水回来之后美工区的人已经够多了。小青很喜欢在美工区涂涂画画、做手工，她确实是个心灵手巧、有创造性的女孩，总能做出富有新意的作品,所以我认为她的表演天赋应该也不会差。小青在一边站着看其他幼儿表演了一会,犹豫了一下,也上去唱了首歌,果然唱得不错……

从上述观察记录中可以看出该教师对小青有明显的期望效应,在小青进入表演区之前教师就认为小青有表演天赋,而实际小青歌唱得如何教师并没有描述,只是主观地写道"果然唱得不错"。

3. 观察者的"晕轮效应"

"晕轮效应"又称为"光环效应",是指当一个人对另一个人的某种特征形成好或坏的印象后,倾向于据此推论此人其他方面的特征。其本质上是一种以偏概全的认知错误。在对幼儿进行观察的时候,也容易犯这种错误。如果一个幼儿在某些方面表现好时,大家对他的评价容易远远高于他实际的表现,使评定失真。

浩浩是班上认知发展较好,十分具有表现力的孩子,通常他都在益智区和表演区。今天他去了搭建区,和洋洋合作搭了一只船,还知道要给船做一个龙骨。船搭好后,浩浩指挥洋洋"开船",一副船长的气势,长大后一定是一个聪明又有领导力的人……

从记录来看,浩浩是个懂得一定的搭建知识、有表现力的孩子,但该教师的描述过于主观,对浩浩的评价过高,有些夸张。

4. 观察者先判断后观察

观察的目的在于搜集事实资料,并以此为依据,对幼儿行为作出分析和判断。但是有的观察者会忽略这一点,本末倒置,自己先做出了判断,认为会得到什么样的观察结果,之后再进行观察来验证自己的判断。还有的观察者为了提高效率,一边观察一边判断,这也是错误的,很容易因观察的不足和偶然性而做出片面甚至错误的判断。

二、记录时区分主观与客观

观察者应该保持客观,对事实如实记载,尽量使用第三人称描述。这里需注意的是,观察者要将事实描述与个人主观推论分开记录,不可混在一起。描述与推论应有明确区分,以便客观看待观察结果。以下是一名教师的工作日记。

今天班上来的孩子很少,因为今天雾霾比较重,父母希望孩子不要出门。

该教师将事实描述与主观判断混在一起,事实是"今天班上来的孩子很少",而"父母希望孩子不要出门"是主观判断。可以做以下修改。

"今天班上来的孩子很少。"同时在推论中写下:"根据我个人的了解,人很少可能是因为今天雾霾比较重,父母希望孩子不要出门。"

可见,修改后的叙述更加严谨。因为幼儿来得少还有可能是因为身体不适或其他原因。即使只有简单几句话的描述,观察者也应该保持客观性和准确性。

三、推论时警惕观察者偏见

对于所作的推论,观察者应进行反省:是否公平公正地看待每一个幼儿? 是否遵照事实,按照科学理论依据推论? 数据是否有遗漏或重复? 观察者尤其要警惕以下三种主观偏见的发生：

（一）角色性偏见

角色性偏见是指观察者受研究对象的社会角色影响而产生对他人不公正、不合理的认识和态度。不同的幼儿可能来自不同文化背景、地区、社会经济地位的家庭，但这些背景信息并不能完全且真实地代表幼儿的情况。观察者应公平公正地尊重和理解每一位幼儿。如果观察者随意凭借社会角色进行推论，那最终的结论也只能是一种刻板印象，并不是科学客观的观察结果。

（二）期待性偏见

期待性偏见是指观察者因对研究对象期望较高或较低而影响推论的一种偏见。观察者预期观察对象会有某些表现，并期待能够得到相应的结果。这种偏见会误导推论，带有强烈的主观色彩，违背了观察结果的客观性、准确性和科学性。因此观察者要实事求是，将原始资料和数据根据专业的理论和知识，并结合实际情况进行推论。

> 从前有个人，丢了一把斧子。他怀疑是邻居家的儿子偷去了，便观察那人。那人走路的样子，像是偷斧子的；看那人的脸色表情，也像是偷斧子的；听他的言谈话语，更像是偷斧子的。那人的一言一行，一举一动，无一不像偷斧子的。不久后，丢斧子的人在上山的时候发现了他丢失的斧子，第二天又见到邻居家的儿子，就觉得他言行举止上没有一处像是偷斧子的了。
>
> （原文：人有亡斧者，意其邻之子。视其行步，窃斧也；颜色，窃斧也；言语，窃斧也；动作态度，无为而不窃斧也。俄而掘其谷而得其斧，他日复见其邻人之子，动作态度无似窃斧者。——《列子·说符》）

（三）理论性偏见

每种理论都有其局限性，有时会使观察者的思维受限。理论性偏见是指观察者因受某种理论观念的影响而进行推论的一种偏见，有时观察者对理论理解不深入，也容易造成误用的情况。

· ·

本章小结

本章详细介绍了观察实施的一般程序，以及观察者在观察中应如何进行自我反省。在观察的准备阶段，需要在制定详细的观察计划、准备观察所需材料的基础上进行预观察。在观察实施阶段，要选择适宜的观察位置和记录方式，遵循观察记录的原则，认真、详细、有技巧地记录。在分析数据做出判断、撰写观察报告时客观、准确，以保证结果的客观性、准确性和科学性。观察者的自我反省也有助于提高观察质量，包括观察时尽量减少观察误差，记录时区分主观与客观，推论时警惕观察者偏见等方面。

· ·

思考题

1. 观察实施的一般程序有哪些？

2. 观察记录有哪些原则？

3. 如何保证观察记录的真实性和客观性？

4. 造成观察的误差因素有哪些？如何避免？

进一步阅读的文献

1. 潘瑞琼.学前儿童观察与分析的五种途径[J].今日教育,2014(12)：42-43.

2. 徐莹莹,顾菲.区域活动中幼儿行为观察的技巧[J].教育导刊,2015(12)：74-76.

3. 陈铮.幼儿行为观察与分析的实践路径——以科学探究领域为例[J].教育观察,2020,9(12)：90-92+117.